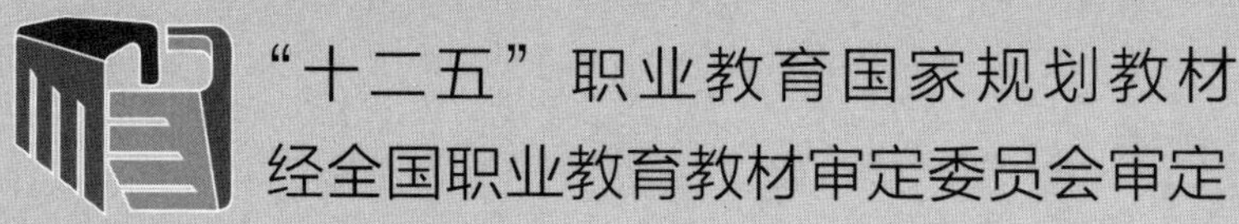

城市轨道交通运营管理

（第2版）

主　编　耿幸福　徐新玉
副主编　崔联云　杨　磊
主　审　王智永

人民交通出版社股份有限公司
北　京

内 容 提 要

本书为“十二五”职业教育国家规划教材，经全国职业教育教材审定委员会审定。全书共分 11 个模块、39 个单元，主要内容包括：城市轨道交通运营管理概述，城市轨道交通客流预测、调查与分析，城市轨道交通行车组织，城市轨道交通车站客运设备与客运作业，城市轨道交通票务管理，城市轨道交通车辆运用与调车作业组织，城市轨道交通运营设备维修管理，城市轨道交通土建设施维护管理，城市轨道交通系统安全管理，城市轨道交通成本效益分析，城市轨道交通市场营销。

本书可作为职业院校城市轨道交通类专业的教学用书，以及相关专业的教学参考书，还可以作为城市轨道交通运营企业客运服务岗位的职业培训教材，同时可供从事城市轨道交通运营管理的专业技术人员参考。

*** 本书配有教学课件，任课教师可加入职教轨道教学研讨群（教师专用 QQ 群号码：129327355）获取。**

图书在版编目（CIP）数据

城市轨道交通运营管理/耿幸福，徐新玉主编. —2 版. —北京：人民交通出版社股份有限公司，2022.7（2024.11 重印）

“十二五”职业教育国家规划教材

ISBN 978-7-114-18033-0

Ⅰ. ①城… Ⅱ. ①耿…②徐… Ⅲ. ①城市铁路—交通运输管理—职业教育—教材 Ⅳ. ①U239.5

中国版本图书馆 CIP 数据核字（2022）第 102367 号

“十二五”职业教育国家规划教材

Chengshi Guidao Jiaotong Yunying Guanli

书　　名：**城市轨道交通运营管理**（第 2 版）
著 作 者：耿幸福　徐新玉
责任编辑：袁　方
责任校对：孙国靖　龙　雪
责任印制：张　凯
出版发行：人民交通出版社股份有限公司
地　　址：（100011）北京市朝阳区安定门外外馆斜街 3 号
网　　址：http://www.ccpcl.com.cn
销售电话：（010）85285911
总 经 销：人民交通出版社股份有限公司发行部
经　　销：各地新华书店
印　　刷：北京武英文博科技有限公司
开　　本：787 × 1092　1/16
印　　张：11.5
字　　数：280 千
版　　次：2017 年 1 月　第 1 版
　　　　　2022 年 7 月　第 2 版
印　　次：2024 年 11 月　第 2 版　第 4 次印刷　总第 12 次印刷
书　　号：ISBN 978-7-114-18033-0
定　　价：35.00 元

第2版前言

PREFACE

课程特点

“城市轨道交通运营管理”为城市轨道交通运营管理专业的核心课程。本课程以服务发展为宗旨，以促进就业为导向，总体概述了城市轨道交通运营管理的主要内容。

教材编写背景

本教材根据目前职业教育“深化产教融合，加强校企、校校深度合作”的改革发展新形势，按照教育部职业教育国家规划教材编写的指导思想和有关原则进行编写。在北京地铁、上海地铁、苏州地铁、南京地铁等公司的大力支持下，本教材根据城市轨道交通运营管理系统组织教学模块，设置教学单元，整合相关理论知识和基础技能，再结合本教材首版使用的反馈意见进行了修订。

教材主要特点

本教材包括11个模块、39个单元，主要特点包括如下：

(1)在培训理念、技巧及课程开发等方面，我们突破以往教科书的编写模式；在内容方面，我们注重理论与实际操作相结合。

(2)为了突出实用性，我们在仔细分析企业岗位技能具体要求的前提下进行了单元设置；在本教材教学目标的前提下，强调以学生为中心，突出职业教育培训的特点。

(3)本教材在某些知识点的介绍上，选取目前全国先进的、典型的案例，并配有大量的实物图片辅以教学，以便学生能更直观地认知。

(4)为方便教学，每个模块结束后学生可通过实训练习和复习思考题进行自我考核，从而及时检查学习效果。

(5)在结构设计和内容编排上体现了“工学结合、校企合作”的理念，由行业专家、学者共同参与本教材的编审。

教材编写分工

本教材由苏州大学城市轨道交通学院耿幸福、苏州建设交通高等专科学校徐新玉担任主编，苏州高博软件技术职业学院崔联云、杨磊担任副主编，苏州市轨道交通集团有限公司王智永担任主审。具体编写分工如下：耿幸福、崔联云编写模块1、5、7、8，徐新玉编写模块

2，杨磊编写模块3、4、6，苏州建设交通高等职业技术学校张洁编写模块9，崔联云编写模块10、11。

可与本教材配合使用的教学资源

(1)教学课件

本教材配套多媒体课件，以供相关任课教师教学参考，有需求者可通过加入职教轨道教学研讨群(教师专用QQ群号码:129327355，也可扫描右侧二维码加入)向人民交通出版社股份有限公司管理员编辑获取。

群名称:职教轨道教学研讨群
群　号:129327355

(2)城市轨道交通专业数字化资源库

该资源库由全国交通运输职业教育教学指导委员会城市轨道运输类专业指导委员会与人民交通出版社股份有限公司共同立项，主要面向城市轨道交通专业方向的院校和教师。该资源库包括“城市轨道交通行车组织”关键知识点的数字化教学资源，包括动画、视频、教案、课件、课程标准、习题库、案例库等，相关资源目录及内容介绍可扫描右侧二维码详细了解。有需要者可联系人民交通出版社股份有限公司司昌静编辑(QQ:26485854，电话:010-85285867)。

致谢

本教材经修编，我们的编写团队也进行了调整和优化。在修编过程中，我们认真吸取使用教材的教师与行业专家提出的意见和建议，在此谨向他们表示感谢。同时，也向为教材出版和配套工作所付出努力的人民交通出版社股份有限公司表示感谢。

最后，希望有关院校师生及读者对本教材多提宝贵意见，以便及时修订与完善。联系邮箱:52966525@qq.com。

编　者
2022年3月

目录
CONTENTS

模块1 城市轨道交通运营管理概述 /1

单元1.1 城市轨道交通运营特性 …… 1
单元1.2 城市轨道交通运营管理模式 …… 5
单元1.3 城市轨道交通运营企业管理的组织 …… 8
单元1.4 城市轨道交通运营管理内容 …… 19
单元1.5 城市轨道交通网络化运营 …… 22
复习思考题 …… 24

模块2 城市轨道交通客流预测、调查与分析 /26

单元2.1 城市轨道交通客流概述 …… 27
单元2.2 城市轨道交通客流预测 …… 30
单元2.3 城市轨道交通客流调查 …… 32
单元2.4 城市轨道交通客流分析 …… 33
复习思考题 …… 36

模块3 城市轨道交通行车组织 /38

单元3.1 客流计划 …… 38
单元3.2 全日行车计划 …… 40
单元3.3 列车开行方案 …… 43
单元3.4 车辆运用计划 …… 47
单元3.5 列车运行组织 …… 49
复习思考题 …… 59

模块4 城市轨道交通车站客运设备与客运作业 /60

单元4.1 车站客运设备 …… 61
单元4.2 车站客运作业 …… 66
复习思考题 …… 72

模块5 城市轨道交通票务管理 /73

单元5.1 城市轨道交通票务系统概述 …… 73
单元5.2 城市轨道交通自动售检票系统 …… 79
单元5.3 票务异常情况处理 …… 84
单元5.4 票务差错、违章管理 …… 87

复习思考题 …… 89

模块6　城市轨道交通车辆运用与调车作业组织　/90

单元6.1　概述 …… 90
单元6.2　车辆运用 …… 95
单元6.3　调车作业 …… 100
复习思考题 …… 108

模块7　城市轨道交通运营设备维修管理　/109

单元7.1　固定设备的维修管理 …… 111
单元7.2　车辆设备的维修管理 …… 114
复习思考题 …… 118

模块8　城市轨道交通土建设施维护管理　/119

单元8.1　城市轨道交通线路养护与维修 …… 119
单元8.2　城市轨道交通隧道维护 …… 123
单元8.3　城市轨道交通桥梁维护 …… 126
复习思考题 …… 130

模块9　城市轨道交通系统安全管理　/131

单元9.1　城市轨道交通安全管理概述 …… 131
单元9.2　城市轨道交通系统安全管理方针 …… 135
单元9.3　城市轨道交通运营安全与可靠性分析 …… 138
单元9.4　城市轨道交通突发灾害与应急处置 …… 141
复习思考题 …… 144

模块10　城市轨道交通成本效益分析　/145

单元10.1　城市轨道交通运营指标体系 …… 145
单元10.2　城市轨道交通运营成本分析 …… 149
单元10.3　城市轨道交通票价制定 …… 152
单元10.4　城市轨道交通经济效益的提升 …… 155
复习思考题 …… 158

模块11　城市轨道交通市场营销　/159

单元11.1　概述 …… 159
单元11.2　城市客运市场细分 …… 161
单元11.3　营销策略与客户服务 …… 163
复习思考题 …… 171

附录1　本教材课程教学参考标准　/172

附录2　本教材配套资源清单　/177

参考文献　/178

模块1 城市轨道交通运营管理概述

教学目标

1. 了解城市轨道交通系统的运营特性;
2. 熟悉城市轨道交通系统运营管理模式;
3. 掌握城市轨道交通运营企业组织结构;
4. 了解城市轨道交通运营企业管理目标及主要内容;
5. 了解城市轨道交通网络化运营的现状和存在问题。

建议学时

4 学时。

城市轨道交通运营管理是综合利用相关设施为乘客提供优质服务的保证。城市轨道交通运营管理的目的:在集中管理和统一指挥的组织体系下,将经过严格培训并且合格的专业管理人员进行有机组合;采取先进的管理方式和手段,利用现代化的设施设备,安全、有效地完成客流运输任务;在发挥城市客运交通体系骨干作用的同时,通过市场化的经营手段,提高社会效益和经济效益,促进企业可持续发展。

单元1.1 城市轨道交通运营特性

由城市轨道交通设施、设备的系统构成可知,城市轨道交通系统是一个庞大而复杂的系统。其技术专业门类涉及从传统的土木建筑、机械、电机电气,到属于高新技术的电子产品、自动控制、信息传输等技术范畴。从运营功能看,城市轨道交通大体可分为以下 3 大系统:

(1)列车运行系统。列车运行系统包括隧道、桥梁、站台、线路、车辆、牵引供电、信号、通信、控制中心(Operation Control Center,OCC)等。

(2)客运服务系统。客运服务系统包括车站及其照明、售检票及计算中心、导向及预告措施、消防、环控、自动扶梯、电梯、车站服务等。

(3)检修保障系统。检修保障系统包括为保障上述设备性能良好,具备能随时启动重新投入运行的检修手段及检修能力等。

一、运营管理的要求

为保证城市轨道交通运营目标的实现,最大限度地满足人们的出行需求,提高城市轨道交通的经济效益和社会效益,城市轨道交通运营管理要做到以下几个方面。

1. 安全

城市轨道交通运营期内安全是主要控制因素,它涉及列车行驶、乘客在车站范围及车厢内的行走和安全输送。除需要在车辆、运营设备等方面采取稳妥措施外,还应在发生灾害情况下,能对乘客和工作人员进行有效的疏散。为此,从设计阶段起就应贯彻系统、安全、保障的理念,采取必要的安全措施。

2. 正点

实现正点运行对城市轨道交通运营具有非常重要的意义,正点、准时、快捷和舒适不仅直接影响为乘客提供的服务质量,还直接反映企业的形象。就城市轨道交通而言,在行车间隔比较短的条件下,正点运行是指按正式公布的行车时刻表运送乘客,在整个线路上通过列车运行图指挥正常运行。行车间隔稳定可以保证高峰时段乘客及时输送,因此城市轨道交通系统应满足下列运营条件:

(1)符合全日客流量时段的变化。

(2)遵守制定的客运时间。

(3)建立高效率的监控系统和调度系统。

(4)当发生晚点时,能够在终点站或线路上采用有效的调整程序。

3. 舒适

(1)列车上提供优质的乘车环境(如美观、干净),与功能设施应形成一个和谐的整体。

(2)应提供明确、简洁的乘客导向标志,为乘客乘车、换乘提供方便。

(3)在列车和车站上用听觉、视觉方法通报信息。

(4)按可接受的密度使客运服务适应客流量(高峰时列车上站立乘客数量为9人/m^2,站台上乘客数量为3人/m^2)。

4. 便利与快捷

在城市中,随着生活和工作节奏加快,交通便利与快捷变得越来越重要。因此,城市轨道交通系统应满足下列运营条件:

(1)尽可能路权专用、按信号指挥运行,不会受到其他交通工具的干扰,车辆有较高的运行速度和行车安全性。

(2)合理分布城市轨道交通车站,让乘客能够方便且快速地乘坐城市轨道交通。

(3)在保障安全的前提下,采用较短的行车间隔,缩短乘客总旅行时间,使乘客快速地到达目的地。

二、运营管理的特性

1. 安全可靠性

城市轨道交通运行在专用轨道上,不受其他交通工具的干扰且拥有先进的通信信号设备,发生事故的概率大幅度降低,且城市轨道交通列车按列车运行图运行,具有较高的准时性与可靠性。

2. 系统联动性

安全运行和优质服务的基础是城市轨道交通各系统能正常、协调运行。如何保证城市轨道交通各系统30余项不同的专业设施、设备每天18~24h正常而协调地运行是摆在运营组织者面前的重大课题。其解决途径应该从基础入手,以目标为依据,结合时间和空间等因素,系统而协调地进行。

3. 时空关联性

列车运行是根据乘客的出行需求安排的,大中城市要求以高速度、高密度的列车运行为市民的出行服务。因此,现代城市轨道交通的运行速度要求是:市中心一般设计为35~40km/h,市郊高速可达到60km/h以上,最小行车间隔(密度)为1.5min。

城市轨道交通系统的产品是人的位移。因此,时间和空间的概念显得尤为重要,如果时间和空间的平衡被打破,将会造成列车运行晚点,严重的甚至发生事故。

4. 指挥集中性

城市轨道交通系统是多专业、多工种联合运行的庞大系统,对时间、空间的要求很高,一旦发生故障,造成的后果及影响都很严重。因此,城市轨道交通运营系统需要严格的一体化统一调度指挥,控制中心(调度所)就是为此而设置的。

一条完整交路运行的现代城市轨道交通线路设一个调度所,调度所一般设于线路中车站附近,信号系统[如列车自动监控系统(ATS)]、供电系统[如电力监控系统(SCADA)]、环控系统[如防灾报警系统(FAS)、环境与设备监控系统(BAS)]、主机及显示屏均设于调度所内,通信系统及自动售检票系统(Automatic Fare Collection System,AFC)一般也设于此。列车运行时,由行车调度员、电力调度员、环控调度员分别担任行车系统、供电系统及环控系统的调度指挥。

5. 管理严格性

就城市轨道交通运营企业而言,技术管理的核心是规章制度。它是规范企业员工生产活动的行为准则,各岗位人员只有严格地执行规章制度,才能使规模庞大且技术复杂的系统有序、安全、高效地运转。反之,系统运转就会受到阻碍,从而降低效率,甚至发生事故,造成严重后果。

企业规章制度是有层次的,如具有"企业宪法"性质的是"技术管理规程"(简称"技规"),其规定了城市轨道交通的运营宗旨、企业精神、技术规范、服务要求、管理规则、指挥系统等运营系统的规则及有规律性的问题,以统领和规范列车运行、客运服务及检修保障系统的生产活动。具有系统性规范性质的企业规章制度有《城市轨道交通行车组织规则》(JT/T 1185—2018)、《城市轨道交通客运组织与服务管理办法》、《城市轨道交通运营管理规范》

(GB/T 30012—2013)、《城市轨道交通运营技术规范》(GB/T 38707—2020)等。这些规范应该在技术规范的指导之下,在各系统设备技术基础上制定,以规范各系统的日常生产活动。

此外,还有各专业、各工种、各单项作业的更为具体的、详细的、有针对性的、操作性更强的技术管理方面的制度与办法等,如"车站管理细则"、各专业的具体规则及作业办法等。

一系列的规章制度系统地涵盖了城市轨道交通运营系统的每个技术环节,使得日常的运营和故障的处理均有章可循,从而保证城市轨道交通运营这一庞大的联动运输机构正常运行,更好地保证了"城市动脉"的畅通和社会的发展。

6. 社会公益性

在项目建设和综合经营管理的过程中,应充分重视其社会公益性,辩证地处理企业经济效益和社会效益的关系。为了增强企业的市场竞争力,在发挥城市轨道交通客运骨干网络功能、营销策划、培育客流增长、合理规划综合经营发展等方面,应做长远考虑并精心实施。

三、运营管理的原则

1. 管理体制要适应严密的系统联动功能的要求

管理体制能够保证系统各子系统内部的设备之间以及系统之间的联动功能,实现城市轨道交通正常、协调地运行。

2. 缜密的时空概念

由于城市轨道交通服务对象和功能特点,须建立缜密的时空概念。列车运行和各项管理工作必须对时间和空间概念进行精确的界定。

3. 高度的统一指挥

城市轨道交通的运行是多系统设备和多管理工种人员的联合运行,必须建立严格、高效的统一指挥管理体系。指挥中心宜设在控制中心。

4. 以技术管理为基础的综合管理

城市轨道交通的管理是用人为的手段将各自独立的技术环节有机地结合起来,使得整个系统高效地运转,进而实现系统预期的目标。因此,城市轨道交通的综合运营管理必须建立在技术管理的基础上。为加强以技术管理为基础的综合管理,应按照运营要求并根据实际情况编制全套的技术管理规章制度,规范约束各项管理工作;技术管理规程是最高层次的规章,必须严格强调其法律效力。

5. 以人为本的优良服务

城市轨道交通的服务对象是乘客,这决定了城市轨道交通的每个环节均应充分体现为乘客提供"以人为本、优良服务"的宗旨。为此,城市轨道交通运营管理应注意如下环节:

(1)安全、舒适、快捷、方便的行车体系和运营环境。

(2)适应市场和客流变化规律的列车运行图和时刻表。

(3)合理的票价和快捷的收费系统。

(4)方便的换乘方式。

(5)安全的乘客服务方法和措施。

(6)规范标准的服务方式。

(7)高效的车辆及系统设备检修手段和能力。

单元 1.2 城市轨道交通运营管理模式

城市轨道交通采用什么样的运营管理模式,与经营权和所有权的关系,以及运营与投资、建设的关系等密切相关。

从行业性质和产品性质的角度来看,城市轨道交通具有明显的自然垄断特征和准公共产品特征。城市轨道交通行业属于资金密集型行业。其项目投资大、工期长,运输收入通常难以补偿运输成本。这就决定了民营资本在短时期难以较快进入,政府必须在城市轨道交通的投资建设方面发挥主要的作用。

一、城市轨道交通运营管理模式的分类

1. 经营权与所有权的关系

从经营权与所有权关系的角度来看,城市轨道交通运营管理主要有国有国营、国有民营、公私合营和民有民营 4 种模式。

1)国有国营模式

国有国营模式分为无竞争条件下国有国营和有竞争条件下国有国营两种。

(1)无竞争条件下国有国营模式

①特点。

线路为政府所有,一家单位独家经营,或两家以上单位按行政区域划分经营范围,运营者由政府指定,政府给予相应的补贴。例如,北京、广州、伦敦、纽约、柏林、巴黎的地铁运营管理都属于这种模式。

欧美国家多采用无竞争条件下国有国营管理模式,主要是因为欧美国家的城市轨道交通系统客流密度比较低,系统少有盈利的可能性。这些城市一般由非营利性的公共团体代表政府管理城市轨道交通,票价带有极大的福利性,运营收入不能抵偿运营成本,主要靠补助金支持日常开销。

②案例。

纽约地铁系统由纽约市大都会运输署(Metropolitan Transportation Authority,MTA)管理。MTA 是纽约州政府的下属机构,负责管理纽约市内的公共交通系统。自 1950 年以来,纽约的所有轨道交通系统的资金补助都来自市政府、州政府和联邦政府的拨款,不足部分由州政府和联邦政府补贴,通过税收收入补贴运营所需的资金。

(2)有竞争条件下国有国营模式

①特点。

线路为政府所有,两家或两家以上的运营单位通过招标方式获得经营权;提供的服务带有福利性,但运营效率较低;对运营管理中的亏损部分,政府通常采取财政补贴等措施给予补偿。

该模式是一种带有计划性质的市场竞争。在此模式下,政府作为业主给企业的补助较

为优厚,国营性质的企业不能过于重视盈利,所以票价带有福利性。但是由于创造了一定的竞争环境,客观上提高了企业的主观能动性。

②案例。

首尔的城市轨道交通系统由政府出资修建,并委托国有企业运营;在同一个城市有两家以上的城市轨道交通运营企业,它们通过招投标的方式获得新线路的建设权及经营权。

首尔的城市轨道交通网络包括地铁和铁路系统两部分,分别由首尔地铁公司(SMSC)、首尔快速城市轨道交通公司(SMRT)和韩国国家铁路公司(KNR)三家国有公司运营。地铁企业虽从运输税务系统得到补助金,但每年仍有亏损。为弥补亏损,市政府不得不注入额外的资金发行债券。燃料税是运输税务系统资金的主要来源。地铁企业获得不动产和注册方面是免税的,也不用缴纳企业所得税、城市建设税和营业税。

2)国有民营模式

国有民营模式可分为国有半民营模式和国有民营模式两种。

(1)国有半民营模式

①特点。

线路为政府所有,交由政府股份占主导的上市公司经营。

②案例。

香港地铁运营管理采用的就是这种模式。香港地铁公司是一家上市公司,它的第一大股东为香港特别行政区政府。虽然是市场化运作,但是香港特别行政区政府为香港地铁公司提供担保,从多方面参与香港地铁公司的经营。因此,香港地铁公司不能算是完全民营的模式,只能算作"半民营"。

香港特别行政区政府委任有关人员组成香港地铁公司董事局后,使其按商业原则运作,香港特别行政区政府主要靠法律手段规范市场主体的行为。2000年,香港特别行政区政府对香港地铁公司进行股份制改造,让其高层主管及员工持股。香港地铁公司10%的股份已通过上市私有化。

(2)国有民营模式

①特点。

线路为政府所有,交由民间股份公司占主导地位的上市公司经营。

②案例。

新加坡地铁运营管理就属于这种模式。新加坡快速城市轨道交通公司(SMRT)负责新加坡地铁的运营,公司的最大股东为一家私人企业,新加坡国土运输局(Land Transport Authority,LTA)拥有城市轨道交通的建设权和所有权,并承担建设费用。

LTA是新加坡城市轨道交通系统的建设者和所有者,也是运输规则的制订者。它制定规则,确保新加坡城市轨道交通系统的正常运营和养护维修等工作。LTA通过与SMRT签订租借合同,授予SMRT地铁线路的经营权,并对SMRT的运输行为进行约束。

新加坡地铁采用将建设和运营分开的管理模式,所有线路都在LTA建设完成以后交由运营公司使用。其主要特点如下:一是地铁作为福利由政府负担建设费用;二是淡化运营公司的职能,运营公司无线路的所有权,政府不干涉运营收入也不对运营开支进行补贴;三是运营公司完全民营,第一大股东为私人投资公司;四是由政府指定运营水平和规则,以保证城市轨道交通的公共福利性质。

3）公私合营模式

①特点。

公私合营模式，即多种经济成分构成的模式，线路归政府和企业共同所有，同样由政府和企业共同组织人员经营。

②案例。

东京的城市轨道交通系统较早就引入了多种经济成分，有政府投资、商业贷款、民间投资、交通债券等形式，充分开拓了融资渠道。

以帝都高速度交通营团（TRTA）为例，它的资本金由日本政府和东京都政府分摊，运营补助金50%以上来自地方公共团体，贷款来源于政府的公共基金、运输设备整备事业团的无息贷款、民间借入金和交通债券等。日本政府对TRTA的控制在于高层人员的任免（董事长由东京都政府任命）。TRTA的管理委员会是真正的实权机构，它负责收支预算、营业计划和资金计划等。TRTA的管理委员会共有5名成员，其中4名由国土交通局任命，1名由出资的地方公共团体推荐。

4）民有民营模式

①特点。

线路由私人集团投资兴建和经营，政府无权干涉。

②案例。

曼谷轻轨的建设和运营由曼谷大众交通系统公共有限公司（Bangkok Mass Transit System Public Limited，BTS）负责，泰国政府通过合同形式对曼谷轻轨的建设和运营以及股本结构进行约束，如特许经营协议规定，票价范围在10~40泰铢等。

这种模式能最大限度地激发私人集团的兴趣。但在票价、线路走向等关键问题上，政府与私人集团不可避免地发生冲突。政府难以保证城市轨道交通作为公共福利事业的本质。

城市轨道交通的投资回收期长，私人集团要有在头几年亏损的情况下偿还贷款利息的心理准备。这种模式会激发私人集团严格控制建设和运营成本。

总体而言，西方国家的城市轨道交通线路几乎都是归国家政府或市政府所有，由政府机构直接运营或是交给公有性质的企业运营。而东方国家的情况则比较复杂。

2. 运营与投资、建设的关系

从运营与投资、建设关系的角度来看，城市轨道交通运营管理模式主要有以下两种。

1）运营与投资、建设合一模式

在政府的监督管理下，政府下属机构或专门组建的城市轨道交通总公司全面负责城市轨道交通的投资、建设和运营。该模式的特点是体制内的矛盾容易协调，但存在产权关系不明晰、缺乏市场竞争、效率较低等问题。在国有国营与民有民营时，采用这种模式较为常见。

2）运营与投资、建设分开模式

在政府的监督管理下，由城市轨道交通项目公司、建设公司和运营公司分别承担城市轨道交通投资、建设和运营的职责。该模式的特点是引入竞争机制，实现市场化运作。在国有国营和国有民营时，采用这种模式较多。

二、城市轨道交通运营管理模式的适用性

通过上述分析发现,城市轨道交通运营管理模式在世界各国呈现多样化的格局。不同的管理模式是在不同的社会环境下发展起来的,在具体选择时应立足城市实际状况,设计和选择适应具体城市的管理模式,以利于城市轨道交通持续、健康、稳定地发展。不同的管理模式均存在自身的优势与不足,有自己的适用范围。

(1)强调地铁福利性质的城市(如纽约、新加坡),政府承担了过多的责任。这些城市都存在后续投资困难的危机。在选择盈利性的城市(如曼谷),难以保证城市轨道交通项目本身的有序发展,而在香港、东京、首尔,城市轨道交通发展已逐渐走上良性循环之路。城市轨道交通的福利性和盈利性得到了较好的融合,基本上能够自给自足、以线养线,政府的角色也逐渐淡出。

(2)客流量和线路类型是影响城市轨道交通管理模式的重要依据。

结合世界主要大城市轨道交通的客流密度(表1-1)进行分析,可以初步得出如下结论:

①当客流密度为0~1.5万人/(km·日)时,城市轨道交通运输缺乏盈利所需的必要客流,需要在政府的扶持下运营。因此,这种类型的城市轨道交通系统适用于国有国营的管理模式。

②当客流密度为1.5万~2.5万人/(km·日)时,城市轨道交通运输系统基本具备维持运营成本所需的客流且能略有盈利。因此,可考虑采用有竞争条件下的国有国营模式、公私合营模式和国有民营模式。

③当客流密度达到2.5万人/(km·日)以上时,可采用国有半民营模式和国有民营模式。

④当城市轨道交通系统的业主(政府)独自承担建设费用,而不从运营收入中进行抵扣,且客流密度大于1万人/(km·日)时,可采用国有民营模式。

⑤考虑到市中心地区修建城市轨道交通的成本和物业开发的难度较高,市中心地区城市轨道交通线路不宜采用民有私营模式,必须有公共资本参与。民有民营模式适用于市郊铁路。当市郊铁路的客流密度达到1.7万人/(km·日)以上时可采用民有民营模式。

世界主要大城市轨道交通客流密度[万人/(km·日)] 表1-1

城市	东京	香港	首尔	曼谷	上海	巴黎	新加坡	纽约	柏林	伦敦
客流密度	2.87	2.86	1.75	1.7	1.64	1.54	1.3	0.8	0.77	0.64

单元1.3 城市轨道交通运营企业管理的组织

一、现代企业制度

1. 现代企业制度的内涵

1)企业制度

企业制度是指在一定的历史条件下所形成的企业经济关系,包括企业经济运行和发展

中的一些重要规定、规程和行动准则。它是关于企业组织、运营、管理等一系列行为的规范和模式的总称。企业制度体系是企业全体员工在企业生产经营活动中须共同遵守的规定和准则的总称。企业制度体系的表现形式或组成包括法律与政策、企业组织结构(部门划分及职责分工)、岗位工作说明、专业管理制度、工作流程和管理表单等各类规范文件。

2)现代企业制度

现代企业制度是指以完善的企业法人制度为基础,以有限责任制度为保证,以公司企业为主要形式,以产权清晰、权责明确、政企分开、管理科学为条件的新型企业制度。其主要内容包括企业法人制度、企业自负盈亏制度、出资者有限责任制度、科学的领导体制与组织管理制度。

2. 现代企业制度的特征

现代企业制度具有以下特征:

(1)现代企业制度是产权关系明晰的企业制度。企业的设立必须有明确的出资者,必须有法定的资本金。出资者享有企业的产权,企业拥有企业法人财产权。企业除设立时有资本金外,在经营活动中借贷构成企业法人财产。但借贷行为不形成产权,也不改变原有的产权关系。产权制度的建立使国有企业改革向前推进了一大步。国有资产的所有权与企业法人财产权的明晰化是我国走向市场经济过程中的一大突破,是现代企业制度的一个重要特征。

(2)现代企业制度是法人权责健全的企业制度。现代企业制度的一个很重要特征就是使企业法人有权有责。出资者的财产一旦投资于企业,就成为企业法人财产,企业法人财产权也随之确立。这部分法人财产归企业运用,企业以其全部法人财产,依法自主经营、自负盈亏、照章纳税;同时企业要对出资者负责,承担资产保值、增值的责任,形成法人权责的统一。

(3)现代企业制度是有限责任的企业制度。企业的资产是企业经营的基础,出资者的投资不能抽回,只能转让。出资者以其投资比例参与企业利益的分配,并以其投资比例对企业积累所形成的新增资产拥有所有权。当企业亏损甚至破产时,出资者最多以其全部投入的资产额来承担责任,即只负有限责任。

(4)现代企业制度是政企职责分开的企业制度。政府和企业的关系体现为法律关系。政府依法管理企业,企业依法经营,不受政府部门直接干预。政府调控企业主要用财政金融手段或法律手段,而不用行政干预。

(5)现代企业制度是一种组织管理科学的企业制度。科学的组织管理体制由以下两部分构成:

①科学的组织制度。现代企业制度有一套科学、完整的组织机构,它通过规范的组织制度,使企业的权力机构、监督机构、决策机构和执行机构之间职责明确,并形成制约关系。

②现代企业管理制度。现代企业管理制度包括企业的机构设置、用工制度、工资制度和财务会计制度等。

3. 现代企业制度的建设与发展

建立现代企业制度是城市轨道交通运营企业发展的方向。

在我国,从1965年修建北京地铁开始,城市轨道交通作为城市重要的基础设施,一直由政府主导发展,但这种政企不分的体制会带来以下3个主要问题:

(1)成本失控。经济意识薄弱,该采用什么标准,实现什么功能,该上什么档次的系统,不是由市场运营经济论证决定,而是靠行政指挥。对城市轨道交通运营成本缺乏有效的约束机制,容易产生机构臃肿、浪费严重、人浮于事等问题。

(2)服务水平难以提高。高成本运营必然要求政府给予相应的财政补贴。在这种情况下,城市轨道交通运营企业员工很难真正树立服务意识。由于缺乏竞争意识,城市轨道交通运营企业的服务质量难以真正得到提高。

(3)因缺乏自主权导致经营僵化。由于政府部门对城市轨道交通运营企业直接监督、干扰较多,使城市轨道交通运营企业缺乏内部管理及经营业务上的自主权,许多决策须经过烦琐的层层审批而造成时间延误和责任不明确。

针对上述问题,要促使城市轨道交通运营企业科学发展,就必须摒弃旧的体制,把城市轨道交通运营企业改制成具有政企分开、权责明确、产权清晰和管理科学等特征的现代企业。

二、城市轨道交通运营企业组织

1. 企业组织机构的基本类型

组织结构是组织内部分工协作的基本形式,它规定了管理对象、工作范围和联络事宜。企业组织机构的类型主要有直线制、直线职能制和事业部制等。

1)直线制

直线制组织机构(图1-1)是一种最简单的集权式组织结构形式,又称军队式结构。其领导关系按垂直系统建立,不设立专门的职能机构,自上而下形成垂直领导与被领导关系。

(1)优点

直线制组织机构具有结构简单,指挥系统清晰、统一,责权关系明确,横向联系少,内部协调容易,信息沟通迅速,解决问题及时,管理效率较高等优点。

(2)缺点

直线制组织机构缺乏专业化分工,要求领导是全才,这不利于集中精力研究企业管理的重大问题,只适用于规模较小或业务活动简单、稳定的企业。

2)直线职能制

直线职能制组织机构(图1-2)是以直线制组织结构为基础,在总经理领导下设置相应的职能部门,实行总经理统一指挥与职能部门参谋、指导相结合的组织结构形式。

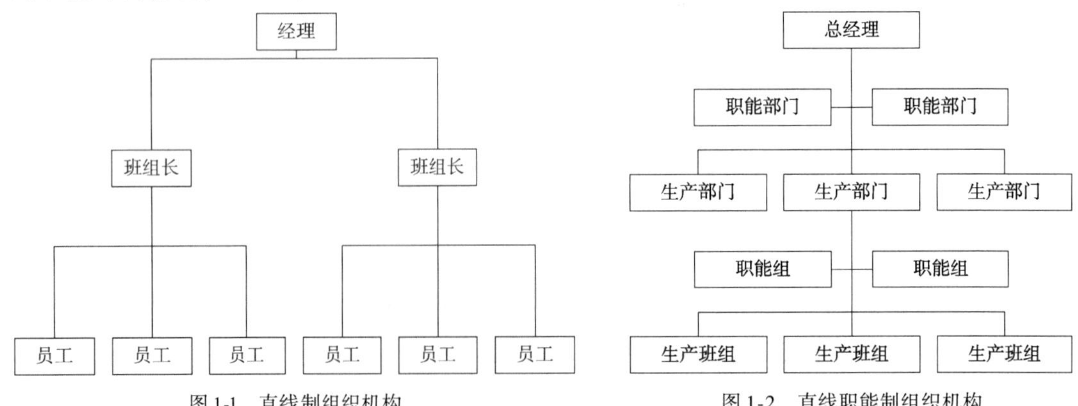

图1-1　直线制组织机构　　图1-2　直线职能制组织机构

直线职能制组织机构的特点是，分权与集权相结合的组织形式，在保留直线制统一指挥优点的基础上，引入专业化管理。它适用于企业规模中等、职能部门不多的企业。

(1)优点

①总经理对业务和职能部门均实行垂直式领导，各级直线管理人员在职权范围内对直接下属有指挥和命令的权力，并对此承担全部责任。

②职能部门是总经理的参谋和助手，没有直接指挥权，其职能是向上级提供信息和建议，并对业务部门进行指导和监督，因此它与业务部门的关系只是一种指导关系，而非领导关系。

(2)缺点

①当职能部门数量较多时，各部门之间的横向联系和协作非常复杂和困难。

②各生产部门和职能部门都需要向总经理请示、汇报，导致总经理无暇顾及企业面临的重大问题。

3)事业部制

事业部制组织机构(图1-3)也称分权制组织结构，是一种在直线职能制组织结构基础上演变而成的现代企业组织结构形式。事业部制遵循“集中决策、分散经营”的总原则，按产品、地区和顾客等标志将企业划分为若干相对独立的经营单位，分别组成事业部。各事业部在经营管理方面有较大的自主权，实行独立核算、自负盈亏，并可根据经营需要设置相应的职能部门。总经理主要负责研究和制订重大方针、政策，掌握投资人员及重要人员的任免、价格幅度和经营监督等方面的权力，并通过利润指标对事业部实施控制。

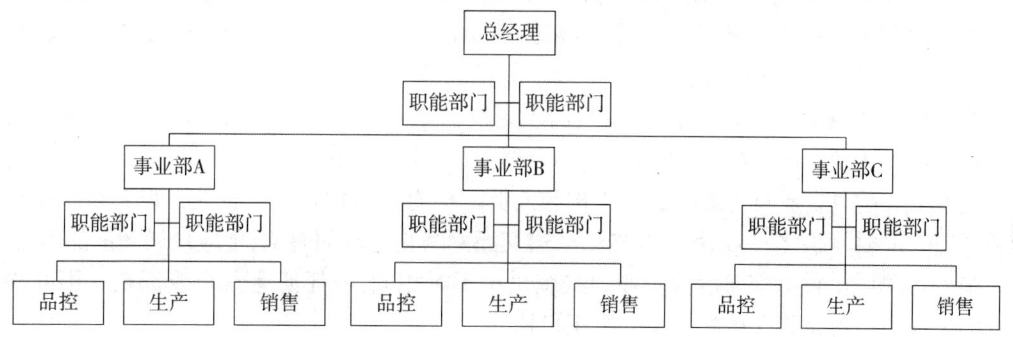

图1-3 事业部制组织机构

(1)优点

①权力下放，有利于最高管理层摆脱日常行政事务，集中精力于外部环境的研究，制定长远的全局性发展战略规划，使其成为强有力的决策中心。

②各事业部自主处理日常工作，有助于提高其经营适应能力。

③各事业部可以集中力量从事某一方面的经营活动，实现高度专业化，整个企业可以容纳若干经营特点有很大差别的事业部，形成大型联合企业。

④各事业部经营责任和权限明确，物质利益与经营状况紧密挂钩。

(2)缺点

①容易造成组织机构重叠，管理人员膨胀。

②各事业部独立性强，考虑问题容易忽视企业的整体利益。

事业部制组织机构适用于经营规模大、生产经营业务多样化、市场环境差异大、要求较强适应性的企业。

2. 现代城市轨道交通运营企业组织机构的设置

1)设置城市轨道交通运营企业组织机构的任务、目的、设置原则与要求

(1)任务与目的

城市轨道交通运营企业组织机构策划的目的是搭建一个科学、高效、精简的组织机构,经审核批准后,能有计划、有系统地组建企业的各管理部门和基层单位,结合建设的进展情况,主动、有效地参与建设,提出建议,参加安装调试,培训人员,顺利、安全、准时地验收和接管工程,按既定目标投入试运营。投入运营后能以一流的管理、一流的服务,按照企业的正常运作要求管理好企业,组织城市轨道交通正常运营,做好固定资产的管理,做好客运服务工作,开展各设备系统的维护和检修,创造较好的经济效益。

(2)设置原则

①科学性。城市轨道交通运营企业在我国属于新兴的企业,其特点包括:专业技术复杂,科技含量高;点多、线长、面广;运营需多专业、多工种的配合,甚至需要与城市其他部门配合;乘客流量大,运行速度高,停站时间短,安全要求高。因此,现代城市轨道交通运营企业组织机构的设置必须科学,并符合城市轨道交通自身的特点和运作规律。

②高效率。由于城市轨道交通运营企业的自身特点,就要求所建立的组织机构具有很高的运作效率。城市轨道交通是终年不能间断运营的行业,它的管理、营运、设备检修、技术方案、规章制度、物资储备等诸多环节必须适时、高效、有条不紊地进行,任何环节出现问题都会对运营和安全产生影响。在行车间隔达到120s甚至更小的情况下,只有高效率运作的组织机构才能适应现代城市轨道交通运营企业发展的需要。

③机构人员精简。任何企业都必须追求经济效益,在企业正常运作的前提下,以最小的投入,追求最大化的经济效益。若机构设置不合理,人员职责不清,则很难做到高效率,很难适应城市轨道交通运营企业自身的特点。机构和人员的精简与高效是任何企业在设置组织机构时必须考虑的重要问题之一,尤其是在城市轨道交通网络化运营的时期,更应该做超前的考虑。

虽然我国城市轨道交通运营企业的组织机构不尽相同,但任何运营企业都是在不断深入发展的过程中努力完善和精简自身的组织机构。

④集中统一指挥。城市轨道交通的运营是多专业、多工种协同作业的过程,必须严格按照列车运行图运行,无论是工作在运营一线的列车司机、车站工作人员、行车值班员、调度员,还是工作在运营二线的设备维修人员、停车场的工作人员、后勤保障人员,以及为了保证客运服务设施、供电、通信、AFC、信息等系统的正常运转,必须由专门的指挥机构实行集中统一的指挥,尤其在进行运营调整和突发事件处置时更需要由一个机构发出有效、统一的指令,各专业、各部门必须严格执行,任何人不得违背;即便在夜间各系统进行检修时,也必须有集中统一的指挥,这个专门指挥机构就是我们通常所说的控制中心。控制中心的最高职责是确保城市轨道交通系统的正常运营,特别是在城市轨道交通网络化运营的时期,高效集中统一的指挥更为重要;在必要时还应建设全市的城市轨道交通应急指挥和协调中心,这个中心除了指挥各运营线路之间的协调配合,或向有关部门和领导报告外,还要协调城市轨道交通与其他行业之间的配合和联合行动。因此,组织机构的设置必须符合集中统一指挥这一原则。

⑤满足运营生产的需要(功能定位)。运营企业组织机构的设置必须充分考虑到该企业的

功能定位及所承担的运营生产的具体工作。由于城市轨道交通在我国属于新兴的、高科技的行业,其运营管理必然要走市场化的道路,引进市场竞争、资源共享,以期追求利润最大化。因此,城市轨道交通运营企业完全不必追求大而全,要充分应用所在城市的综合资源和市场,提倡在核心技术资助经营管理的前提下,在市场化竞争比较充分的条件下,尽可能将可以外委的设备系统检修及管理工作承包出去,这样做可以在对运营企业专业管理内容不做大的改变情况下,达到对组织机构设置、管理内容及深度、人员配备等方面进行不同程度的精简。

很多城市轨道交通运营企业将控制中心的调度人员、列车司机、行车值班员、电动列车修理工、ATC、AFC、SCADA 等系统的管理和检修工作由运营企业自行承担;其他专业的工作视当地市场环境和条件逐步、分期分批地承包出去。

⑥适合自身的特点。我国城市轨道交通运营企业通过多年的运营实践积累了很多宝贵的经验,我们可以从中学习和借鉴。但这些经验需要结合各城市轨道交通运营企业自身的特点加以消化和吸收,而不应简单地肯定或否定任何一种模式。

(3)运营对组织机构的要求

①乘客服务的要求。城市轨道交通运营企业最根本的任务是满足广大市民出行的需要,即满足乘客的乘车需要。首先,城市轨道交通运营企业能够根据客流的变化和设备的条件,充分发挥系统最大的潜力,编制好运营计划,最大限度地满足广大市民出行及乘车的需要,也就是尽量缩小行车间隔,增大行车密度,充分发挥设计运能;其次,城市轨道交通运营企业如何充分利用现有设备,不断进行必要的更新改造,创造优良的环境、舒适的乘车条件和提供优质的服务,安全、快捷、舒适地运送乘客,满足乘客的乘车需要。

②自身发展的要求。城市轨道交通运营企业为了自身生存发展的需要,追求经济效益,必须采取多种有效措施,方便乘客,吸引客流,增加票款和其他收入,编制企业年度、季度和月度计划,加强企业管理,降低成本,努力做到运营初期尽量少用财政补贴,几年后做到收支平衡,力争做到有赢利。

③设备保障的要求。优良的运营服务质量除了依靠一线工作人员的辛勤劳动,提供优质的服务以外,还必须依靠二线的设备保障,提高运营设备的运行质量,确保列车的安全、正点,并且提供优质的客运服务设施设备。这就要求城市轨道交通运营企业对所有的行车设施设备,包括电动列车、信号、通信、供电、AFC、车站机电、线路、土建等设施设备加强维护和检修。将计划修与动态修相结合,确保设施设备的正常使用,并对设施设备进行必要的更新改造,不断提高客运服务设施设备的科技含量,以最先进的客运服务设施设备来确保服务质量的提升。

④安全管理的要求。城市轨道交通运营企业必须把安全放在第一位,不断强化安全意识,建立各级安全运营组织机构,加强安全监督检查,制定积极有效的安全措施,经常组织演练和安全教育,并做好考核。

⑤人才引进的要求。城市轨道交通运营企业要加强人力资源的管理,引进优秀人才,满足运营的需要,并加强对员工的考核和再教育,不断提高全体员工的生产技能,树立敬业爱岗的精神,创造自己的、独特的、和谐的企业文化。

⑥行业管理的要求。城市轨道交通运营企业必须设立行政管理部门和企业发展策划部门。

⑦综合管理的要求。在我国,城市轨道交通运营企业必须建立健全党群系统,以加强思想政治教育工作,激励员工的工作热情,塑造适合自身特点的企业文化。

2)国内城市轨道交通运营企业组织机构的分析

多年来各城市轨道交通运营企业都将轨道交通的发展规律与本企业的具体实际相结合,走出了一条具有自我特色的现代城市轨道交通运营企业道路。

(1)网络化运营的运营企业的组织机构及其特点

网络化运营的运营企业组织机构,如图1-4所示。

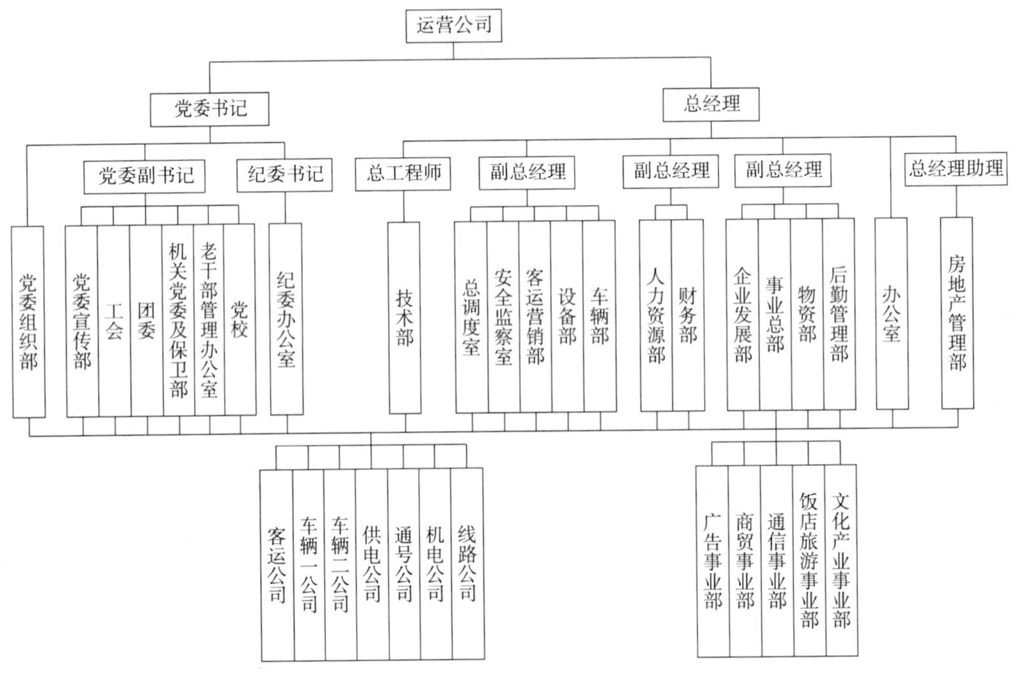

图1-4 网络化运营的运营企业组织机构

以我国某大型城市轨道交通运营企业的组织机构图为例,属于直线制即垂直式管理。由于该两家公司所运营的线路已形成网络化运营,它们具有以下特点:①运营的线路多、线路长、车站多;②日均客流量大,换乘客流量也大;③建设了统一的清分管理中心和运营应急指挥及协调中心;④设备系统制式复杂,资源共享的潜力很大;⑤运营过程中需要协调的工作量十分巨大,要求运营组织的执行层专业分工明确,专业化分工更细,管理的面不宜过宽;⑥公司管理层的管理职能更加突出,运营中需协调的工作量大;⑦控制中心的地位提升、决策指挥能力要求更高;⑧对单线设计的各运营线路的设施设备及系统应从网络化运营、资源优化共享的角度出发,逐步加以改造、调整和完善。

此类组织机构分为决策层、管理层和执行层。其中,管理层设总调度室、安全监察室、客运营销部、设备部和车辆部;执行层设客运公司、车辆公司(车辆一公司、车辆二公司)、供电公司、通号公司、机电公司、线路公司等。

①管理层。

a.总调度室。该部门是公司行使运营指挥的最高机构,负责行车调度、电力调度、消防环控调度,在运营期间按列车运行图指挥运营,协调各运营部门生产。遇突发事件时,该部门根据应急预案进行处置,尽快恢复运营,参与事故的处理、调查和分析。夜间按照施工计划组织实施,确保次日的正常运营。

b. 安全监察室。该部门应贯彻执行国家有关安全生产、交通安全管理的政策和法规,建立各级安全生产网络,制定公司安全生产规章制度并监督实施;定期进行安全检查,提出安全整改措施并组织实施;负责综合治理、治安保卫工作;制定安全方面紧急预案并组织演练;负责事故的统计、调查、处理和考核。

c. 客运营销部。该部门是公司运营生产的策划和管理部门,根据客流变化和设备条件编制运营计划、铺画列车运行图,协调各专业按运营计划组织生产;遇突发事件时协助总经理指挥处置;负责编写有关运营专业的各项规章制度、应急预案;对运营有关质量进行控制、分析和考核;参与票价制定和提出增加票务收入措施,提高经济效益;采取有效措施,改善乘车环境,提高服务质量;协调网络化运营过程中各线路之间的关系,发挥网络效应。

d. 设备部。该部门是公司设备(除车辆以外)的综合管理部门,对公司所有设备的检修计划进行平衡、审批,并按规定进行督促、检查和考核;制定有关设备的管理文件、检修策略;协调与指挥大型、多专业的检修工程;参与新线的接管、试运营准备工作;组织固定资产的统计、管理、申购、报废工作;参与设备检修的资金平衡工作;参与事故的统计、调查、处理和考核。

e. 车辆部。该部门是公司电动列车管理的综合管理部门,审批车辆检修计划,并按规定进行督促、检查和考核;对影响正常运营的车辆故障原因进行分析;组织车辆的采购、技术谈判和招投标工作;审批对车辆进行国产化及改造方案;负责车辆技术需求和相关标准;负责车辆网络规划,落实各线路的车辆技术定位、车型配置、数量配置及运能计划工作;根据网络化运营的要求对各线路间车辆互联互通进行规划,对车辆的数量和车型优化提出实施方案;对各段、场之间以及不同线路的车辆之间的维修资源共享提出落实方案;参与车辆的事故调查、分析、统计和考核。

②执行层(按专业设置)。

a. 客运公司。客运公司负责对车站进行管理,负责购票、检票、验票、上下车、换乘;负责在突发事件时紧急疏散乘客,对乘客投诉进行处理。

b. 车辆公司。车辆公司负责对车辆进行管理并承担各种检修、技术改造和事故处理。

c. 供电公司。供电公司负责供电、接触网等专业设施设备的维修和管理。

d. 通号公司。通号公司负责通信、信号、AFC 等专业设施设备的维修和管理。

e. 机电公司。机电公司负责机电设施设备(如 FAS、BAS、自动扶梯、给排水、通风、空调等)的维修和管理。

f. 线路公司。线路公司负责土建、桥梁、隧道、线路等专业设施设备的维修和管理。

网络化运营的运营企业的组织机构特点包括如下:

①这种模式是比较适合于网络化运营的大型企业,其决策层、管理层、执行层分工明确,突出管理层在管理、协调、策划、统一、制定政策和规章等方面的作用。

②执行层可以集中精力做好自己的工作,专业分工更细,可以把本专业的规划做得更好,所反映的问题更加直接,有利于本专业的发展和资源共享。

③控制中心的地位和作用得到加强,指挥更加得力、权威,协调力度也更大。

④作为网络化运营重要特征,一般都建立起了该城市轨道交通网络票务清分管理中心和应急指挥协调中心。

⑤这种垂直式的管理层面较多,专业分工更为细化,对管理层的要求更高,既要精通专业,更要熟悉现代企业管理;既要做好具体的工作,又要做好远期规划和网络统筹工作。

(2)运营规模不大的城市轨道交通运营企业组织机构及其特点

运营规模不大的城市轨道交通运营企业组织机构,如图1-5所示。

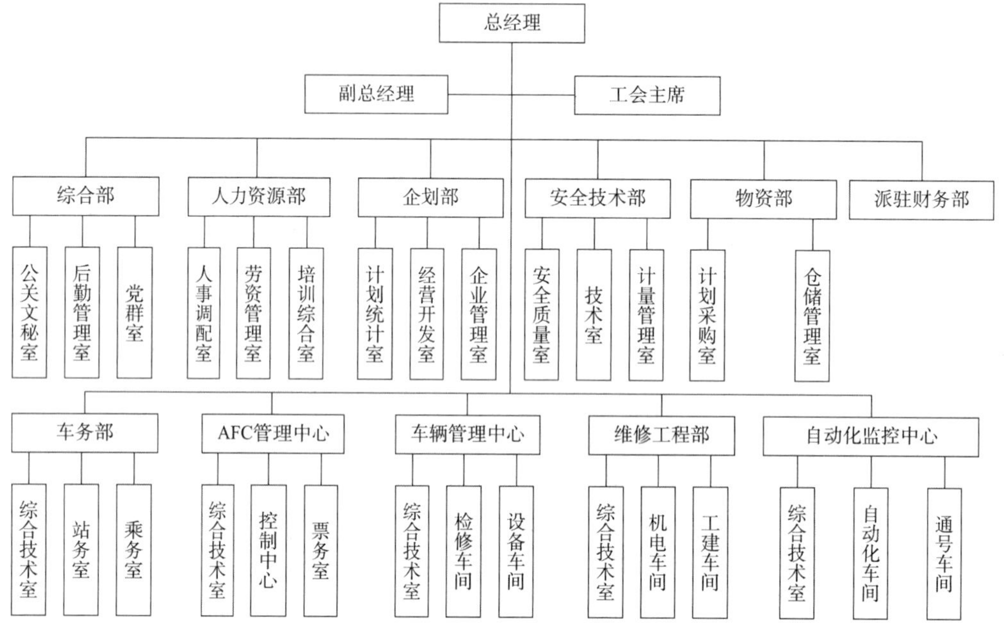

图1-5　运营规模不大的城市轨道交通运营企业组织机构

目前,我国处于运营初期的城市轨道交通运营企业组织机构,是比较典型的横向式管理(事业部制),其特点是管理层面少,生产的管理和执行由基层单位承担,适用于运营规模不大或试运营初期的运营企业。

这种组织模式,仅设安全部、管理部两个部门。

①生产部门。下设车务部、AFC管理中心、车辆管理中心、维修工程部、自动化监控中心等5个生产部门。

a.车务部。该部门主要从事车站的管理和列车司机的管理,是城市轨道交通运营企业的一线窗口,其工作质量直接关系到城市轨道交通运营服务质量和企业形象,影响城市的形象。

b.AFC管理中心。该中心下设综合技术室、票务室和控制中心。AFC管理中心负责各专业调度的集中统一指挥和AFC系统的管理、检修、票务清分以及票卡的编码、清洗和调配等工作。

城市轨道交通运营企业在试运营初期也可以把控制中心和票务室放在车务部,便于协调和管理。

c.车辆管理中心。该中心下设综合技术室、检修车间、设备车间。车辆管理中心是承担电动列车检修、管理以及其他机电设备管理、使用、检修的部门。由于运营初期,电动列车都只做定修以下的修程,其组织机构设置可以相对简单。

d.维修工程部。该部门下设综合技术室、机电车间、工建车间。维修工程部主要承担供电系统的运行和管理,负责接触网(轨)的维修、管理,负责车站机电设备、线路、土建设施的检修与管理,并参与设计、功能定位等多项工作。

e. 自动化监控中心。该中心下设综合技术室、自动化车间和通号车间。自动化监控中心主要承担通信、信号、CCTV、PIS、AFC 等自动化系统的管理、检修工作。它和维修工程部只是专业分工不同,管理的内容和方式是一样的。

②管理部门。

a. 安全技术部。该部门下设安全质量室、技术室和计量管理室。安全技术部承担公司的安全管理,包括制定规章制度,建立安全生产体系,组织安全检查,提出整改措施,制订应急预案并组织演练,实施监督和考核;承担公司的工器具、计量仪表的管理、监督监察,组织定检等管理工作;承担公司生产方面的管理制度的编写和批转工作。

b. 物资部。该部门下设计划采购室和仓储管理室。物资部承担公司的物资采购计划的编制和采购、仓库保管等工作。其职责是依托市场、合理库存,减少库存资金,加速资金流转,保证生产正常进行,提高经济效益。

运营规模不大的城市轨道交通运营企业组织机构的特点如下:

①该类运营企业的组织机构层面少,减少了中间环节,便于政令畅通。

②突出控制中心和票务清分管理的作用,单独设置,有利于统一集中指挥和管理。

③根据管理范围的幅度,把运营系统和设备系统划分成 5 个生产部门,而不是简单地划分成 2 ~3 个生产部门,重点考虑管理幅度、专业技术和人员构成情况进行设置。

④由于分设 5 个生产部门,在城市轨道交通这样多专业、多部门联合生产的要求下,它们之间必定会有许多共性的问题要管理,有许多个性的问题要协调,而这类企业的管理和协调力度不足,加大了决策层的工作压力。

⑤该类组织机构的控制中心的定位比较低,难以树立其指挥权威,不利于运营生产的统一集中指挥。

(3)正在向网络化运营过渡的运营企业组织机构及其特点

这种组织机构是在原有横向式管理(事业部制)的基础上,根据运营线路的不断增加,客流量加大,换乘量比以往明显增加,设备型号和制式日趋复杂的实际情况下逐渐演变而来。这类企业往往运营多年,积累了丰富的经验,培养出一大批城市轨道交通专业和管理人才,面临的选择和调整更加灵活。

这种组织机构比已实现网络化运营企业的组织机构层面多,总经理下设 5 个生产部门和 3 个管理部门,由主管副经理直接领导,负责所管专业的管理、生产和发展。

①生产部门。

a. 车务部。由于线路的增加,通常将车务部分为车务一部和车务二部,分管不同的运营线路。车务部主要从事车站的管理(中心站长负责制)和列车司机的管理。车务部人员较多,技术相对低一些,司机与车站的配合更加紧密,是城市轨道交通运营企业的一线窗口部门,直接关系到运营服务质量和企业形象,乃至城市形象。

b. 车辆部。该部门是从事车辆从设计、功能定位到检修、管理的部门,可分为承担较低修程的检修分部,承担高级修程的大修分部,管理、使用检修设备的设备分部,以及生产技术室、质量安全室和综合室等管理科室。

由于电动列车的增加,制式不尽相同,车辆技术又很复杂,已经不可能与设备部门共处一部门,必须单独成立一个部门,有利于车辆专业的成长与发展。司机经培训积累了一定的经验,可考虑把列车司机划分出去,既有利于做好列车检修工作,也有利于检修与运用相互制约。

c. 维修一部。根据管理专业的范围大小,下设工建分部和通号分部以及相应的生产技术室、质量安全室、综合室。维修一部负责线路、土建设施、通信信号的检修、管理,参与设计、功能定位等工作。

注:由于原来事业部制的初期阶段设备数量少,相对单一,往往只设一个设备维修部,有的运营企业在初期还把车辆归并在此统一管理。当企业发展到这一阶段时,设备数量多,制式不尽统一,管理的覆盖面往往不是一个部门所能承担的,因此根据工作量和专业相近的原则把原设备维修部分设维修一部和维修二部。

d. 维修二部。该部门下设供电分部、机电分部、自动化分部及生产技术室、质量安全室、综合室。维修二部负责供电专业、接触网、机电设备及自动化设备的检修、管理和参与设计、功能定位等工作。维修二部只是与维修一部所分管的专业不同,功能和定位则完全相同。

e. 调度票务部。该部门下设控制中心、AFC 分部、票务分部及运输策划室、生产管理室、综合室。调度票务部负责各专业调度的集中统一指挥,AFC 的管理、检修、票务统一清分工作以及票卡的制作、编码、清洗、调配工作;在管理上,承担运营生产的管理、协调和计划编制等工作。

把控制中心和票务清分管理从其他部门分离出单独设置符合网络化运营的需要,突出集中统一指挥,对提高运营服务质量和确保乘客安全是十分有利的。

②管理部门。

a. 技术部。技术部下设计量中心、新线筹备室、设备管理室、技术室、资料室,是公司的管理部门。技术部承担全公司工器具、计量仪表的管理、监督检查,定期送检的管理工作;负责全公司设施设备的管理和固定资产管理;做好全公司资料档案的管理、开发工作;负责企业一级生产管理文件的审批下发和新线接管的筹划、协调等管理工作。

b. 安全稽查部。为了加强对企业安全工作的管理、检查和执法,该部门下设行车安监室、设备安监室、票务稽查室和执法室。其职责是主要承担安全规章制度的编制,建立安全生产体系,加强对城市轨道交通运营企业主要的行车安全(包括乘客安全)、设备安全进行检查,提出整改措施、实行监督和考核,组织对各类事故的调查和处理,编制应急预案并组织演练,加强对票务的稽查工作,并依法对社会治安、地铁保护范围等行使执法权。

c. 物资部。该部门下设综合计划室、采购室和库存管理室。其职责是承担整个运营企业的物资采购计划的编制、采购、保管工作;依托市场确定合理库存,减少库存资金,加速资金流转,保证生产正常进行,提高经济效益。

正在向网络化运营过渡的运营组织机构的特点如下:

①该组织机构的层面少,减少了中间环节,便于政令发布畅通。

②突出控制中心和票务清分管理的作用,单独设置,有利于统一集中指挥和管理。

③根据管理范围的大小,把车务管理和设备管理各划分成两个分支机构,有利于作用的发挥和专业管理水平的提高。

④按专业划分为维修一部和维修二部,由于这阶段设备成倍增加,制式不尽相同,技术

更为复杂，对这两个部门的经理和管理人员的要求也高，不仅要精通专业技术，还要熟悉现代化企业管理。

⑤公司即将迈入网络化运营的时期，线路之间、多专业之间的管理力度和协调量必然会加大。这种模式下强化企业内部机制固然有利于企业内的正常运作，但由于管理层作用不明显，有时会牵涉决策层更多的精力，这时他们仅起到协调作用。

3. 城市轨道交通运营企业组织模式的优化

城市轨道交通必须满足城市居民的出行需求并完成规划设计运量和获取经济效益。在经济效益方面，虽然世界上许多城市轨道交通的建设、运营亏损要由政府财政补贴，但也有一些城市不同程度地取得盈利和回收投资。因此，我国城市轨道交通运营企业应该加强运营管理，探究运营机制与策略，优化企业组织模式，提高管理水平，以改善财务状况、减少经营亏损乃至争取盈利。为达到这一目标，应处理好以下两个方面的关系。

1）城市轨道交通运营企业与政府的关系

在城市轨道交通建设、运营的各个阶段中，政府始终处于举足轻重的地位，尤其是运营管理离不开政府的政策导向、政策支持甚至资金的扶持。在修建城市轨道交通时，政府要给予一定的资金支持以用作资本金。另外，政府还应给予城市轨道交通运营企业一定的优惠政策，如在地方城市轨道交通网络规划的前提下运营公司有自行决定修建线路的权力；地方政府给城市轨道交通运营企业以一定范围内的定价自主权，视客流与经营状况为城市轨道交通合理制定票价；在沿城市轨道交通线两侧的500m之内，政府可划拨一定土地为城市轨道交通开发房地产或其他物业之用，其收益用来弥补建设费用的不足等。

2）运营管理与运作的商业化

虽然城市轨道交通属于公共产品，但仍需确立公司运作的商业化原则。从筹建到运营各个环节，从设备引进到消化吸收，从运营主业到多种经营物业管理，都需要建立相应的成本和效益核算制度，寻求票价与运量之间的平衡点，将经济效益作为城市轨道交通运营企业建设和经营的目标之一。

单元1.4 城市轨道交通运营管理内容

城市轨道交通运营管理是运营企业为了有效完成乘客运输任务，通过计划、组织、指挥与控制等过程，运用人力、设备和运能等资源进行一系列活动。城市轨道交通运营管理工作主要包括客流预测与调查分析、列车开行计划编制、列车运行图编制、乘务计划编制、运输能力分析、调度指挥、车站客运组织、票务管理与票价制定、维修与安全管理、补贴机制等。

一、客流调查预测与分析

城市轨道交通客流预测是对系统内客流的流量和流向进行预测和调查分析，为客运组织工作提供决策依据。客流调查是城市轨道交通日常运营活动的组成部分，目的是掌握客流现状和变化规律，为运营服务设计方案和列车开行计划的编制提供依据。客流调查涉及调查内容、地点和时间的确定，调查表格的设计，调查设备的选用、调查方式的选择，以及调查资料汇总整理、指标计算和结果分析等方面的内容。在客流调查的基础上做好服务设计是一项体现运营服务质量和水平的基础性工作,它是制订好列车开行计划的前提。

二、列车开行计划编制

列车开行计划是城市轨道交通系统日常运营组织的基础,决定了城市轨道交通系统或线路的运营服务质量及服务水平。一般情况下,列车开行计划的内容除了全日行车计划(不同运营时段列车的开行对数)外,还包括列车运行交路、列车停站设计和车辆运用计划等。

三、列车运行图编制

城市轨道交通系统通过列车运行图来落实列车开行计划,并协调相关部门的工作。列车运行图规定了车辆与运行线的匹配方案(车辆周转计划)和列车在车站到发时刻,同时也是车辆、乘务、设备维护等部门协同工作的基本技术文件。

四、乘务计划编制

乘务计划是安排乘务员值乘列车所需要遵循的技术文件。合理的乘务计划在满足乘务员作息时间、保证值乘安全的前提下,能够优化值乘方案,降低人工成本。

五、运输能力分析

运输能力是评价运力资源利用情况的重要指标集,也是优化城市轨道交通运力资源配置和指导运输组织生产实践的重要理论基础。一般在完成一个列车开行计划和列车运行图后,需要对城市轨道交通系统关键环节运输能力利用情况进行分析,以便对列车开行计划和列车运行图的质量进行评价。线路车站以及折返站的通过能力和输送能力是运输能力计算、分析与核定的关注点。

六、调度指挥

运营调度指挥工作是城市轨道交通运营的中心工作。列车开行计划和列车运行图一旦进入实施阶段,整个系统的运营调度工作由运营调度控制中心负责实施,实行高度集中统一指挥,其核心工作内容是对列车行车组织进行全面的管控,即负责监控运营各线路的列车、环境、灾害、乘客、供电、动车及车站主要设备的运行情况。同时,在遇有计划偏离、突发事件或特殊情况时,及时采取调整措施,尽快恢复正常运营。

七、车站客运组织

城市轨道交通的主要业务是客运,而车站作为运输乘客的载体和服务乘客的窗口单位,客运组织是其最基本的业务。车站客运组织工作的主要内容是有序、畅通、安全地组织乘客乘降,其核心内容是流线的设计与实施。

八、票务管理与票价制定

城市轨道交通系统所提供的运营服务可以纳入准公共用品的范畴,票价率的制定一方面应尽可能发掘其公共产品的福利属性，满足所服务地区居民的基本出行需求，同时应反映其价值规律，鼓励运营机构提高效率。此外，如何采用合理的票制来实现票价率，也是制定票价所需要考虑的一个重要问题。

九、维修与安全管理

维修工作是城市轨道交通系统运营过程中的重要组成部分，为安全运营提供保障。维修主要是指对城市轨道交通固定设施设备和车辆设备的维护和修理。除维修外，还可使用安全管理的手段保障安全运营，即利用管理的活动，将事故预防、应急措施与保险补偿三种手段有机地结合在一起，以达到保障安全的目的。

十、补贴机制

补贴机制是政府对城市轨道交通运营企业进行宏观调控，给予必要的财政支持，实现企业盈亏平衡的重要手段。补贴机制主要有直接补贴和间接补贴两种模式。其中，直接补贴主要采用统包补贴、包干补贴、基于客运周转量的补贴、加入服务及成本监督的补贴等方式；间接补贴主要是政府通过宏观政策，对城市轨道交通运营企业提供除资金以外的一些政策性补助。

知识链接

《城市轨道交通运营管理办法》(部分)

(建设部令第140号)

第二章　运营管理

第四条　城市人民政府城市轨道交通主管部门应当按照《行政许可法》以及市政公用事业特许经营的有关规定，依法确定城市轨道交通运营单位。

第五条　新建城市轨道交通工程竣工后，应当进行工程初验；初验合格的，可以进行试运行；试运行合格，并具备基本运营条件的，可以进行试运营。

城市轨道交通工程竣工，按照国家有关规定验收，并报有关部门备案。经验收合格后，方可交付正式运营。

安全设施不符合有关国家标准的新建、改建、扩建城市轨道交通工程项目，不得投入运营。

第六条　城市轨道交通运营单位应当按照国家有关规定和特许经营协议，制定城市轨道交通运营服务规则和设施保养维护办法，保证城市轨道交通的正常、安全运营。

第七条　城市轨道交通运营单位应当执行价格主管部门依法确定的票价，不得擅自调整。

第八条　城市轨道交通运营单位应当为乘客提供安全便捷的客运服务，保证车站、车厢整洁，出入口、通道畅通，保持安全、消防、疏散导向等标志醒目。

第九条　城市轨道交通运营单位工作人员应当佩戴标志、态度文明、服务规范。驾驶员、调度员、行车值班员等岗位的工作人员应当经培训合格后，持证上岗。

城市轨道交通运营单位应当在车站配备急救箱，车站工作人员应当掌握必要的急救知识和技能。

第十条　城市轨道交通运营过程中发生故障而影响运行的,城市轨道交通运营单位应当及时组织乘客疏散,并尽快排除故障,恢复运行。一时无法恢复运行的,城市轨道交通运营单位应当及时报告城市人民政府城市轨道交通主管部门。

第十一条　城市轨道交通因故不能正常运行的,乘客有权持有效车票要求城市轨道交通运营单位按照单程票价退还票款。

第十二条　禁止下列危害城市轨道交通正常运营的行为:

(一)在车厢内吸烟,随地吐痰、便溺、吐口香糖,乱扔果皮、纸屑等废弃物;

(二)在车站、站台、站厅、出入口、通道停放车辆、堆放杂物或者擅自摆摊设点堵塞通道的;

(三)擅自进入轨道、隧道等禁止进入的区域;

(四)攀爬、跨越围墙、护栏、护网、门闸;

(五)强行上下列车;

(六)在车厢或者城市轨道交通设施上乱写、乱画、乱张贴;

(七)携带宠物乘车;

(八)危害城市轨道交通运营和乘客安全的其他行为。

第十三条　禁止乘客携带易燃、易爆、有毒和放射性、腐蚀性的危险品乘车。

城市轨道交通运营单位可以对乘客携带的物品进行安全检查。对携带危害公共安全的危险品的乘客,应当责令出站;拒不出站的,移送公安部门依法处理。

第十四条　城市人民政府城市轨道交通主管部门和城市轨道交通运营单位应当建立投诉受理制度,接受乘客对违反运营规定和服务规则的行为的投诉。

城市轨道交通运营单位应当自受理投诉之日起10个工作日内做出答复。乘客对答复有异议的,可以向城市人民政府城市轨道交通主管部门投诉,城市人民政府城市轨道交通主管部门应当自受理乘客投诉之日起,10个工作日内做出答复。

单元1.5　城市轨道交通网络化运营

随着城市轨道交通线路的逐条建成,城市轨道交通的运营由单线运营发展为多线运营,再由多线运营进一步发展为网络化运营。城市轨道交通网络化运营是指建立在多线路组成的城市轨道交通线网的基础上,旨在高效地满足乘客安全、可持续的运输组织方法与经营行为的总称。

城市轨道交通网络化运营的概念及内涵包括城市轨道交通网络化规划、网络化建设和网络化运营三个层面。其中,网络化规划是指从城市轨道交通网络而非单一线路的角度规划枢纽布局、站点设置和设施配置。网络化建设是指各条线路的技术标准协调、设备制式兼容、系统互联互通、资源整合共享和换乘枢纽同步实施等。网络化规划和网络化建设既是网络化运营的基础,也是确保城市轨道交通网络功能最优化、运营效率最大化、运输成本合理化的基础。

城市轨道交通是一个复杂的系统，涉及效率、安全、效益等方面。城市轨道交通网络化运营不是单线运营的简单叠加，网络化运营面临许多新的问题，如换乘规划、设备兼容、资源共享、网络综合体系、网络管理架构和列车共线运行等，这些问题的解决直接关系到城市轨道交通网络的运营效率、服务水平和经济效益。

一、换乘规划

在城市轨道交通网络中，换乘站集中设置在中心城区的交通枢纽、城市副中心、重要商业街区等大型客流集散点，是城市轨道交通网络中的重要节点。总结已经建成的换乘站的经验教训，在线网规划、建设阶段就要解决好换乘的优化问题，同时建立若干评价指标来衡量换乘站规划与换乘方式的设计是否科学、合理。其评价指标主要有线路间的换乘连接是否最佳、乘客换乘走行距离是否最短、与其他交通方式的衔接是否良好、与停车场等周围设施的联系是否良好、规划实施的难易程度、设备的利用和共享、综合造价指标等。为了确保换乘站的建设，在线网规划及换乘规划批准后，应对相关用地进行严格的控制，这是保证规划实施的重要措施。

二、设备兼容

由于种种原因，存在着先后建成的城市轨道交通线路采用不同制式技术设备的情况。技术设备不兼容会对城市轨道交通网络化运营产生不利影响。例如，信号设备不兼容使得列车只能在本线上运行，限制了列车跨线运行与共线运行，制约了网络整体运输能力的发挥；自动售检票设备不兼容使得票卡只能在本线上使用，由于无法在各条线路间实行一票换乘，降低了城市轨道交通对乘客的吸引力。因此，为了适应城市轨道交通网络化，从提高运营效率、服务水平与经济效益等方面考虑，要求网络内各条线路的信号、自动售检票等设备能实现设备兼容。

三、资源共享

国内城市轨道交通发展初期，由于投入运营的线路相对分散，控制中心、车辆基地、主变电站和车站设备等通常是按单一线路规划配置的。但是，在城市轨道交通网络化情况下，按单一线路规划配置技术设备，既不利于技术设备的充分利用、控制工程造价，也不利于技术管理的规范与运营指挥的统一。因此，为了适应城市轨道交通网络化，必须实现资源共享。

四、网络综合体系

城市轨道交通网络综合体系的构建，以“安全、可靠、高效”为总体目标，以“设施系统完备、运行安全畅通、维护统筹集约、管理智能高效”为指导思想，以网络化运营管理的功能需求为核心。网络综合体系由网络结构功能体系和网络业务管理体系等组成。

五、网络管理架构

为了适应城市轨道交通网络化运营，需要对管理架构进行重组，采取集中分级式的城市轨道交通管理架构包括网络集中管理层、线路区域控制层和站场现场执行层 3 个层次,分别承担不同的网络运营管理职能。

六、列车共线运行

列车共线运行是指某一线路区段上运行不同类型或不同线路的列车。目前,列车共线运行主要有城市轨道交通列车与铁路列车共线运行模式和城市轨道交通列车共线运行模式两种。

城市轨道交通列车与铁路列车共线运行具有下列优点:

(1)充分利用既有铁路的运输能力。

(2)降低城市轨道交通的建设投资与运营成本。

(3)对市中心与远郊区间的出行,由于线路间的无缝连接和列车密度的增加,缩短了换乘时间与候车时间。

(4)乘客服务水平的提高有助于吸引更多的客流,客运收入的增加能够改善城市轨道交通运营企业的财务状况。

(5)私人汽车出行的减少有助于缓解地面交通拥挤、减少道路交通事故和减轻尾气排放等环境污染。

与此同时,城市轨道交通列车与铁路列车共线运行需要解决技术、运营和经营方面的问题。技术方面的问题包括行车安全、信号制式、牵引电压和站台高度等;运营方面的问题包括缩短站间距、增加列车密度等;经营方面的问题包括运营管理机构重组、基础设施与车辆的保养维修承包给第三方等。

对于相同技术标准的城市轨道交通列车共线运行来说,硬件设施方面的障碍较少,运营方面的问题是主要的。一般而言,列车共线运行是否可行,需要对乘客换乘、通过能力与运行秩序进行综合分析。在运营初期客流量不大的情况下,为避免乘客换乘和提高服务水平,城市轨道交通列车共线运行在运营上是可行的。但在客流量较大的情况下,由于受列车共线区段通过能力的限制,列车运能与客流密度难以很好匹配。

复习思考题

一、选择题

1. 曼谷轻轨的建设和运营由曼谷大众交通系统公共有限公司负责,政府通过合同形式对其进行约束,该模式属于(　　)。

A. 国有国营模式　　B. 国有民营模式
C. 公私合营模式　　D. 民有民营模式

2. 车站管理模式采用(　　)负责制。

A. 值班站长　　B. 站区长　　C. 运转值班员　　D. 调度员

二、填空题

1. ________和________是影响城市轨道交通管理模式的重要依据。

2. 城市轨道交通运营体系是一个联合运输的大系统,其唯一宗旨是__________。

三、简答题

1. 简述城市轨道交通系统的主要运营特性。

2. 简述城市轨道交通网络化运营面临的问题。

四、实践训练

以某城市轨道交通运营企业为研究对象,分析其运营状况。

模块2

城市轨道交通客流预测、调查与分析

教学目标

1. 掌握客流的基本概念及不同客流的概念；
2. 了解影响客流的基本因素；
3. 掌握客流预测的基本方法；
4. 熟悉客流调查的基本内容；
5. 能够分析客流在时间与空间分布上的特征。

建议学时

8 学时。

客流是规划城市轨道交通网络、安排工程项目建设顺序、设计车站规模和确定车站设备容量的依据，也是城市轨道交通系统安排运力、编制运输计划、组织行车和分析运营效果的基础。

客流预测是城市轨道交通建设的前提。也就是说，做好客流预测是城市轨道交通建设和设计工作的基础，是工程项目建设规模和运营经济评价的依据，也是项目风险的评估要素和关键。

客流调查的目的是掌握客流现状和变化规律。客流调查涉及客流调查的内容、地点和时间的确定，调查表格的设计，调查设备的选用，调查方式的选择以及调查资料的汇总整理、指标计算和结果分析等方面的问题。

城市轨道交通客流分析是指要对客流在时间与空间上的分布特征、动态变化规律，以及它们与行车组织、能力配备的关系进行分析。

单元 2.1 城市轨道交通客流概述

一、客流的概念

1. 客流

客流是指在单位时间内,城市轨道交通线路上乘客流动人数和流动方向的总和。客流的概念既表明了乘客在空间上的位移及其数量,又强调了这种位移带有方向性和具有起讫位置。客流可以是预测客流,也可以是实际运营客流。

(1)根据时间分布特征,客流可分为全日客流、全日分时客流和高峰小时客流。其中,全日客流是指全日的总客流;全日分时客流是指全日各小时的客流。

(2)根据空间分布特征,客流可分为断面客流与车站客流。其中,断面客流是指通过城市轨道交通线路各区间的客流;车站客流是指在城市轨道交通车站上下车和换乘的客流。

(3)根据来源,客流可分为基本客流、转移客流和诱增客流。其中,基本客流是指城市轨道交通线路既有客流加上按正常增长率增加的客流;转移客流是指由于城市轨道交通具有快速、准时、舒适等优点,使原来经由常规公交和自行车出行转移到经由城市轨道交通出行的这部分客流;诱增客流是指城市轨道交通线路投入运营后,促进沿线土地开发、住宅区形成规模、商业活动频繁所诱发的新增客流。

2. 断面客流量

断面客流量是指在单位时间内,通过城市轨道交通线路某一地点的客流量(相关知识见二维码1)。这里的单位时间可以是一昼夜、一小时或其他时间单位。显然,通过某一断面的客流量就是通过该断面所在区间的客流量。断面客流量可分为上行断面客流量和下行断面客流量,其计算公式如下:

二维码1

$$p_{i+1} = p_i - p_{下} + p_{上} \tag{2-1}$$

式中:p_{i+1}——第 $i+1$ 个断面的客流量,人;

p_i——第 i 个断面的客流量,人;

$p_{下}$——在车站下车人数,人;

$p_{上}$——在车站上车人数,人。

3. 最大断面客流量

在单位时间内,通过城市轨道交通线路各个断面的客流量一般是不相等的。最大断面客流量是指最大客流断面的客流量(相关知识见二维码2)。上下行方向的最大客流断面一般不在同一断面。

最大断面客流量通常按高峰小时最大断面客流量和全日最大断面客流量计算。高峰小时最大客流断面和全日最大客流断面一般也不在同一个断面。

二维码2

4. 高峰小时最大断面客流量

在以小时为单位计算断面客流量的情况下,分时断面客流量最大的小时称为高峰小时。

城市轨道交通线路的高峰小时一般出现在早晨和傍晚,称为早高峰小时和晚高峰小时。

高峰小时最大断面客流量是指高峰小时最大客流断面的客流量。高峰小时最大断面客流量是行车组织和车站设备容量确定的一项基础资料。

5. 车站客流量

车站客流量包括全日、高峰小时和超高峰期在城市轨道交通车站上下车和换乘的客流量,以及经由不同出入口、收费区的进出站客流量和不同方向的换乘客流量。超高峰期是指在高峰小时内存在一个 15 ~ 20min 的上下车客流特别集中的时间段。车站高峰小时和超高峰期客流量决定了车站的设计规模,是确定站台、售检票设备、自动扶梯、楼梯、通道、出入口等车站设备容量或能力的基本依据,如站台宽度、售检票机数量、楼梯与通道宽度等。

二、客流的产生

1. 城市轨道交通需求

需求是指人们对于某种物质或精神目标获得满足的愿望。在经济学意义上,对商品和服务的需求受到社会经济条件的制约,必须建立在有购买能力的基础上。城市轨道交通需求是指人们在城市中实现位移的愿望,它应建立在有能力支付交通服务价格的基础上。因此,城市轨道交通需求是位移欲望和购买能力的统一。而城市轨道交通线路上的客流,可以认为是被实现了的城市轨道交通需求。

2. 城市轨道交通需求的特点

城市轨道交通需求的特点体现在以下 4 个方面:

(1)广泛性。与其他商品和服务的需求相比较,城市轨道交通需求是一种广泛性的需求,城市的各项功能活动都不可能离开它而独立存在。

(2)派生性。城市轨道交通需求是一种派生性需求,因为在绝大多数的情况下,乘客实现位移的目的往往不是位移的本身,而是通过空间位移的完成来满足工作、生活或娱乐方面的需求。正是由于城市轨道交通需求是一种非本源性的需求,决定了部分城市轨道交通需求的满足在空间和时间上的弹性以及可以被部分替代的特点,如乘客可以选择迂回径路或避开交通高峰期,现代通信手段的发展减少了城市中人员的流动,等等。

(3)时间性。城市轨道交通需求按一周内的工作日和双休日、一天内的各个小时以及一小时内的时间间隔有规律地变化。城市轨道交通需求的这种时间特点,是城市公共交通系统规划设计和运输组织的基本依据之一。

(4)空间性。城市轨道交通需求的空间性特点,是指城市出行在方向上和线路上分布的不均衡。这种不均衡主要是由城市各区域的土地使用和功能活动不同所决定的。但城市轨道交通网的布局、线路通过能力、交通服务价格与质量也是造成城市出行在空间分布上不均衡的原因。

三、客流的影响因素

影响城市轨道交通需求的因素包括经济因素和非经济因素两个方面,概括起来主要有城市经济发展水平、城市各功能区域的布局、人口密度、流动人口数量、国民收入、城市交通网的布局、客运服务的价格与质量、替代服务的价格与质量、政府的交通运输政策、私人交通工具的拥有量等。

1. 土地利用因素

土地的用途是影响城市轨道交通客流的重要因素,主要包括:

(1)土地的用途,涉及城市各区域功能的定位。

(2)在用地上建造的建筑类型与在用地上进行的社会经济活动类型有关。

(3)土地的利用状况与在用地上进行的社会经济活动的强度有关,如人口、就业、产量等。

土地利用与客流的关系是"源"与"流"的关系,城市各区域功能的定位决定了出行活动及出行流量、流向。此外,土地利用规划对城市布局发展模式有着重要的影响,在城市由单中心布局发展到单中心加卫星城镇布局,又进一步发展到多中心布局的过程中,通常伴随着客流的大幅增长。1997 年,上海轨道交通 1 号线火车站至莘庄段贯通运营,但 1997—1998 年的客流增长幅度并不大,主要原因是 1 号线锦江乐园至莘庄段沿线地区的房地产开发刚刚开始。2000 年后,市民纷纷迁入新建成的住宅区,商业、餐饮业的发展使得上海地铁 1 号线客流快速增长。2001 年的客流增长率达到 38.1%,远高于 2000 年的客流增长率 0.5%。

2. 人口规模的影响

城市中的出行量与人口规模、出行率关系密切。除了要分析常住人口、暂住人口和流动人口的数量外,我们还要分析人口的年龄、职业、出行目的、居住区域等特征。根据出行调查资料显示,不同人群的出行率存在差异。一般规律如下:

(1)在常住人口中,中青年人群的出行率高于幼年与老年人群的出行率。

(2)上班、上学人群的出行率高于退休人群的出行率。

(3)市区人口的出行率高于郊区人口的出行率。

(4)在暂住人口、流动人口中,旅游人群的出行率高于进城务工人员人群的出行率,流动人口的出行率高于常住人口的出行率等。

3. 客运服务及替代服务的价格与质量

票价是影响客流的重要因素,但票价对客流的影响与收入水平对客流的影响是相互作用的。票价与收入有 4 种(低收入、高票价,低收入、低票价,高收入、低票价,高收入、高票价)组合,其中低收入、高票价对客流的吸引最不利。市民的消费能力与收入水平直接相关,城市轨道交通的客源主要来自中、低收入人群。当城市轨道交通票价支出占收入水平的比例较大时,选择城市轨道交通方式出行的客流就会下降。例如,1996 年,北京地铁票价由 0.5 元调整为 2 元,当年客运量减少 1.18 亿人次,与上一年相比下降了 20.4%。如果考虑客流自然增长的因素,实际下降达到 26%。在分析票价对客流的影响时,还应注意到乘客会通过权衡各种出行方式的票价高低及性价比来选择出行方式。在收入水平一定的情况下,只有在城市轨道交通的性价比高于其他出行方式或替代服务的性价比时,城市轨道交通才能够吸引更多的客流。

4. 政府的交通运输政策

大城市确立以公共交通为主、以个体交通为辅的交通运输政策。优先发展公共交通、大力发展轨道交通、控制自行车与私人汽车的发展,对引导市民利用公共交通与轨道交通出行具有重要的意义。而实现这一交通运输政策,要做好两点:

(1)加快公共交通设施的建设,如提高城市轨道交通线网的密度、建成大型换乘枢纽等。

(2)优化现有交通资源,如完善城市轨道交通与常规公交、自行车、私人汽车的衔接换乘,减少与城市轨道交通线路走向重复的常规公交线路等。

如果把影响城市轨道交通需求的各种因素作为自变量,把城市轨道交通需求作为因变量,则可用需求函数来表示影响城市轨道交通需求的因素与城市轨道交通需求之间的关系。以 D 代表需求,$a,b,c,d,\cdots,n$ 代表影响需求的因素,则需求函数为

$$D=f(a,b,c,d,\cdots,n) \tag{2-2}$$

单元2.2 城市轨道交通客流预测

客流预测是在对相关交通(如公交等)现状进行分析后,通过建立数学模型,对各年限内城市轨道交通的客流规模、分布特征等进行预测,为确定城市轨道交通线网布局、建设规模、系统规模选择、系统建设效益分析等提供依据。

一、客流预测模式

1. 趋势外推客流预测模式

将相关公交线路和自行车出行的现状客流向城市轨道交通线路转移,得到虚拟的城市轨道交通客流;然后根据相关公交线路的客流增长规律确定城市轨道交通客流的增长率,并据此推算城市轨道交通远期客流。趋势外推客流预测模式能较好地反映近期客流量的增长情况,但由于未考虑土地利用形态等客流影响因素,远期客流预测结果的精度较低,并且在预见未来出行分布变化上可靠性较差。该客流预测模式操作简单,常用于其他模式预测后的比较验证,或作为定性分析的辅助手段。

2. 四阶段客流预测模式

四阶段客流预测模式以市民出行 OD 调查为基础得到现状全方式出行分布,在此基础上结合未来城市发展及土地利用规划,预测规划年度的全方式出行分布;然后通过方式划分得到城市轨道交通的站间 OD 客流。这种客流预测模式包括出行生成、出行分布、方式划分与出行分配 4 个阶段。

该客流预测模式对于基础数据的要求较高,操作复杂,但客流预测结果的精度较高。此外,在城市发展未能按规划实现时,预测的客流分布就会存在较大的差异。近年来,国内许多城市轨道交通客流预测采用了四阶段客流预测模式,但在实践过程中,各个建设项目在方式划分阶段的位置、预测模型及参数标定以及交通规划软件选用等方面存在不同的情形。

3. 车站吸引区域客流预测模式

车站吸引区域客流预测模式认为,可以确定一个城市轨道交通车站对客流的吸引范围,车站吸引范围是一个以车站为圆心、合理到达车站时间或到达车站距离为半径的圆形区域。在分析车站吸引范围内的土地利用性质,以及确定合理步行区与接运交通区的基础上,可以预测通过步行、自行车和常规公交这 3 种方式到站乘车的人次。它们分别称为一次吸引客流、二次吸引客流和三次吸引客流。在车站客流量的基础上可进一步推算线路的断面客流量。在西安地铁可行性研究项目中,就采用了此类客流预测模式。当采用车站吸引区域客

流预测模式时,需要确定城市轨道交通车站客流吸引范围。根据莫斯科地铁的一项研究,在中间站到站乘客总数中,步行到站乘客约占58%,利用接运交通到站乘客约占42%。因此,确定车站客流吸引范围主要是确定一次吸引客流的合理步行区与三次吸引客流的合理接运区。相关研究指出:到达城市轨道交通车站的合理步行区应以车站为圆心,半径为600~800m的区域;到达城市轨道交通车站的合理接运区应是以车站为圆心,半径为2500~3000m的区域;在有快速公交线路接运的情况下,合理接运区半径可以超过3000m。此外,该研究还指出,城市轨道交通终点站的合理接运区半径一般要比平均值大30%~50%,在终点站上车的乘客中,利用接运交通到站的乘客比例较高,达到55%。

二、客流预测方法

客流预测的方法主要有定性预测和定量预测两种方法。

1. 定性预测法

定性预测不采用数学模型,主要依赖预测人员的专业知识和实际经验。定性预测方法中使用较多的有德尔菲(Delphi)法等。

德尔菲法又称专家调查法。在客流历史数据较少的情况下,德尔菲法借助预测人员的专业知识和实际经验,并综合考虑多种影响因素对客流进行预测。德尔菲法的预测步骤包括设计调查问卷、选择专家、征询意见和处理调查结果等。

为了避免预测人员的专业知识、经验和素质的局限性影响预测的精确度,德尔菲法通常选择一组专家作为征询意见的对象,同时,为了防止互相影响而不能做到独立判断,专家的意见一般以匿名方式填写。调查的组织者将调查问卷寄给专家,征询他们的意见。在收到专家的意见后,将专家的意见进行归纳汇总后形成新的调查问卷;然后对专家进行再次征询,供其对经过归纳汇总的意见进行分析、判断和提出新意见。经数次反馈,对趋于一致的专家意见进行统计分析,最后得到预测结果。

虽然参加定性预测的专家意见是一种主观判断,受到对问题认识差异的影响,但主观判断并不等于是主观随意性,只要有相当数量对问题有研究的专家参加定性预测,尽管专家的预测结果不会完全一样,但会围绕一个中心值波动,那么,这个中心值就是确定预测结果的客观基础。

2. 定量预测法

定量预测采用数学模型,对数据有较高的数量和质量要求,计算工作量较大。定量预测法又可分为按时间序列预测和按因果关系预测两类方法。

1)按时间序列预测

该类客流预测方法的基本思路是将时间作为自变量,根据客流从过去到现在的变化规律来预测未来的客流。按时间序列预测方法的主要优点是需要数据相对较少、运用简便,只要采用时间段的统计客流数据变动趋势没有大的异常波动,预测结果一般较好。按时间序列预测方法的主要缺点是无法反映客流变动的原因,因此不能指明在影响客流的因素发生变化时,客流变化的趋势与结果。常用的时间序列客流预测方法有移动平均法、指数平滑法和自回归法等。

2)按因果关系预测

该类客流预测方法的基本思路是将影响客流变动的经济和非经济因素作为自变量来预测未来的客流。按因果关系预测方法的主要优点是能够考虑较多的对客流可能产生影响的因素,揭示引起客流变化的原因,同时在数据量足够多的情况下,能得到较高的预测精度。按因果关系预测的主要缺点是由于自变量的选择、有关参数的确定带有一定的主观性和预测性,预测结果的准确度会因此受到影响。常用的因果关系客流预测方法有回归预测法、类型分析法和引力模型等。

单元2.3 城市轨道交通客流调查

客流是动态流,因时因地而变化,这种变化是城市社会经济活动和生活方式,以及城市轨道交通系统本身特征的反映。在城市轨道交通系统的运营过程中,对客流的动态变化进行实时跟踪和系统分析,掌握客流现状和客流变化规律是城市轨道交通系统运输组织和行车组织工作得以顺利进行的前提。

客流调查是城市轨道交通日常运营活动的组成部分,其目的是掌握客流现状和变化规律。客流调查涉及客流调查的内容、地点和时间的确定,调查表格的设计,调查设备的选用,调查方式的选择,以及调查资料汇总整理、指标计算和结果分析等方面问题。

一、客流调查种类

1. 全面客流调查

全面客流调查是对全线客流的综合调查,通常包括乘客情况抽样调查。全面客流调查的特点时间长、工作量大,需要配备较多的调查人员。通过调查和资料整理分析,能对客流现状及变化规律有一个全面、清晰的了解。

全面客流调查有随车调查和站点调查两种调查方式。其中,随车调查是指在列车车门处对运营时间内所有上下车乘客进行写实调查;站点调查是指在车站检票口对运营时间内所有进出站乘客进行写实调查。城市轨道交通全面客流调查基本都采用站点调查方式。

全面客流调查一般进行2~3d,在营业时间,调查全线各站所有乘客的下车地点和车票种类,将调查情况以5min或15min为间隔做好记录。

2. 乘客情况抽样调查

抽样调查是指用样本来近似地代替总体,这样做有利于减少客流调查的人力、物力和时间。通常采用调查问卷方式进行,调查内容主要包括乘客构成情况和乘客乘车情况两方面。

(1)乘客构成情况调查一般在车站进行,可选择在客流比较正常的运营时间段进行。调查内容包括年龄、性别、职业、家庭住址和出行目的等。

(2)乘客乘车情况调查的内容包括家庭住址、家庭收入、日均乘车次数、上车站和下车站、到达车站的方式和所需时间、下车后到达目的地的方式和所需时间等。

进行抽样调查时,必须先确定抽样方法与抽样数,以确保抽样调查的结果具有实用意义。抽样方法主要有简单随机抽样、分层抽样、整群抽样和多阶段抽样等。抽样数的大小取决于总体的大小、总体的一致程度以及调查的精度要求。

3. 断面客流调查

断面客流调查是一种经常性的客流抽样调查,可选择一个或几个断面进行调查。一般对最大客流断面进行调查,调查人员采用直接观察法调查车辆内的乘客人数。

4. 节假日客流调查

节假日客流调查是一种专题性客流调查,重点对春节、国庆节、元旦以及双休日和若干民间节日期间的客流进行调查。其内容包括机关、学校、企业等单位的休假安排,城市旅游业、娱乐业的发展程度,市民生活方式的变化,等等。此类调查一般通过问卷方式进行。

二、客流调查统计指标

客流调查结束后,对客流调查资料应认真汇总整理,列成表格或汇成图表,计算各项指标,并将它们与设计(预测)数据或历年调查数据进行比较,分析数据增减的比例及原因。其主要指标包括如下:

(1)乘客人数。乘客人数包括分时与全日各站上下车人数、换乘人数、高峰小时乘客人数、高峰小时系数等。

(2)断面客流量。断面客流量包括分时与全日各断面客流量、最大断面客流量、高峰小时最大断面客流量。

(3)乘坐站数与平均乘距。乘坐站数与平均乘距包括本线乘客乘坐不同站数的人数及所占百分比、跨线乘客乘坐不同站数的人数及所占百分比、平均乘车距离。

(4)乘客构成。乘客构成包括全线不同票种乘客人数及所占百分比、车站分别3次吸引乘客人数及所占百分比等。

(5)车辆运用。车辆运用包括客车公里、客位公里、乘客密度、客车满载率和断面满载率等。

单元2.4 城市轨道交通客流分析

城市轨道交通的客流是动态流,它的分布与变化因时因地而不同,但这种不同归根结底是城市社会经济活动与生活方式以及城市轨道交通本身特征的反映。因此,客流的分布与变化是有规律的。

在城市轨道交通运营实践中,客流分析的对象既可以是预测客流,也可以是实际客流。客流分析的重点是客流在时间与空间上的分布特征、动态变化规律,以及它们与行车组织、能力配备的关系。

一、客流的时间分布特征

1. 一日内小时客流分布特征

城市轨道交通一日内小时客流通常是双峰型。反映客流不均衡程度的系数可按下式计算：

$$a_1 = \frac{p_{max}}{\sum_{t=1}^{H} \frac{p_t}{H}} \tag{2-3}$$

式中：a_1——单向分时客流不均衡系数；

p_{max}——单向高峰小时最大断面客流量，人；

p_t——单向分时最大断面客流量，人；

H——全日营业小时数，个。

单向分时客流不均衡系数值大于1。当 a_1 趋向于1时，表明分时客流分布比较均衡，a_1 越大表明分时客流分布越不均衡。当 $a_1 \geqslant 2$ 时，表明分时客流的不均衡程度比较大。

位于市区范围内的地铁、轻轨线路的 a_1 值通常为2左右，而通往远郊区的市域轨道交通线路的 a_1 值通常大于3。

2. 一周内全日客流分布特征

由于人们的工作与休息是以周为循环周期进行的，这种活动规律性必然要反映到一周内全日客流的变化上来。在以通勤、通学客流为主的城市轨道交通线路上，双休日的客流会有所减少；而在连接商业网点、旅游景点的城市轨道交通线路上，双休日的客流又往往有所增加。

双休日早高峰的出现时间往往推迟，而晚高峰的出现时间又往往提前。此外，星期一与节假日后的早高峰小时客流和星期五与节假日前的晚高峰小时客流，都会比其他工作日的早、晚高峰小时客流要大。

根据全日客流在一周内分布的不均衡和有规律的变化，城市轨道交通常在一周内实行不同的全日行车计划和列车运行图，以适应不同的客运需求和提高运营经济性。

3. 季节性或短期性客流变化

一年内，客流还存在季节性的变化，如由于梅雨季节和学生迎考等原因，6月份的客流通常是全年的低谷。而在旅游旺季，流动人口的增加也会使城市轨道交通线路的客流增加。短期性的客流激增，通常发生在举办重大活动或遇到天气骤然变化的时候。

对于季节性的客流变化，可采取实行分号列车运行图的措施来缓和运输能力紧张的状况。当客流在短期内增加幅度较大时，运营部门应针对某些作业组织环节、某些设备的运用方案采取应急调整措施，以适应客运需求。

二、客流的空间分布特征

1. 各条线路客流分布特征

沿线土地利用状况的不同是各条线路客流不均衡的决定因素，而城市轨道交通线网与接运交通的现状也是各条线路客流不均衡的影响因素。

各条线路客流的不均衡，包括现状客流分布的不均衡和客流增长的不均衡两个方面。

2. 上下行方向客流分布特征

由于客流的流向原因，城市轨道交通线路上下行方向的最大断面客流通常是不均衡的。

这种不均衡在放射状城市轨道交通线路上尤为明显。

反映城市轨道交通线路上下行方向客流不均衡程度的系数可按下式计算：

$$a_2=\frac{\max(p_{\max}^{上},p_{\max}^{下})}{\frac{p_{\max}^{上}+p_{\max}^{下}}{2}} \tag{2-4}$$

式中：a_2——上下行方向客流不均衡系数；

$p_{\max}^{上}$——上行方向最大断面客流量，人；

$p_{\max}^{下}$——下行方向最大断面客流量，人。

上下行方向客流不均衡系数值大于1。当 a_2 趋向于1时，表明上下行方向客流比较均衡，a_2 越大表明上下行方向客流越不均衡。当 $a_2 \geqslant 1.5$ 时，表明上下行方向客流的不均衡程度比较大。

3. 线路断面客流分布特征

在城市轨道交通线路上，由于各个车站乘降人数的不同，线路上各区间的断面客流通常各不相同，甚至相差悬殊。

反映城市轨道交通线路单向各个断面客流不均衡程度的系数可按下式计算：

$$a_3=\frac{p_{\max}}{\sum_{i=1}^{K}\frac{p_i}{K}} \tag{2-5}$$

式中：a_3——单向断面客流不均衡系数；

p_i——单向断面客流量，人；

K——单向线路断面数，人。

断面客流不均衡系数值大于1。当 a_3 趋向于1时，表明断面客流比较均衡，a_3 越大表明断面客流越不均衡。当 $a_3 \geqslant 1.5$ 时，表明断面客流的不均衡程度比较大。位于市区范围内地铁、轻轨线路的 a_3 值通常小于1.5，而通往远郊的市域轨道交通线路的 a_3 值通常为2左右。

4. 站间 OD 客流分布特征

站间 OD 客流分布特征的重点是各个客流区段内和不同客流区段间的各站发到客流分布特征。

在城市轨道交通线路较长，并且各个客流区段的断面客流不均衡程度较大时，大客流区段通常位于市区段，小客流区段通常位于郊区段。站间 OD 客流分布特征可以用市区段内与郊区段内各站间发到客流分别占全线各站总发到客流的百分比，以及在市区段与郊区段间各站发到客流占全线各站总发到客流的百分比来反映。

5. 各个车站乘降客流分布特征

城市轨道交通各个车站的乘降人数不均衡，甚至相差悬殊的情况并不少见。不少线路全线各站乘降量总和的大部分往往是集中在少数几个车站上。

车站乘降人数的不均衡决定了各个车站的客运工作量、设备容量或能力的配置、客运作业人员的配备以及日常运营管理的重点。

6. 车站内客流分布特征

分析城市轨道交通车站内乘客流向及行程轨迹,车站内客流在空间分布上也存在不均衡现象。它们包括经由不同出入口的客流不均衡、通过不同收费区的客流不均衡、通过同一收费区不同检票机的客流不均衡和上下行方向的乘降客流不均衡等。

掌握客流在站内的空间分布特征,对车站自动售检票设备等的合理配置与优化布局具有指导意义。

案例分析

乘客晕倒引发踩踏事件背后的客流分析

某日早晨8:30,某市地铁有一名乘客因不明原因在站台上晕倒,引起站台部分乘客恐慌拥挤,造成12名乘客轻微受伤并被送往医院。事发持续两分多钟,过程中另有多名乘客遗失钱物。

该事件发生时间正处于早高峰时段,站台人数过多是造成踩踏事件的巨大隐患。事件发生时,站台站务人员人数不足且行动缓慢,未能及时做出反应,没有起到引导乘客安全、有序地候车及乘车的作用。

城市轨道交通一日内小时客流通常为双峰型,即夜间少,早晨渐增,上班和上学时达到高峰,午间稍减,傍晚因下班和放学又达到高峰,此后逐渐减少,午夜最少。在一日内小时客流不均衡程度较大的情况下,为实现运营组织的经济合理性,可考虑采用小编组、高密度列车开行方案。小编组、高密度与大编组、低密度两种列车开行方案的分时列车运能不变,但在客流低谷时段,小编组、高密度列车开行方案具有既能提高客车满载率,又不降低乘客服务水平的优点。

需要指出的是,小编组、高密度列车开行方案只是在一定的客流条件下才是可行的。例如,本案例中,在上下班高峰期,客流密度较高,应采用小编组、高密度行车方案。采用小编组、高密度行车方案可有效地减少站台候车人数和单车客流密度。同时,在高峰时段应当在站台增派站务人员维持秩序,以减少类似事件发生时造成的混乱时间。在此基础上分析客流统计资料,掌握车站客流在时间和空间上的分布与变动,对可能出现的大客流应有预见性。

复习思考题

一、选择题

1. (　　)是行车组织和车站设备容量预测的一项基础资料。

A. 高峰小时最大断面客流量　　B. 全日客流

C. 基本客流　　D. 全日分时客流

2. (　　)不是常用城市轨道交通客流预测模式。

A. 趋势外推客流预测模式　　B. 四阶段客流预测模式

C. 车站吸引区域客流预测模式　　D. 2次吸引客流预测模式

二、填空题

1. 根据客流的空间分布特征,可分为__________客流和__________客流。
2. 城市轨道交通需求是位移欲望和__________的统一。

三、判断题

1. 德尔菲法借助预测人员的专业知识和实际经验,预测结果精确度很高。 (   )
2. 断面客流不均衡系数越大,表明客流的不均衡程度越大。 (   )

四、简答题

1. 车站客流量包括哪些?超高峰期的含义是什么?
2. 客流预测的模式有哪些?各预测模式的特点和适用情况是什么?
3. 什么是断面客流量?断面客流量如何计算?

五、实践训练

在掌握全面调查、抽样调查等具体客流调查实施方法的基础上,进行客流调查问卷设计。

模块3 城市轨道交通行车组织

教学目标

1. 掌握城市轨道交通系统客流计划、全日行车计划的基本内容;
2. 掌握列车开行方案的基本内容;
3. 掌握城市轨道交通系统车辆配备、运用与检修计划的基本内容;
4. 掌握行车闭塞法;
5. 熟悉行车指挥方式;
6. 掌握正常情况下行车组织;
7. 了解车站行车作业的基本要求的制度;
8. 了解车站接发列车作业与列车折返作业。

建议学时

10 学时。

单元 3.1 客流计划

客流计划是指对运输计划期间城市轨道交通线路客流的规划。它是全日行车计划、列车运行计划和车辆运用计划编制的基础,是运输计划的重要组成部分。在建成新线投入运营的情况下,客流计划根据客流预测资料进行编制;在既有运营线路的情况下,客流计划根据客流统计资料和客流调查资料进行编制。客流计划的主要内容包括站间发、到客流量,各站方向上下车人数,全日高峰小时和低谷小时的断面客流量,分时最大断面客流量,等等。

客流计划以站间发、到客流量数据为原始资料,首先计算出各站上下车人数,然后计算出断面客流量数据。例如,某城市轨道交通线路站间发、到客流量见表 3-1;根据站间发、到客流量数据可以计算出各站的上下车人数，见表 3-2。根据各站的上下车人数，可以计算出断面客流量数据。根据断面客流量数据资料即可绘制断面客流图，如图 3-1 所示。

轨道交通线路站间发、到客流量(人)　　表 3-1

到＼发	A	B	C	D	E	F	G	H	合计
A	0	5830	5200	6200	3505	8604	9620	1765	40724
B	6890	0	1420	4575	3694	5640	6452	1456	30127
C	4580	1212	0	423	724	2100	2430	3511	14980
D	6520	2454	523	0	423	1247	1434	3569	16170
E	3586	1860	866	513	0	356	1211	2456	10848
F	7625	6320	1724	2413	385	0	750	4857	24074
G	9654	8214	2130	4547	1234	960	0	1463	28202
H	1560	1250	4324	5234	2567	5427	2401	0	22763
合计	40415	27140	16187	23905	12532	24334	24298	19077	187888

各站上下车人数　　表 3-2

下行方向断面客流量(人)	下行上客数(人)	下行下客数(人)	车站	上行上客数(人)	上行下客数(人)	上行方向断面客流量(人)
	40415	0	A	0	40724	
40415						40724
	21310	6890	B	5830	23237	
54835						58131
	9567	5792	C	6620	9188	
58610						60699
	12707	9497	D	11198	6673	
61820						56174
	4186	6825	E	8346	4023	
59181						51851
	6387	18467	F	17947	5607	
47101						39511
	2401	26739	G	21897	1463	
22763						19077
	0	22763	H	19077	0	

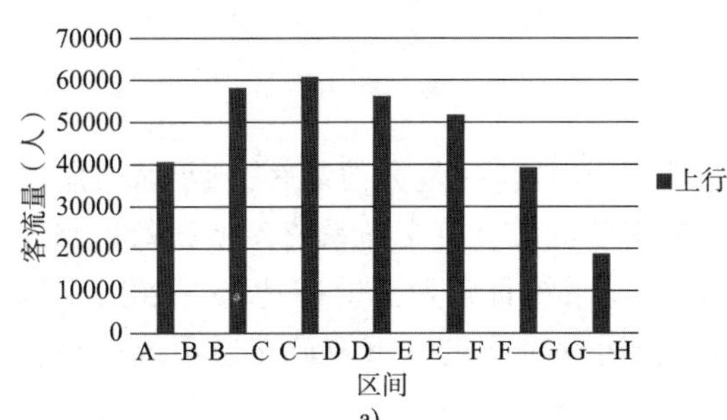

a)

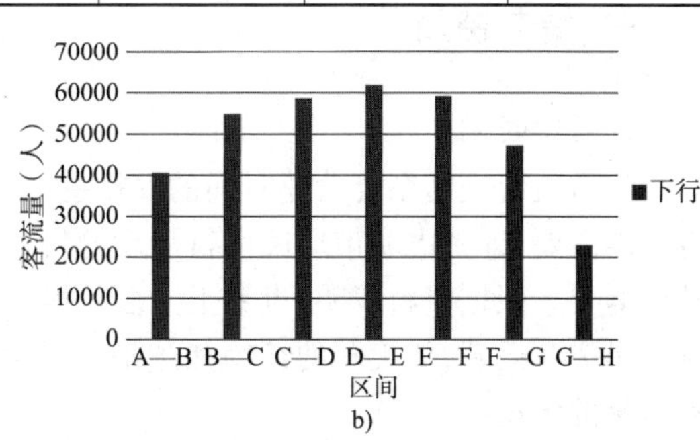

b)

图 3-1　线路上下行方向断面客流分布情况

从断面客流图中可以直观地看出，上行的最大断面客流量出现在 D—E 区间，下行的最大断面客流量出现在 C—D 区间。该数据是计算全日行车计划的基础。

在客流计划编制过程中,高峰小时的断面客流量可以通过高峰小时站间发、到客流量数据来计算,也可以通过全日站间发、到客流量数据来估算。当选用全日站间发、到客流量数据时,在求出全日断面客流量数据后,高峰小时的断面客流量按占全日断面客流量的一定比例来估算,比例系数的取值可通过客流调查来确定。

知识链接

OD 交通量是指起终点间的交通出行量。"O"来源于英文 ORIGIN,指出行的出发地点;"D"来源于英文 DESTINATION,指出行的目的地。

通常可利用个人出行调查来获取 OD 交通量,调查内容主要有起止点分布、出行目的、出行方式、出行时间、出行距离、出行次数等。OD 调查结果通常用一个二维表格表示,称为 OD 表,也叫 OD 矩阵。OD 调查结果可以通过期望值图、交通发生统计图、交通统计量图、交通等值线图、各种因素与 OD 量两两相关的分布曲线(相关曲线)等来表示。其中,期望值图的应用较为广泛,它是连接各小区形心的直线,代表了小区间所发生的出行,其宽度通常按小区间出行数比例大小而定。OD 调查结果已被应用于公路网规划,新建或改建项目可行性研究、设计、交通组织及管理等各方面。大量的 OD 调查数据,为远景交通量的预测、道路类型及等级的确定、互通立交的设置、道路横断面的设计、交通服务设施的配置、交通管理与控制、规划方案和建设项目的国民经济评价以及财务分析等提供了定量依据,进而为交通规划的完善和建设项目的科学决策奠定了基础。

单元 3.2 全日行车计划

全日行车计划是营业时间内各个小时开行的列车对数计划,它规定了城市轨道交通线路的日常运输任务,是编制列车运行图、计算运输工作量和确定车辆运用的基础资料。

全日行车计划根据营业时间内各个小时的最大断面客流量、列车定员人数和车辆满载率以及希望达到的服务水平综合考虑编制。

一、编制资料

1. 营业时间

城市轨道交通系统营业时间的安排主要考虑了两个因素:一是方便乘客,满足城市居民生活的需要,即考虑城市居民出行活动的特点;二是满足城市轨道交通系统各项设备检修养护的需要。根据资料表明,世界上大多数城市轨道交通系统日营业总时间达 18 ~20h,个别城市是 24h 运营,如美国的纽约和芝加哥。适当延长运营时间是城市轨道交通系统提高服务水平的体现。

2. 全日分时最大断面客流量

全日分时最大断面客流量,可在求出高峰小时断面客流量的基础上,根据全日客流分布模拟图来确定。

3. 列车定员数

$$列车定员数=列车编组辆数\times车辆定员数 \tag{3-1}$$

列车编组辆数的确定以高峰小时最大断面客流量为基本依据。其限制因素包括城市轨道交通系统保有的运用车辆数、车站站台长度、车辆段停车线长度等。

车辆定员数的多少取决于车辆的尺寸、车厢内座位布置方式和车门设置数。一般来说，在车辆限界范围内，车辆长宽尺寸越大则载客越多，车厢内座位纵向布置较横向布置载客要多，车厢内车门区较座位区载客要多。

4. 线路断面满载率

线路断面满载率是指在单位时间内、特定断面上的车辆载客能力利用率。在实际工作中，线路断面满载率通常是指高峰小时单向最大客流断面的车辆载客能力利用率。其计算公式如下：

$$\beta=\frac{p_{max}}{c_{max}}\times100\% \tag{3-2}$$

式中：β——线路断面满载率；

p_{max}——高峰小时单向最大断面客流量，人；

c_{max}——高峰小时线路输送能力，人。

线路断面满载率既反映了高峰小时开行列车在最大客流断面的满载程度，也反映了乘客乘车的舒适程度。在编制全日行车计划时，为了提高车辆运用效率、降低运输成本和提高经济效益，城市轨道交通系统可采取列车在高峰小时适当超载的做法。

二、编制程序

编制全日行车计划的程序，首先是计算营业时间内各小时应开行列车数，其次是计算行车间隔时间，最后是确定全日行车计划。

1. 计算营业时间内各小时应开行列车数

计算营业时间内各小时应开行列车数的计算公式如下：

$$n_i=\frac{p_{max}}{p_{列}\beta} \tag{3-3}$$

式中：n_i——全日分时开行列车数，列或对；

$p_{列}$——列车定员数，人。

2. 计算行车间隔时间

计算行车间隔时间的计算公式如下：

$$t_{间隔}=\frac{3600}{n_i} \tag{3-4}$$

式中：$t_{间隔}$——行车间隔时间，s。

3. 确定全日行车计划

在已经计算得到各小时应开行列车数和行车间隔时间的基础上，应检查是否存在某段时间内行车间隔时间过长的情况。如果行车间隔时间过长，会增加乘客的候车时间，降低乘客的出行速度,不利于吸引客流。为方便乘客,提高服务水平,城市轨道交通系统在非高峰运营时间内,如9:00—21:00,最终确定的行车间隔时间标准一般不宜大于6min;而在其他非高峰运营时间内,最终确定的行车间隔时间标准也不宜大于10min。另外,对全日行车计划中的高峰小时行车间隔时间应检验其是否符合列车在折返站的出发间隔时间。

案例分析

全日行车计划的编制

1. 编制资料

(1)某城市轨道交通线路站间OD客流见表3-3。

OD客流表(人) 表3-3

站名	A	B	C	D	E	合计
A	—	3260	22000	1980	1950	29190
B	2100	—	21900	2330	6530	32860
C	5800	4900	—	3220	4600	18520
D	5420	4100	3200	—	4390	17110
E	1200	4320	7860	3420	—	16800
合计	14520	16580	54960	10950	17470	114480

(2)营业时间为5:00—23:00。

(3)全日分时最大断面客流分布比例。

(4)列车编组6辆,列车定员为260人。

(5)线路高峰时间段:7:00—8:00,17:00—18:00。

2. 编制过程

根据OD客流表可以统计各站上下车人数,见表3-4。

各站上下车人数 表3-4

下行上车人数	下行下车人数	站　　名	上行上车人数	上行下车人数
29190	0	A	0	14520
30760	3260	B	2100	13320
7820	43900	C	10700	11060
4390	7530	D	12720	3420
0	17470	E	16800	0

注:每行之和为上车人数,每列之和为下车人数。

根据各站上下车人数推算出各站上下行断面客流量,见表3-5。

各站上下行断面客流量(人) 表3-5

下　　行	区　　间	上　　行
29190	A—B	14520
56690	B—C	25740
20610	C—D	26100
17470	D—E	16800

根据各站上下行断面客流量可知，早高峰小时最大断面客流量为56690人。根据全日分时单向最大断面客流分布比例可计算出分时单向最大断面客流量。其中，高峰小时每列列车乘客人数：260×6×1.2=1872人，其他小时每列列车乘客人数：260×6×0.9=1404人，由此可计算出分时行车计划中的列车开行对数和发车间隔，见表3-6。

列车开行计划 表3-6

时间	全日分时单向最大断面客流分布比例(%)	分时单向最大断面客流量(人)	分时列车开行对数	发车间隔
5:00—6:00	15	8504	7	8min30s
6:00—7:00	50	28345	21	2min50s
7:00—8:00	100	56690	31	2min
8:00—9:00	70	39683	29	2min05s
9:00—10:00	50	28345	21	2min50s
10:00—11:00	40	22676	17	3min40s
11:00—12:00	45	25511	19	3min15s
12:00—13:00	50	28345	21	2min50s
13:00—14:00	55	31180	23	2min35s
14:00—15:00	60	34014	25	2min25s
15:00—16:00	60	34014	25	2min25s
16:00—17:00	70	39683	29	2min05s
17:00—18:00	90	51021	28	2min05s
18:00—19:00	60	34014	25	2min25s
19:00—20:00	50	28345	21	2min50s
20:00—21:00	30	17007	13	5min
21:00—22:00	20	11338	9	6min35s
22:00—23:00	15	8504	7	8min30s

单元3.3 列车开行方案

列车开行方案包括列车编组方案、列车交路方案和列车停站方案3部分。其中，列车编组方案规定了列车是固定编组还是非固定编组，以及编组辆数；列车交路方案规定了列车的运行区段与折返车站；列车停站方案规定了列车是站站停车还是非站站停车的方式。

列车开行方案是日常运营组织的基础。列车开行方案的比选应遵循客流分布特征与运营经济合理兼顾的原则,以实现既能维持较高的乘客服务水平又能提高车辆运用效率的目标。

一、列车编组方案

列车编组方案有大编组方案、小编组方案和大小编组方案3种。

大编组方案是指在运营时间内列车编组辆数固定且相对较多,如地铁列车采取6辆或8辆编组的情形。

小编组方案是指在运营时间内列车编组辆数固定且相对较少,如地铁列车采取3辆或4辆编组的情形。

大小编组方案是指在运营时间内列车编组辆数不固定。具体分为两种:一种是在客流非高峰时段编组辆数相对较少,在客流高峰时段编组辆数相对较多,如3/6、4/6、4/8辆编组;另一种是在全日运营时间内采用大小编组方案。

值得一提的是,离开一定的客流条件来讨论列车编组方案的比选是无意义的。只有在客流量尚未达到远期设计客流量并且分时客流不均衡程度较大的情况下,才有必要对列车编组方案进行比选。

二、列车交路方案

1. 列车折返

列车折返是指列车通过进路改变、道岔转换,经过车站的调车进路由一条线路至另一条线路运营的方式。相关知识见二维码3。

具有列车折返条件的车站称为折返站。列车折返分为站前折返和站后折返两种。

1)站前折返

利用站前渡线进行折返作业称为站前折返(图3-2)。由于其会占用区间线路,影响后续列车的运行,并且行车安全保障要求较高,所以在行车组织中较少采用这种折返方式。

2)站后折返

列车利用站后折返线进行折返作业称为站后折返(图3-3)。由于车站接发车采用平行作业,不存在进路交叉,有利于行车安全和提高列车的旅行速度,所以在行车组织中常用这种折返方式。

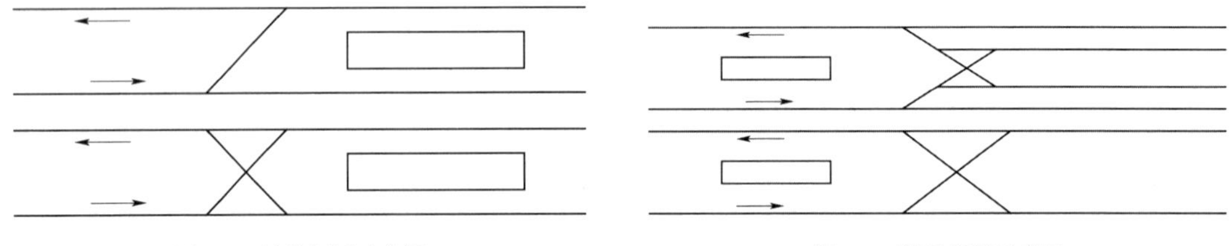

图3-2　站前折返示意图

图3-3　站后折返示意图

2. 列车交路种类及其适用情况

列车交路有长交路、短交路和长短交路3种。

1）长交路

长交路（图3-4）又称为常规交路，是指列车在线路的两个终点站间运行，到达线路终点站后折返。采用长交路方案因行车组织简单，乘客无须换乘、不需要设置中间折返站。若线路各区段断面客流不均衡程度较大，则会产生部分区段列车运能的浪费。

2）短交路

短交路（图3-5）又称为衔接交路。它是若干短交路的衔接组合，列车只在线路的某一区段内运行、在指定的中间站折返。采用短交路方案可提高断面客流较小区段的列车满载率，但跨区段出行的乘客需要换乘，以及需要设置中间折返站。短交路列车在中间站是双向折返，增加了折返作业的复杂性。

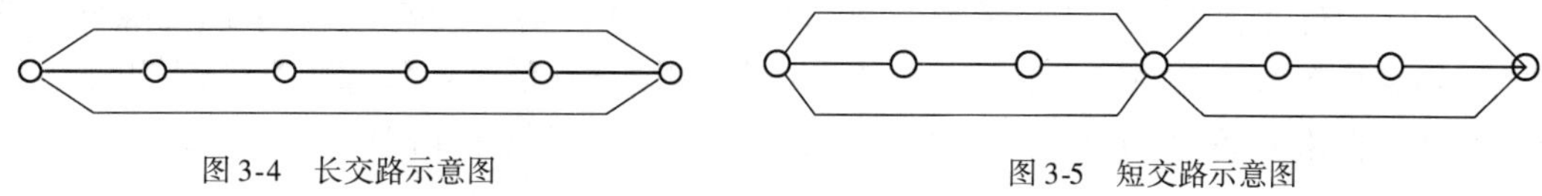

图3-4　长交路示意图

图3-5　短交路示意图

3）长短交路

长短交路（图3-6）又称为混合交路。长短交路列车在线路的部分区段共线运行，长交路列车到达线路终点站后折返、短交路列车在指定的中间站单向折返。采用长短交路方案可提高长交路列车满载率，加快短交路列车周转，但部分乘坐长交路列车乘客的候车时间增加，需要设置中间折返站。

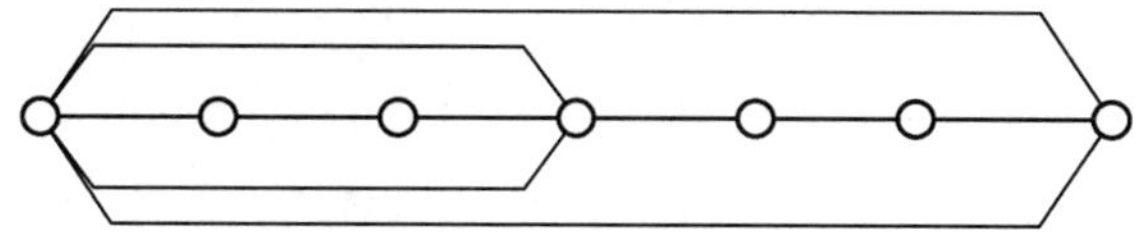

图3-6　长短交路示意图

在线路各区段客流量不均衡程度较大的情况下，可以采用以长交路为主、以短交路为辅的列车交路方案，组织列车在线路上按不同的密度行车。同样，当高峰期间客流在空间分布上比较均匀，而低谷期间客流在空间分布相差悬殊时，也可以在低谷时间采用长短交路方案，组织开行部分在中间站折返的短交路列车。相关知识见二维码4。

二维码4

三、列车停站方案

1.站站停车

列车停站有站站停车、区段停车、跨站停车、部分列车跨多站停车4种方案。

列车在全线所有车站均停车，如图3-7所示。线路上开行列车种类简单、不存在列车越行，乘客无须换乘、也无须关注站台上的列车信息显示。在跨区段、长距离出行乘客比例较大时，站站停车在车辆运用与服务水平方面均未达到最佳状态。

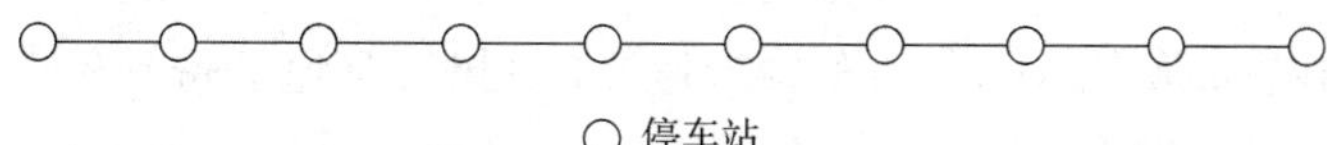

图3-7　站站停车方案示意图

2. 区段停车

在长短交路情况下采用,长交路列车在短交路区段外每站停车,但在短交路区段内不停车通过;而短交路列车则在短交路区段内每站停车,短交路列车的中间站同时是乘客换乘站,如图3-8所示。

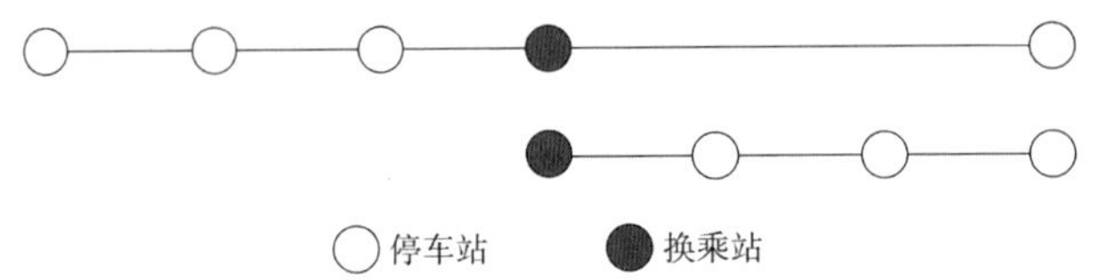

图3-8 区段停车方案示意图

采用区段停车方案有利于压缩长距离出行乘客的乘车时间、减少车辆运用和降低运营成本。但在行车量较大的情况下可能会产生越行,需要修建侧线;在不同交路区段上下车的乘客会增加换乘时间,而在短交路区段内上下车的乘客会延长候车时间。

3. 跨站停车

列车跨站停车在长交路的情况下采用,将线路上开行的列车分为A、B两类,全线的车站分为A、B、C 3类,其中A、B类车站按相邻分布的原则设置,C类车站按每隔4或6个车站选择一个的原则设置,如图3-9所示。

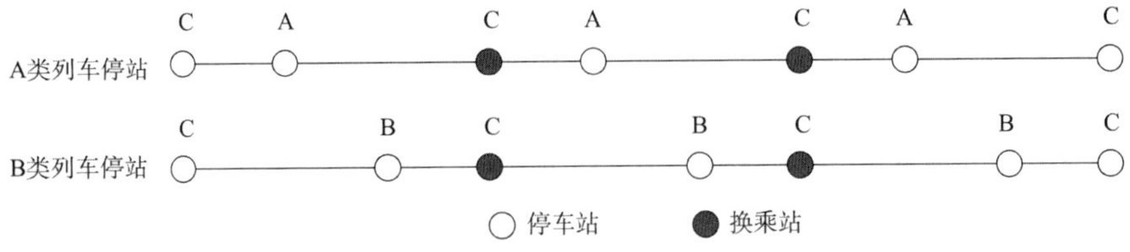

图3-9 跨站停车方案示意图

A类车在A、C内车站停车、在B类车站通过;B类车在B、C类车站停车,在A类车站通过。由于A、B两类车站的列车到达间隔加大,在A、B两类车站上车乘客的候车时间有所增加。此外,在A、B两类车站间上下车的乘客需要在C类车站换乘,会增加换乘时间及带来不便。跨站停车方案比较适用于C类车站上下车客流较大,并且乘客乘车距离较远的情形。

4. 部分列车跨多站停车

部分列车跨多站停车是指线路上开行两类长交路列车,即普速、站站停列车和快速、跨多站停列车,快速列车只在线路上的主要客流集散站停车,而在其他站则不停站通过,如图3-10所示。

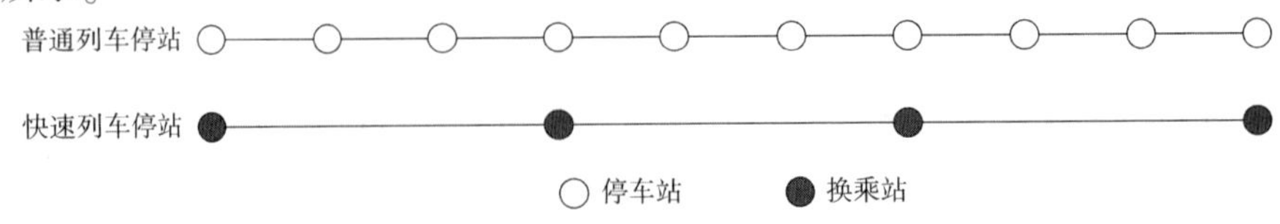

图3-10 区段停车方案示意图

该停车方案在提高跨多站停车列车旅行速度的同时,避免了跨站停车方案存在的部分乘客需要换乘问题,做到既能提高运营经济性,又不降低对乘客的服务水平,且该停车方案运用比较灵活,运营部门可根据客流特征、按不同比例确定快速列车开行对数。在线路通过能力利用率比较高的情况下,采用该停车方案通常会引起快速列车越行普速列车;如果不安排列车越行,则只能以损失线路通过能力来保证追踪列车间隔时间。

单元 3.4 车辆运用计划

一、车辆运用分类

为完成乘客运送任务,城市轨道交通系统必须保有一定数量的车辆。车辆按运用上的区别划分可分为运用车、检修车和备用车 3 类。

1. 运用车

运用车是指为完成日常运输任务而配备的技术状态良好的车辆。运用车的需要数与高峰小时开行列车对数、列车旅行速度及在折返站停留时间等因素有关,按下式计算:

$$N=\frac{n_{高峰}\theta_{列}\ m}{3600} \tag{3-5}$$

式中:N——运用车辆数,辆;

$n_{高峰}$——高峰小时开行列车数,对;

$\theta_{列}$——列车周转时间,s;

m——列车编组辆数,辆。

列车周转时间是指列车在线路上往返一次所消耗的全部时间,包括列车在区间运行、列车在中间站停车供乘客乘降、列车在折返站进行折返作业的全过程。

2. 检修车

检修车是指处于定期检修状态的车辆。车辆的定期检修是一项有计划的预防性维修制度。车辆经过一段时间的运用后,各部件会产生磨耗、变形或损坏,为保证车辆技术状态良好和延长使用寿命,需要定期对车辆进行检修。

车辆的定期检修分为月检、定修、架修和大修(又称厂修)等,也有安排双周检与双月检的情况。不同的检修级别有不同的检修周期。车辆检修级别和检修周期是根据车辆各部件使用寿命以及车辆运用环境等因素综合考虑确定的。通过对车辆的不同部件制定不同的技术标准、检修级别和检修周期,使车辆在经过不同级别的定期检修后,能在整个检修周期内保持良好的技术状态。车辆检修级别、周期及停时,见表 3-7。

车辆检修级别、周期及停时 表 3-7

检修级别	运用时间	走行公里	检修停时
双周检	2 周	4000	4h
双月检	2 月	20000	2d
定修	1 年	100000	10d
架修	5 年	500000	25d
大修	10 年	1000000	40d

3. 备用车

为了适应客流变化,确保完成临时紧急的运输任务,以及预防运用车发生故障,必须保有若干技术状态良好的备用车辆。备用车的数量一般控制在运用车数的10%左右。备用车原则上停放在线路两端终点站或车辆段内。车辆总保有数可按下式计算:

$$车辆总保有数 = 运用车辆数 + 检修车辆数 + 备用车辆数 \quad (3\text{-}6)$$

二、车辆运用计划

车辆运用计划在列车运行图和车辆检修计划的基础上进行编制(相关知识见二维码5)。车辆运用计划包括以下4个方面。

1. 排定车辆出入段顺序和时间

在新列车运行图下达后,车辆段有关部门应根据列车运行图的要求,及时排定运用车辆的出段顺序、时间和担当车次,以及回段顺序、时间和返回方向。出段时间根据列车运行图关于列车在始发站出发时刻的规定确定;出段时间应分别明确乘务员出勤时间、客车车底出库和出段时间。回段时间和返回方向同样可以根据列车运行图确定。

2. 铺画车辆周转图

列车正线运行通常采用循环交路,根据列车运行图和车辆出段顺序,车辆运用计划以车辆周转图的形式规定了全日对应各出段顺序的车辆在线路上往返运行的交路,车辆在两端折返站到达时间和出发时间,以及车辆出入段时间和顺序。车辆周转图如图3-11所示。

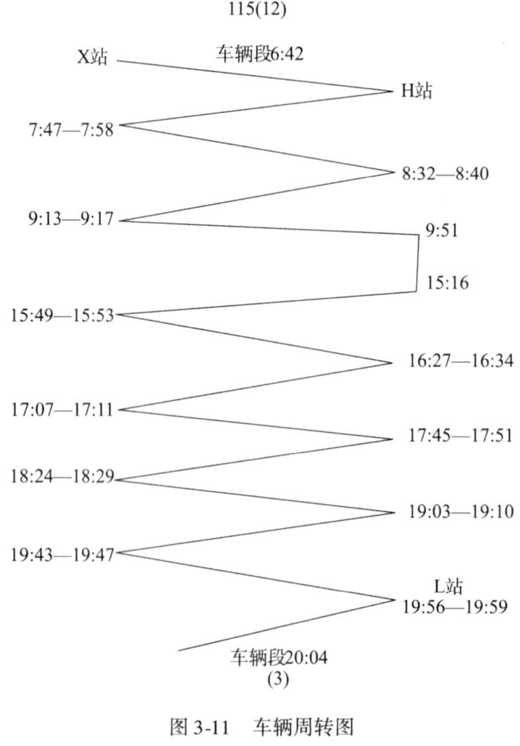

图3-11 车辆周转图

3. 确定对应各出段顺序的车辆(客车车底)

根据车辆的运用情况和技术状态,每日傍晚应具体规定次日车辆的出段顺序和担当交路与车次。在具体规定车辆的运用时,应注意使各客车车底的走行公里数能在一定时期内大体均衡。

4. 配备乘务员

为提高车辆利用效率和劳动生产率,城市轨道交通系统的乘务制度通常采用轮乘制。由于乘务员值乘的列车不固定,在编制车辆运用计划时,应对乘务员的出勤时间、退勤时间、地点、值乘列车车次、工间休息和就餐等同步做出安排。在安排乘务员的工作时,应注意乘务员的连续工作时间不得超劳。

单元3.5 列车运行组织

一、行车闭塞法

为保证列车运行的安全,在组织列车运行时,通过设备或人工控制,使连续发出列车保持一定间隔距离安全行车的办法,称为行车闭塞法。相关知识见二维码6。

保持列车间隔距离的方法有空间间隔法和时间间隔法两大类。

1. 空间间隔法

空间间隔法是指按一定的空间间隔开行列车,即在区间、闭塞分区或轨道电路区段内没有列车的时候,才准许驶入列车;或前后行列车间必须保持一个列车制动距离加上安全防护距离。

(1)按空间间隔法行车时,行车闭塞法有基本闭塞法和代用闭塞法两类。

①基本闭塞法是指使用基本闭塞设备时采用的行车闭塞法。在自动闭塞设备线路上,基本闭塞法是连续发出列车以闭塞分区、轨道电路区段,或以列车制动距离加上安全防护距离为安全间隔运行。在非自动闭塞设备线路上,基本闭塞法是连续发出列车以站间区间为安全间隔运行。

②代用闭塞法是指在基本闭塞设备因故不能使用时临时采用的行车闭塞法,而电话闭塞法是常用的代用闭塞法。

城市轨道交通采用的基本闭塞设备主要是自动闭塞设备。按信号显示制式,自动闭塞信号系统有三显示带防护区段和四显示闭塞两种,其示意图如图3-12和图3-13所示。

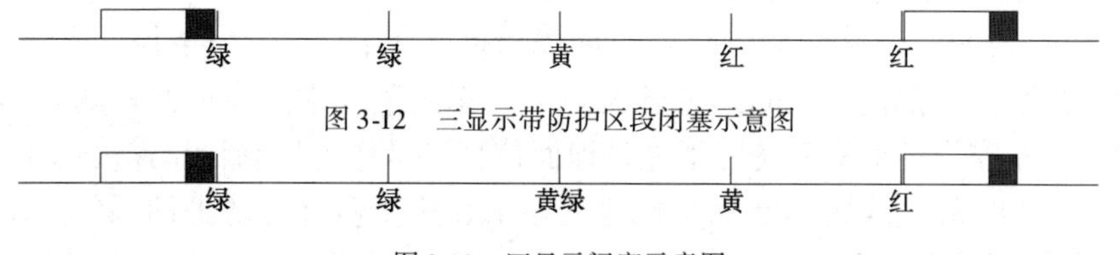

图3-12 三显示带防护区段闭塞示意图

图3-13 四显示闭塞示意图

(2)按区间线路是否划分固定的闭塞分区或轨道电路区段,自动闭塞信号系统有固定闭塞和移动闭塞两种。

①固定闭塞将区间线路划分为若干个闭塞分区或轨道电路区段。列车间隔为若干个闭塞分区或轨道电路区段;列车制动的起点和终点总是在分界点位置,最小列车间隔时间约为120s。

②移动闭塞没有固定划分的闭塞分区或轨道电路区段。列车间隔按后行列车制动距离加上安全防护距离控制,列车间隔是动态的且随着前行列车移动而移动;列车制动的起点和终点均无分界点位置限制,最小列车间隔时间约为1.5min。

2. 时间间隔法

时间间隔法是指按一定的时间间隔开行列车,即第一列车发出后,需经过一定的时间才发出下一列车。由于按时间间隔法行车,不易严格保持前后行列车的安全间隔,如果进路办理疏忽或司机操作不当,容易发生追尾事故。

因此,在正常情况下,城市轨道交通行车闭塞法采用空间间隔法行车。只有在特殊情况下,如一切电话中断时才准许采用时间间隔法,并且要有安全保障措施。

二、列车自动控制系统

传统的信号系统以地面信号显示为依据,司机按行车规则操纵列车运行。目前,世界各国的城市轨道交通信号系统大多采用列车自动控制系统(Automatic Train Control,ATC)。列车自动控制系统包括列车自动防护系统(Automatic Train Protection,ATP)、列车自动驾驶系统(Automatic Train Operation,ATO)和列车自动监控系统(Automatic Train Supervision,ATS)3个子系统(图3-14)。

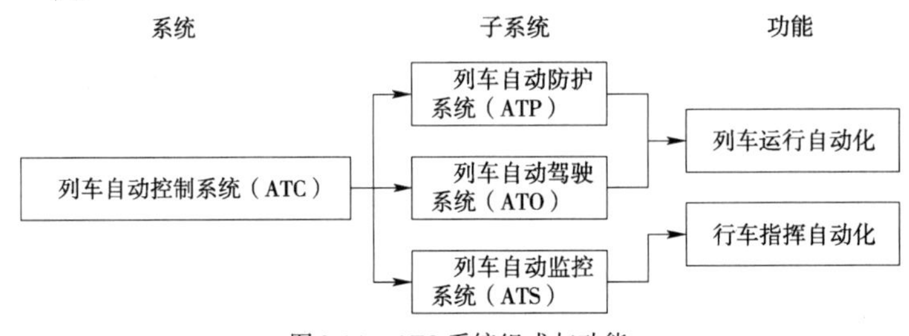

图3-14　ATC系统组成与功能

1. ATP

ATP主要用于对列车驾驶进行防护,对与安全有关的设备或系统实行监控,实现列车间隔保护、超速防护等功能。相关知识见二维码7。ATP的工作原理是:将信息不断地从地面传至车上,从而得到列车当前容许的安全速度,以此实现对列车速度的监督及管理。

城市轨道交通的一个显著特点是列车间隔时间短,目前在大城市修建的地铁与轻轨,往往都提出2min(甚至90s)的列车间隔要求。在如此短的列车间隔条件下,作为确保行车安全的信号系统已不能将地面信号显示作为控制行车速度的主要依据,而必须有一个高度可靠的、连续不断地实现速度显示和速度监督与防护的系统。ATP在城市轨道交通中承担着确保行车安全的重要职责,是ATC中最关键的一环。在评价ATP时,总是把可靠性和安全性放在首位。

ATP 具有以下几个方面的功能：

(1)停车点防护。ATP 计算得出的紧急制动曲线以停车点为基础，保证列车不超越停车点。

(2)速度监督与超速防护。ATP 始终严密地监视线路各处的速度限制不被超越，一旦超速，先警告，后启动紧急制动，并做记录。

(3)列车间隔控制。列车间隔控制又称为移动闭塞，是一种既能保证行车安全又能提高运行效率的信号概念。

(4)测速与测距。ATP 利用装在轮轴上的测速传感器来测量列车的即时速度，并在驾驶室内显示出来。ATP 的列车定位是以轨道电路为基础的，而在轨道电路内的运行距离测量则可依赖于所记录的车轮转数及预知的车轮直径加以转换。

(5)车门控制。对车门开闭的安全条件进行严格的监督。

(6)其他功能。例如，紧急停车功能、给出发车命令、列车倒退控制等。

2. ATO

ATO 主要用于实现“地对车控制”，即用地面信息实现对列车驱动、制动的控制。相关知识见二维码 8。由于使用 ATO，列车可以经常处于最佳运行状态，避免了不必要的、过于剧烈的加速和减速，可显著地提高旅客舒适度、列车准点率及减速轮轨磨损。

二维码8

ATO 的优点是可缩短列车间隔，提高线路的利用率和行车的安全可靠性。

ATO 子系统的功能包括如下：

(1)控制列车在允许速度下运行，并自动调整列车的速度。

(2)列车在区间或站外停车后，一旦信号开放，即可自动起动。

(3)系统控制列车到达站台的最佳制动，使列车停于预定目标点。

(4)停站结束后，保证车门关闭后，列车能自动起动。

(5)当列车到达折返站时，自动准备折返。

不管有无司机，ATO 都可以让列车更严密地保持最优运行速度；列车最终进站时在较晚时间起动制动以保持较高效率，如较少的站间运行时间。从能力角度来看，ATO 可以减少进站起停过程所需时间。

3. ATS

ATS 主要是实现对列车运行的监控，辅助行车调度员对全线列车运行进行管理。ATS 可以显示全线列车运行状态，监控和记录列车运行图的执行情况，为行车调度员的调度指挥和运行调整提供依据。例如，列车偏离列车运行图时及时做出反应等；通过 ATO 接口，ATS 还可以向旅客提供运行信息通报，包括列车到达时间、出发时间、列车运行方向、中途停靠点信息等。

ATS 的功能包括如下：

(1)列车时刻表(列车运行图)的编辑、修改，如由基本时刻表或计划时刻表生成使用时刻表。

(2)自动或人工控制车站的发车表示器、道岔，排列列车进路。

(3)实时显示车站发车表示器、道岔的状态和进路占用情况,自动跟踪列车运行与列车车次号。

(4)自动或人工进行列车运行调整。

(5)站台列车到达信息显示。

(6)绘制实际列车运行图和生成运营统计报告。

(7)离线模拟或复示列车的在线运行,用于系统的调试、演示和人员培训。

三、行车指挥方式

行车指挥自动化是20世纪80年代发展起来的、先进的行车指挥方式。调度集中是20世纪80年代以前普遍采用的行车指挥方式。

在新线建成投入运营,但ATC尚未安装或调试完毕的过渡期,采用区间闭塞设备、实行调度监督是经实践检验比较经济实用的行车指挥方式。

根据采用的调度指挥设备类型,城市轨道交通行车指挥的方式主要有行车指挥自动化、调度集中、调度监督和电话指挥4种。

1. 行车指挥自动化

采用ATS子系统的城市轨道交通线路,行车指挥实行自动化控制。ATS子系统由控制中心ATS设备、车站ATS设备等组成。

控制中心ATS是一个实时控制系统,由运行监控和数据传输计算机、系统控制台、工作站、显示盘、数据传输设备、列车运行记录仪等组成。

车站ATS设备由数据传输设备、联锁设备、站台发车时间表示器和乘客信息显示系统等组成。

2. 调度集中

采用调度集中设备的城市轨道交通线路,行车指挥实行调度集中控制。调度集中设备是指挥列车运行的一种远程遥控设备,由控制中心的调度集中总机、进路控制终端、显示盘和列车运行记录仪、闭塞设备、调度集中分机和数据传输设备以及联锁设备等组成。

调度集中的主要功能如下:

(1)行车调度员可直接控制车站的信号机、道岔,排列列车进路。

(2)控制中心能实时显示车站信号机、道岔的状态、进路占用情况、列车车次和列车运行状态等。

(3)绘制实际列车运行图和生成运营统计报告。

3. 调度监督

采用调度监督设备的城市轨道交通线路,行车指挥实行调度监督控制。调度监督设备是指挥列车运行的一种远程监控设备,由控制中心的调度监督设备、显示盘、闭塞设备、车站终端和数据传输设备以及联锁设备等组成。调度监督与调度集中的区别是调度监督只能监督、间接控制,不能直接控制。

调度监督的主要功能如下:

(1)控制中心能实时显示车站信号机、道岔的状态,进路占用情况,列车车次和列车运行状态等。

(2)打印列车实际运行时刻表和生成运营统计报告。

4. 电话指挥

当 ATC 必须停止使用时,就只能使用电话调度指挥。

电话调度指挥方式是以调度电话为主要通信工具。调度员通过调度电话呼叫区段内任意一个车站的值班员或者同时呼叫所有的值班员,下达列车运行计划和调度命令;车站值班员可利用调度电话呼叫调度员报告列车到、发和通过车站的时间(报点)及其他有关事宜。

电话调度方式是全人工调度方式。其特点是费时费事,调度员的劳动强度大。电话收点不及时和调度人员过度劳累可能造成调度不当,影响行车安全和运输效率。

四、行车组织指挥层次

城市轨道交通行车组织实行集中领导、单一指挥。城市轨道交通行车组织指挥层次,如图 3-15 所示。

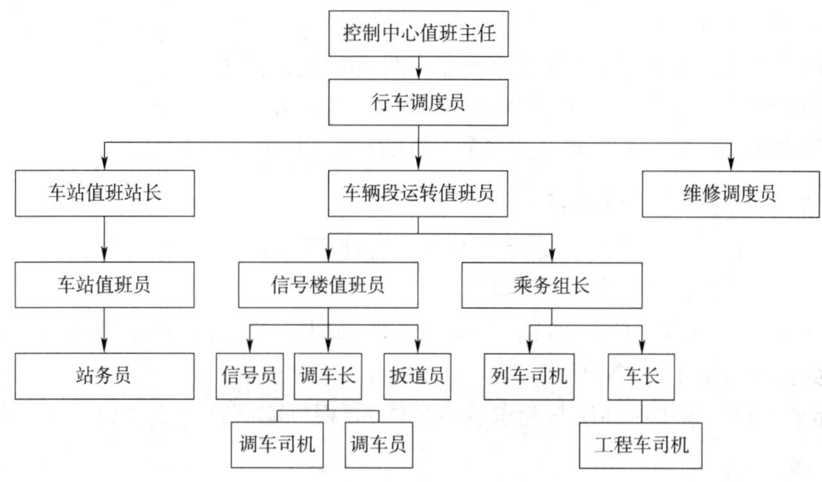

图 3-15 城市轨道交通行车组织指挥层次

控制中心(简称 OCC)是城市轨道交通运营企业的运营生产指挥部门,负责所辖各条轨道交通线路行车、电力、消防、环控及票务等的运行调度和突发事件处理等工作。OCC 代表运营公司总经理领导、指挥日常运营工作。

OCC 实行分工管理的原则,按业务性质划分、设置不同的调度工种。OCC 通常设有行车调度员、客运调度员、电力调度员、环控调度员和设备调度员等调度工种。其中,行车调度是城市轨道交通系统的核心,直接影响乘客运输任务的完成。

值班主任是调度班组长,负责领导、指挥和协调本班的运营工作。

行车调度员是列车运行的组织者、领导者和指挥者,所有与列车运行有关的作业人员都必须服从行车调度员指挥,执行行车调度员命令,行车调度员应严格按图指挥行车。

在车站,行车组织工作由值班站长领导、由车站值班员指挥;在车辆段,行车组织工作由运转值班员领导,调车进路和列车进路办理由信号楼值班员指挥,调车作业由调车长指挥。

当列车在区间时,客运列车由司机指挥,施工列车由车长指挥;当列车在车站时,接受行车调度员或车站值班员指挥;当行车设备在运营时间内发生故障时,由行车调度员通知维修调度员组织抢修。

五、行车调度组织

1. 正常情况下的列车运行组织

为实现按图行车,行车调度员应努力确保列车正点运行;行车调度员应在列车出场、列车折返方式和客流组织等方面进行组织,确保列车正点始发。

由于途中列车运缓、设备故障等原因造成列车运行晚点时,行车调度员应根据列车运行点和行车安全的原则,尽快使晚点列车恢复正点运行。

列车运行调整的方法有如下几种:

(1)始发列车提前或者推迟出发列车。

(2)在允许范围内,改变列车速度,恢复正点。

(3)组织车站快速乘降作业,压缩停站时间。

(4)组织列车越站运行。

(5)变更列车运行交路,组织列车在具备条件的中间站折返。

(6)将故障列车扣在附近车站,缓解压力确保列车间隔。

(7)当线路中断,已不能满足在线列车运行时,停运列车。

2. 特殊情况下的列车运行组织

特殊情况下的列车运行组织,是指基本列车运行控制方式由于信号故障、道岔故障等原因而不能继续采用情况下的列车运行组织。

常见的特殊情况包括:①列车自动控制系统故障时;②改用车站控制时;③改用时间间隔法行车时;④夜间施工时;等等。

不同情况下的行车作业办法与要求各不相同,要根据实际情况来决定。

3. 行车调度工作分析

对行车调度工作完成情况进行分析,其目的是总结经验、发现问题,有针对性地制定加强行车调度工作的措施,提高行车调度指挥水平。

行车调度工作分析有日常分析、定期分析和专题分析 3 种。

(1)日常分析。日常分析是指对日常的行车调度工作进行分析。日常分析的内容包括列车运行图兑现率、车辆运用情况、列车晚点原因、列车运行调整、调度命令发布和安全生产情况等。

(2)定期分析。定期分析是指在日常分析的基础上,对一定时期的运输生产和运营指标完成情况等进行比较全面的分析。定期分析包括旬分析和月分析。定期分析的重点是计划与指标完成情况、安全生产情况、客流变动规律以及行车调度指挥质量。

(3)专题分析。专题分析是指根据列车运行情况确定专题,进行不定期的分析。分析的内容是与列车运行有关的某些重要问题。专题分析包括列车正点率下降、正线行车中断 30min 和节假日客流特征等。

六、车站行车作业

1. 车站行车作业基本要求

车站行车作业包括接发列车作业、列车折返作业等。车站行车作业应按照列车运行图要求,不间断地接发列车与折返列车,确保行车安全与乘客安全。车站行车作业的基本要求包括如下。

(1)执行命令听从指挥

严格执行单一指挥制,车站行车作业由车站值班员统一指挥;列车在车站时,列车司机应在车站值班员指挥下工作;车站值班员应认真执行行车调度员的命令和上级领导的指示。

(2)遵章守纪按图行车

认真执行行车规章制度,遵守各项劳动纪律;办理作业正确、及时,严防错办和忘办,严禁违章作业;车站值班员必须精神集中,服装整洁、佩戴标志,保证车站安全、不间断地按列车运行图接发列车。

(3)作业联系及时准确

在联系各种行车事宜时,必须程序正确、用语规范、内容完整、简明清楚,严防误听、误解和臆测行事。

(4)接发列车目迎目送

接发列车时严肃认真,姿势端正;认真做好看、听、闻,确保列车安全运行。

(5)行车表报填写齐全

行车表报包括各种行车凭证、行车日志和各种登记簿。行车凭证有路票和调度命令等,登记簿有"调度命令登记簿""检修施工登记簿""交接班登记簿"等。车站值班员应按规定内容、格式认真填写各种行车表报,保持表报完整、整洁。

2. 行车作业制度

为加强车站行车作业组织,必须建立和健全各项行车作业制度,做到行车作业制度化、程序化和标准化。车站行车作业制度主要有以下5种。

(1)车站值班员岗位责任制

车站行车作业实行单一指挥制,车站值班员是车站行车作业的组织者和指挥者。车站值班员的岗位职责包括:执行行车调度员的命令,指示并统一指挥车站行车作业;监视行车控制台的进路开通方向、道岔位置及信号显示,监视列车运行状态和乘客乘降情况;在实行车站控制时,按列车运行图及行车调度员下达的列车运行计划办理闭塞、排列进路、开闭信号、接发列车;填写行车凭证和其他各种行车表报;办理设备检修施工登记;组织交接班工作。

(2)交接班制度

车站值班员在交班时,应将列车运行和设备状态、上级指示和命令及完成情况等填记在"交接班登记簿"上,并口头向接班车站值班员交代清楚。

车站值班员在接班时,要了解列车的运行情况,对行车设备、备品、表报进行检查后,签认接班。

(3)检修施工登记制度

①车站值班员对各项检修施工作业,应根据检修施工计划,向检修施工负责人交代有关注意事项后,方可登记。

②凡影响行车作业的临时设备抢修,要在与行车调度员联系作业时间并获得同意后,方可登记。

③检修施工作业结束后,行车设备经试验、确认技术状态良好,方可签认注销。

(4)道岔擦拭制度

①道岔必须由专人负责定期擦拭。

②擦拭道岔,必须与行车调度员联系,办理控制权下放手续。

③道岔擦拭时,车站控制室要有人监护,不准随意扳动道岔;擦拭道岔人员一律穿绝缘鞋,携带防护用具,擦拭前施放木楔,无关人员不得擅自进入道岔区;如需转换道岔,室内监护人员与现场擦拭道岔人员应进行联系,说明道岔号码及定、反位,现场擦拭道岔人员要离开道岔。

④道岔擦拭完毕,要认真清理现场,清点工具,撤除木楔,并检查有无妨碍列车运行及道岔转换的物品。

⑤试验道岔及确认良好后,与行车调度员办理控制权上交手续,有关按钮由信号人员加封并做记录。

⑥填写"道岔擦拭登记簿"。

(5)巡视检查制度

①送电前,车站值班员应进行站线巡视,检查线路上有无影响列车运行的异物。

②对站内检修施工后的现场进行巡视检查,复核检修施工登记注销情况。

③检查行车控制台是否有异常情况。

(6)行车事故处理制度

①若发生行车事故,应立即采取有效措施进行处理,同时向行车调度员及有关部门报告。

②认真记录事故发生的时间、地点、列车车次、车号、关系人员姓名及人员伤亡和设备损坏情况。

③赶赴现场,查找人证与物证,并做成记录。

④清理现场,尽快开通线路。

⑤对责任行车事故,应认真找出原因,提出处理意见,制定防范措施。

3. 接发列车作业

车站接发列车作业的主要内容是办理闭塞、准备进路和接送列车等。其中,办理闭塞与准备进路这两项作业,正常情况下由OCC办理,非正常情况下由车站办理。根据行车作业内容不同,进路分为列车进路和调车进路。

1)列车进路

(1)列车进路概念

列车进路是指列车在车站上到达、出发或通过所需占用的一段线路。列车进路又分为接车进路、发车进路和通过进路。

(2)联锁概念

列车进路的排列通常涉及道岔开通位置转换,列车进路的防护则由设置在进路入口处的信号机担当。为了确保列车进路安全,在道岔、信号机与进路之间建立一种相互制约的关系称为联锁。

联锁关系可以归纳为以下几点:

①只有列车进路上有关道岔开通位置正确,防护这一进路的信号机才能开放。

②当防护某一进路的信号机开放以后,该进路上的所有道岔均不能转换。

③当防护某一进路的信号机开放以后,所有敌对进路的信号机均不能开放。

④在正线出站信号机开放以前,进站信号机不能显示正线通过信号。

实现联锁关系的技术设备称为联锁设备。它是保证城市轨道交通行车安全的基础信号设备。联锁设备有电气集中联锁设备和微机联锁设备两种类型。目前,国内新建城市轨道交通线路广泛采用的是微机联锁设备。

2)双区间闭塞法行车

在调度监督、双区间闭塞法行车时,控制权下放给车站。此时,车站值班员办理列车接发作业,行车调度员监督现场设备和列车运行状态。

3)电话闭塞法行车

改用电话闭塞法行车,必须有行车调度员命令。由于电话闭塞法行车时无设备控制,为了防止因疏忽向占用区间发车,造成同向列车追尾,要求车站值班员在接发列车作业过程中,严格按照规定的作业程序和要求进行,以确保接发列车作业安全。采用电话闭塞法行车时,车站值班员办理接发列车作业的内容、程序与办法如下。

(1)办理闭塞

发车站向接车站请求闭塞。接车站确认接车区间空闲,接车进路准备妥当后,向发车站发出列车闭塞的电话记录号码,并填写“行车日志”。

所谓进路准备妥当,是指接发列车进路空闲、有关道岔位置正确和影响接发列车进路的作业已经停止。闭塞办妥后,因故不能接车或发车时,应立即发出停车手信号进行防护,并由提出一方发出电话记录号码作为闭塞取消的依据;取消闭塞应及时向行车调度员报告。

(2)发出列车

发车站接到接车站承认闭塞的电话记录号码后,填写路票交给列车司机,向司机显示发车手信号。列车出发后,发车站向接车站和行车调度员报点,并填写“行车日志”。

(3)接入列车

接车站在列车停车位置向司机显示停车手信号。列车整列到达停妥后,向列车司机收取路票。

(4)闭塞解除

接车站在列车到达并发出或进入折返线,以及接车进路准备妥当后,向发车站发出到达列车闭塞解除的电话记录号码。向行车调度员报点,并填写“行车日志”。

需要指出的是,在国内城市轨道交通系统颁布的行车规章中,对电话闭塞法时的接发列车作业内容、程序与办法的规定存在一定的差异。

4. 列车折返作业

1)列车折返方式

根据车站折返线的布置,列车折返主要有站后折返、站前折返和混合折返3种。

(1)站后折返

站后布置的折返线如图3-16所示。其中,图3-16a)是列车在终点站站后折返时的尽端线折返设备;图3-16b)是列车在中间站站后折返时的单渡线折返设备;图3-16c)是列车在终点站站后折返时的环形线折返设备。

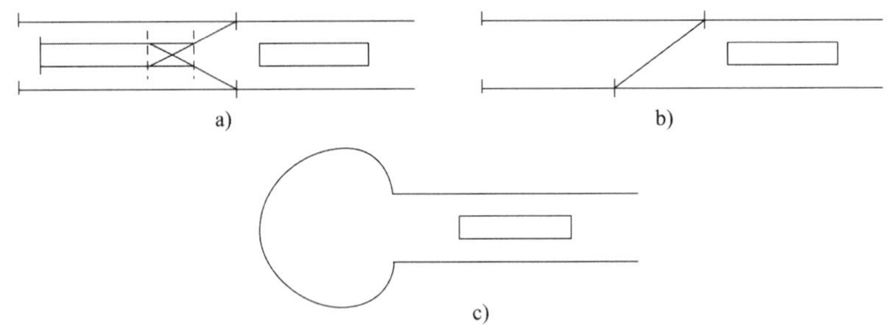

图3-16　站后折返

优点:采用站后折返方式,出发列车与到达列车不存在敌对进路;列车进出站速度较高,有利于提高开行速度;列车进出站不经过道岔区段、乘客无不舒适感。此外,采用尽端线折返设备,折返线既可供列车折返,也可供列车临时停留检修。因此,站后折返方式被广泛采用。

缺点:列车折返走行距离较长。

环形线折返设备能保证最大的通过能力,节约设备费用与运营成本。但它也存在一些缺点,如列车在小半径曲线上运行造成单侧钢轨磨耗,折返线不能停放检修列车,以及若用明挖法施工修建增大了开挖范围等。

(2)站前折返

站前布置的折返线如图3-17所示。其中,图3-17a)是列车在终点站站前折返时的交叉渡线折返设备;图3-17b)是列车在中间站站前折返时的单渡线折返设备。

图3-17　站前折返

优点:采用站前折返方式,列车无空驶折返走行;乘客上下车一起进行能缩短停站时间;车站正线兼折返线以及站线长度缩短,有利于节省车站造价。

缺点:出发列车与到达列车存在敌对进路;因列车进站或出站侧向通过道岔,列车速度受到限制、影响乘坐的舒适感;在客流量大的情况下,站台秩序会受到影响。

产生交叉干扰的条件是空间上存在进路交叉、时间上占用进路的时间相同,只有这两个条件同时具备才构成真正的进路交叉。在采用站前折返方式的情况下,要完全消除接发列车作业的交叉干扰难度较大。为了避免进路交叉,只能将接发列车作业的时间错开,但这样又会对终点站的列车折返能力甚至是线路的最终通过能力产生不利影响。

(3)混合折返

采用混合折返方式的目的是提高列车折返能力与线路通过能力。混合折返兼有站后折返与站前折返的特点。

2)折返作业组织

(1)中央控制

列车在进行折返作业前,应清客、关车门。列车折返进路由中央ATS自动排列或行车调度员人工排列。在车站有数条折返进路的情况下,应在折返作业办法中规定优先采用的列车折返模式,明确列车折返优先经由的折返线或过渡线。在办理列车折返作业时,如要变更列车折返模式,在折返列车尚未起动时,可在通知折返列车司机后,变更列车折返模式。

在自动排列折返进路时,折返列车凭发车表示器的稳定白灯显示进入折返线或折返停车位置。在人工排列折返调车进路时,折返列车凭调车信号显示进入折返线或折返停车位置。列车停妥后,司机应立即办理列车换向作业,然后凭防护信号机的准许越过显示进入车站出发正线。

在列车自动驾驶时,列车进出折返线的速度按接收到的ATP速度码自动控制;在列车人工驾驶时,列车进出折返线的速度根据有关规定,由司机人工控制。

(2)车站控制

车站控制时的折返作业组织,除列车折返进路由车站值班员人工排列,其余与中央控制时相同。原则上,车站值班员按作业办法中规定的优先模式排列折返进路,如需变更列车折返模式,必须得到行车调度员的同意。

复习思考题

一、选择题

1.(　　)是编制列车运行图、计算运输工作量和确定车辆运用的基础资料。

A.客流计划　　B.全日行车计划　　C.列车运行计划　　D.车辆运用计划

2.列车只在线路的某一区段内运行、在指定的中间站折返属于(　　)。

A.长交路　　B.短交路　　C.长短交路　　D.常规交路

3.以下不属于列车自动控制系统的子系统的是(　　)。

A.ATC　　B.ATO　　C.ATP　　D.ATS

二、填空题

1.列车定员人数是__________和__________的乘积。

2.__________既反映了高峰小时开行列车在最大客流断面的满载程度,也反映了乘客乘车的舒适程度。

3.简述列车进路与联锁的概念。

4.简述城市轨道交通列车折返方式及其特点。

三、实践训练

1.理解OD表内容。

2.熟练掌握断面客流分布计算步骤以及全日行车计划表编制流程。

模块4

城市轨道交通车站客运设备与客运作业

教学目标

1. 掌握城市轨道交通车站的概念及分类;
2. 熟悉城市轨道交通车站客运设备的使用;
3. 掌握客运作业的流程及要求;
4. 了解客运服务的有关内容。

建议学时

6 学时。

在运输生产活动中,车站起着极为重要的作用。车站是线路上供列车到发、通过的分界点,某些车站还具有折返、停车检修和临时待避等功能;车站是客流集散的场所,是乘客出行乘坐列车的始发、终到及换乘地点,也是运营企业与服务对象的主要联系环节;车站是城市轨道交通各工种联劳协作的生产基地。

车站的运输生产活动主要由行车作业和客运作业两部分组成。其中,车站的客运作业包括售检票、组织乘客乘降和换乘作业等。

车站可从不同的角度进行分类。

1. 按运营功能的不同分类

按运营功能的不同分类,车站可分为如下 4 种:

(1)终点站。终点站是指线路两端或列车交路两端的车站,除供乘客上下车外,它通常还具有列车折返、停留或临时检修等运营功能。

(2)中间站。中间站一般只供乘客上下车,是线网中数量最多的车站。有的中间站设有配线,可供列车越行;有的中间站设有折返设备,可供列车折返。

(3)折返站。折返站是指终点站与中间站中设有折返线、渡线等折返设备,可供长、短交路列车进行折返作业的车站。

(4)换乘站。换乘站设在不同线路的交汇地点,除供乘客上下车外,还可以供乘客由一条线路的列车换乘到另一条线路的列车上去。

2. 按是否具有站控功能分类

按是否具有站控功能分类,车站可分为如下 2 种:

(1)集中站。集中站是指具有车站控制功能的车站。集中站车站值班员根据调度命令,可监控集中站管辖线路上的列车运行、办理电话闭塞行车和执行扣车、催发车等列车运行调整措施。集中站通常为有道岔车站。

(2)非集中站。非集中站是指不具有车站控制功能的车站。非集中站通常为无道岔车站。

3. 按车站设置高程分类

按车站设置高程分类,车站可分为如下 3 种:

(1)地面站。地面站是指车站主体建筑和设施设备均设置在地面的车站。

二维码9

(2)地下站。地下站一般设置两层,即站厅层和站台层。根据车站埋深,地下站又分为浅埋式车站和深埋式车站。站厅层平面布置相关知识见二维码 9。

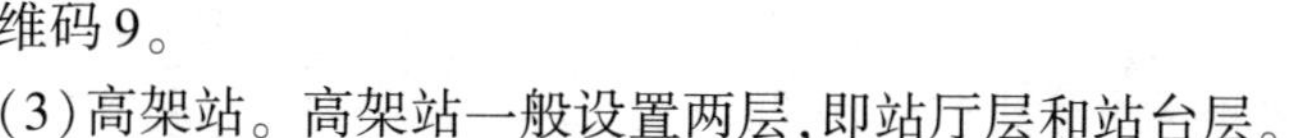

(3)高架站。高架站一般设置两层,即站厅层和站台层。

单元 4.1 车站客运设备

一、乘客导向系统

乘客导向系统由设置在车站外、出入口、通道、站厅、站台和车辆等处,包括图形、文字、符号和数字在内的各种静态导向标志,以及实时发布的视觉与听觉导向信息组成。

1. 乘客导向系统组成

1)静态导向标志

按基本功能不同,静态导向标志可分为如下 3 种:

(1)方向性标志。方向性标志为乘客提供引路信息和定位信息,如出入口方向、售检票区域方向、换乘方向、列车运行方向、紧急出口等。

(2)示警性标志。示警性标志一般是危险标志或警告标志,指示乘客注意安全或不能进入,如注意碰头、禁止吸烟、乘客止步、严禁跳下站台、高电压危险等。

(3)服务性标志。服务性标志为乘客提供公共服务信息,如线路和车站分布图、列车运行时刻表、票价信息、厕所、公用电话、车站周边公交线路与公共设施指南等。

2)动态导向信息

动态导向信息是实时发布的导向信息,它是静态导向标志的补充。按媒介形式不同,车站上的动态导向信息可分为视觉信息和听觉信息两种。

(1)站台上的电子视觉信息。为乘客提供列车到站时刻及目的地、列车到站预告及安全提示、末班车离开后本站运营结束以及发生紧急情况等信息。

(2)车站内的广播信息。为乘客提供列车到站时刻、候车安全提示、紧急情况时的安抚乘客和撤离通知等信息。

2. 乘客导向系统设计

乘客导向系统是为方便乘客及其出行服务的,乘客导向系统设计的关键是了解与满足不同乘客以及他们在不同地点对导向信息的需求。其设计要点如下:

(1)全过程、不中断地提供导向信息。从车站外面的公交站点与商业设施到车站出入口、从车站出入口到站台以及换乘站台之间,在乘客决策前行方向的位置处均应设置导向标志,以消除乘客对前行方向是否正确的疑虑。

(2)静态导向标志以图形、符号及它们的组合为主。导向标志应采用标准的用语、规范的字体、易于辨认与理解的符号、统一的形状与颜色、合理的位置。

(3)在满足引导客流的功能前提下,信息量应最小。为避免导向信息被弱化,商业广告应远离导向标志。

(4)针对盲人乘客、轮椅乘客、不识汉字乘客对导向标志设置的特殊要求,设置导向标志时必须综合考虑,如设置盲道触觉导向标志、在无障碍通道内设置导向标志以及采用中英文对照等事项。

(5)考虑运营结束后保养、维修的方便性与经济性。

二、售检票设备

售检票设备是指为乘客提供售票和检票服务的相关设备。目前,国内新建城市轨道交通线路大都采用自动售检票系统。

自动售检票系统是通过计算机集中控制,以磁卡及非接触器或 IC 卡(集成电路卡)为介质的一种售检票方式。它是城市轨道交通实现票务管理自动化的基础,贯穿了城市轨道交通票务运营的全过程。自动售检票系统包括乘客自动/半自动乘车购票、进出站检票(包括验票、计费、收费和单程回收)、客流和收费统计、售/检票设备监控、车票初始化/个人化、车票分发/回收/循环/挂失/报废、系统密匙的生成和管理、票务清算等。

自动售检票系统由中央计算机系统、车站计算机系统、车站自动售检票设备和票卡 4 个层次构成,如图 4-1 所示。

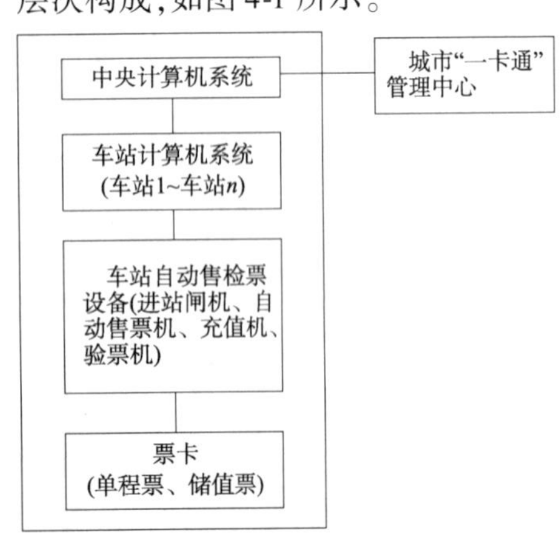

图 4-1　自动售检票系统的构成

根据技术制式的不同,自动售检票设备主要有以下 3 种系统。

1. 磁卡型自动售检票系统

磁卡车票上涂有两条磁粉物质:一条为磁卡密码、编号等不变信息;另一条为车次、进站地点和时间等可变信息。磁卡车票可作为单程票、多程票、储值票等使用。磁卡型自动售检票系统的特点是,设备较复杂,购置和维修费用较高,而且磁卡车票密码的破译、伪造相对容易,安全性较差。

2. 接触式 IC 卡型自动售检票系统

接触式 IC 卡上嵌装了集成电路芯片,信息载体是集成电路，读写器为电子设备。接触式IC卡型自动售检票系统的特点是，设备购置费用较低；与磁卡相比，具有存储信息多、使用寿命长、保密性能好和防伪能力强等优点。

3. 非接触式IC卡型自动售检票系统

非接触式IC卡上嵌装了集成电路芯片和环行线圈，读写时无接触、无磨损；只要读卡器距离在10cm内，读写设备就可以准确地读写卡中信息，并且电磁波信息可透过非金属材料。非接触式IC卡型自动售检票系统读写方便，有助于提高自动检票口的通过能力。

自动售检票系统方便乘客，保证了进出站畅通无阻，提高了服务质量。同时，因为储值票具有储值功能，简化了乘客购票手续，受到了乘客普遍欢迎，并对城市轨道交通运输的客运组织、收入审核、决策分析起着重要的作用。设置自动售检票系统，可使城市轨道交通合理计费、吸引客流(特别是短途乘客)、遏制舞弊及逃票行为、减少管理人员、增加收入、减少运营成本，从而提高社会效益和经济效益。

为方便乘客，许多城市推行“一卡通”，即市民持有“一卡通”IC卡，在乘坐市内地铁、公共汽车等交通工具均可使用该卡付费。有的城市还将其和金融机构的系统相连，可持卡进行金融活动及各种消费的付费。随着IC卡技术的发展，其成本降低到可接受的范围，单程票也可使用IC卡，届时自动售检票设备则可进一步简化，使用更加可靠，建设和维修费用还可大幅度降低。

三、站台

站台供列车停靠和乘客候车、上下车使用。按站台形式不同，可分为岛式站台、侧式站台、混合式站台和纵列式站台，如图4-2所示。

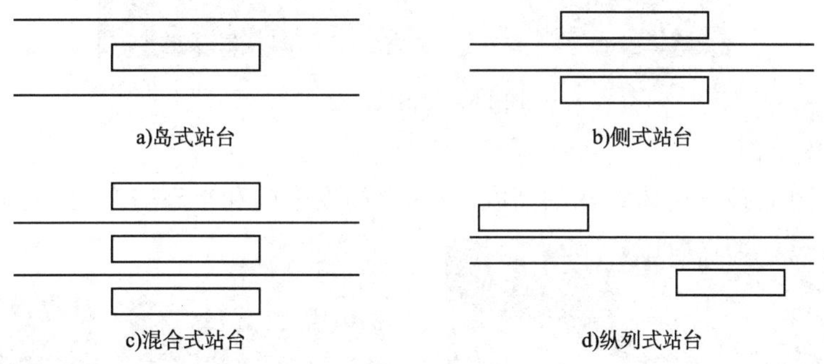

图4-2 站台形式示意图

其中，岛式站台在地下车站采用较多，侧式站台在高架车站采用较多，混合式站台通常在需要较大的通过能力情况下采用，纵列式站台则主要在路权共用的轻轨线路采用。岛式站台与侧式站台的比较，见表4-1。

岛式站台与侧式站台的比较 表4-1

比较项目	岛式站台	侧式站台
站台利用	较高	较低
乘客服务	折返方便，可能乘错方向	折返不便，不会乘错方向

续上表

比 较 项 目	岛 式 站 台	侧 式 站 台
客运管理	管理集中	管理分散
工程投资	较大	较小
站台延长	困难	容易

四、站台安全门

站台安全门是安装在站台边缘,将站台区域与列车运行区域隔开的设备。站台安全门设置与列车门相对应,可多级控制开启与关闭滑动门的连续屏障;它由门体结构、门机驱动系统和控制系统组成。相关知识见二维码10。

二维码10

1. 站台安全门的分类

1)封闭式安全门

封闭式安全门(图4-3)安装于地铁车站,全封闭,具有密封性能的城市轨道交通站台,通常也称作屏蔽门。

图4-3 封闭式安全门

2)开放式安全门

开放式安全门,按其门体结构的高度,分为全高安全门和半高安全门(图4-4、图4-5)。

图4-4 全高安全门

图4-5 半高安全门

(1)全高安全门。全高安全门的门体结构超过人体高度,门体顶部距离站厅底面之间有一段不封闭空间。不具有密封性能的城市轨道交通站台安全门,其总体高度为2050mm。

(2)半高安全门。半高安全门主要安装于地铁、轻轨等城市轨道交通地面或高架车站，其门体结构不超过人体高度；不具有密封性能的城市轨道交通站台安全门，其总体高度为1500mm。

2. 站台安全门的主要功能

站台安全门的主要功能包括如下：

(1)降低空调能耗。避免列车运行产生的活塞风进入站台区域，减少站台区域与列车运行区域的热交换。根据广州地铁2号线的资料，安装站台安全门后，车站空调的负荷可以降低40%以上。

(2)保证候车安全。站台安全门可防止乘客因拥挤而意外掉下轨道、防止乘客跳下轨道拾取掉下的物品、防止外部人员跳下轨道自杀，保证了乘客候车安全，提高了城市轨道交通运营的可靠性。

(3)提高环境舒适度。站厅和站台的空调设计温度可降低1～2℃，且温度波动较小、气流相对稳定。此外，还可减少列车运行噪声和活塞风对站台候车乘客的影响。

3. 站台安全门的控制模式

站台安全门有系统级控制、站台级控制和手动操作3种模式。

(1)系统级控制。在正常运行情况下，由列车司机对站台安全门进行控制。在列车到站并停在允许误差范围内时，列车司机在驾驶室内开启和关闭站台安全门。此时，车门与站台安全门同时开闭。

(2)站台级控制。在列车到站并停在允许误差范围内时，如系统级控制无法实现，列车司机可通过站台上的就地控制盘开启和关闭站台安全门。

(3)手动操作。在单个安全门出行故障不能正常开启时，由工作人员在站台侧用钥匙开启站台安全门，或乘客在轨道侧用手开启站台安全门。

知识链接

多个安全门故障无法关闭情况处理

某车站行车值班员接到列车司机报告：多个安全门故障。行车值班员通过城市轨道交通综合监控系统(ISCS)和闭路电视系统(CCTV)确认为下行站台编号为10、20、21的安全门故障无法关闭。行车值班员用手台通知站台值岗的站务员携带安全门钥匙到现场处置。站务员到达第21号安全门后，看到3个故障安全门的门指示灯闪烁，故障安全门为打开状态，随后用就地控制盒(LCB)钥匙将第21号安全门打到手动关位，徒手关闭安全门。赶赴第20号安全门后，站务员用LCB钥匙将第20号安全门打到手动关位，徒手关闭安全门。由于现场多个安全门故障，站务员随即赶赴车头开启端门，用站台端头控制盒(PSL)钥匙进行互锁解除操作，某车次列车起动，但站务员未等到之前车次列车全列出清站台即松开钥匙开关，造成该次列车紧急制动。

首先，行车值班员在通知时未将多个安全门故障的信息完全告知站务员，造成站务员到现场后挨个对故障安全门进行手动关闭操作。其次，安全员在列车未出清站台的情况下，将

PSL钥匙打到“自动”位导致安全回路断开,造成列车紧急制动。最后,安全员对设备特点不熟悉、操作使用不当导致列车突然停车,虽未造成晚点,但极有可能使车内乘客摔伤。以上都是导致此次事件的原因。

在车站值班员确定站台有3个安全门故障后,要立即将多个安全门故障的详细信息通知站台值岗的站务员。站务员应立即到车头端门进行互锁解除操作,确认列车全列出清站台后,方可复位。

单个安全门发生故障时,站务员应将故障门置于“手动”位;若有多个安全门发生故障时,站务员应先操作“互锁解除”,使列车尽快出站,然后再将故障门置于“手动”位。

五、车站升降设备设施

车站升降设备设施主要有楼梯、自动扶梯、垂直电梯和楼梯升降机等。其作用是为乘客提供快速、舒适的升降服务。

为降低运输成本,出入口的升降设备通常采用步行楼梯,但在出入口提升高度超过6m时应设置上行自动扶梯,超过12m时应设置上、下行自动扶梯;站厅、站台间的升降设备通常采用上行自动扶梯、下行步行楼梯,但在高差超过6m时应设置上、下行自动扶梯。自动扶梯选用重载型,要求每天能连续工作20h,在任何连续运行3h内持续重载时间不小于1h。

垂直电梯和楼梯升降机主要为行动不便的乘客服务。例如,广州地铁2号线为此就在国内首次采用了楼梯升降机。楼梯升降机操作安全方便、占用空间不大,安装后保证进、出站均有一条无障碍通道。相关知识见二维码11。

二维码11

六、其他设备

车站的其他客运设备包括广播、照明、通风和空调设备等。

单元4.2 车站客运作业

一、客运作业基本要求

车站客运作业包括售票作业、检票作业和站台服务等。车站是城市轨道交通对乘客服务的窗口,车站客运作业直接面对乘客,其服务的质量既反映城市轨道交通的乘客服务水平,也反映城市轨道交通的运营管理水平,关系到人们对城市轨道交通的满意度。车站客运作业的基本要求如下。

1. 站容站貌整洁

车站内外应门窗完整、窗明门净;各种设施设备摆放整齐、有序;站台、站厅、通道及出入口的墙壁光洁,地面无痰迹和废物;厕所清洁卫生。

2. 导向标志齐全

车站外应设有车站出入口、站名等导向标志;车站内应有到达出入口、售票处、检票口、站台和紧急出口等导向标志；站台上应有站名、列车运行方向等导向标志。此外，车站还应有示警性和服务性导向标志，如指引乘客换乘其他轨道交通线路或常规公交线路的导向标志等。

3. 服务周到热情守规章

客运员应遵守职业道德，讲文明礼貌，规范地为乘客提供服务，对老、弱、病、残、孕乘客应重点照顾；耐心、正确地回答乘客提出的询问，帮助乘客解决疑难问题；经常征询乘客的意见，及时改进工作，提高客运服务水平。

客运员应认真执行客运规章制度，服从命令、听从指挥；在执行职务时，客运作业人员要仪表整洁、按规定着装并佩戴标志。

4. 掌握客流规律

分析客流统计资料，掌握车站客流在时间和空间上的分布与变动，对可能出现的大客流应有预见性。

5. 搞好联劳协作

客运员应与车站值班员、列车司机、公安人员等有关工种作业人员加强联系，密切配合，协同工作，确保列车按图运行，保证行车安全与乘客安全。

二、客运作业流程与内容

1. 客运作业流程

城市轨道交通客运作业流程包括进站、购票、检票进入站台、候车、乘车、下车、验票进入站厅、出站，如图4-6所示。

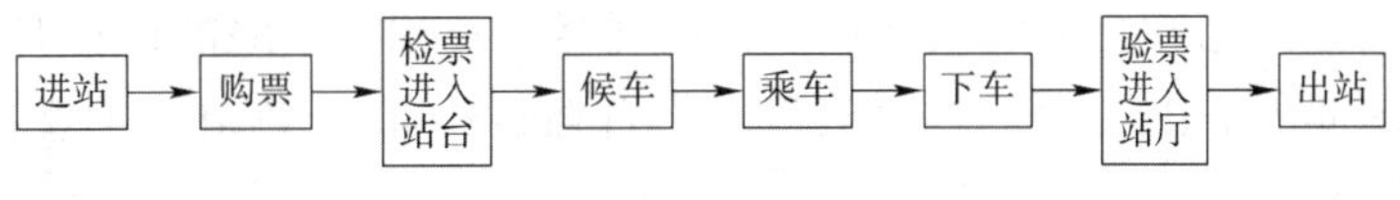

图4-6 城市轨道交通客运作业流程

2. 客运作业内容

1）进站

（1）乘客需求：车站位置合理，方便到达；到城市轨道交通车站的走行距离短；城市轨道交通车站的出入口容易找到；城市轨道交通导向系统指示明确。

（2）设施设备设置原则：出入口以最大限度地吸引客流为准则；出入口与公交车站换乘方便；城市轨道交通导向标志醒目，指示牌设置合理。

2）问询处的设置

（1）乘客需求：位置合理、醒目；导向标志指示明确、醒目；询问人流不干扰其他人流。

（2）对设施设备及服务的要求：询问处服务窗口的多少、等候面积；需根据不同车站的乘客特点，设计不同询问处的形式；客运员要服饰整洁、热情周到、礼貌待客、服务规范。

3）购票

（1）乘客需求：非付费区设有售票机、票务亭；位置合理，处于进站的流线上；导向指示明确，标志醒目；最好设有零钞兑换机；售票机、人工售票工作台数量合理，购票等候时间不长。

（2）设施设备的设置：售票机、票务室设置的数量；根据不同车站的乘客组成特点及乘客舒适的购票时限而设计所需的空间,设计前需分析乘客组成特点。

4)检票

(1)乘客需求:迅速找到闸机;能快速通过闸机。

(2)对设施设备的要求:位置醒目,指示明确;闸机的通过能力与客流量相匹配;闸机数目、进出的配置需根据不同车站的乘客组成特点。

5)候车

(1)乘客需求:方便到达站台,舒适候车;清楚明了现在所处的位置及需搭乘列车的方向和车次。

(2)对设施设备的要求:

①站台应设有明显的候车安全线。

②采用广播系统预报,广播提示乘客在列车未进站停稳、车门未完全打开之前,不要越过安全线,以防发生意外事件;车站通过广播为乘客预报下次进站列车的方向。

③安装站台安全门;站台安全门为乘客提供一个舒适的候车环境,又能保障乘客在站台的候车安全。

④舒适的候车环境,即空间宽阔、压抑感少,灯光照明配置合理,减少噪声干扰,空调气流组织舒适。

⑤导向系统醒目清楚;广告位置合理,不干扰引导指示系统。

6)列车旅行

(1)乘客需求:列车运行平稳;车内整洁舒适;能随时了解列车的运行情况。

(2)客车要求:客车外部运行方向标示明显;客车内要有列车运行路线图展示,并标示站名;客车内要有与该线路相交叉的城市轨道交通网络图及相交线路的运行时刻;客车上的管制标语(如禁止吸烟等)也应该清楚标示;客车符合运行标准,车内灯光配置合理,座位舒适;客车广播信息及时、准确。

7)验票

乘客乘坐城市轨道交通列车到站后,下车持票到闸机,验票出闸。出站闸机的设置应与乘客行走路线一致,并反映乘客的需求。

8)补票

(1)乘客需求:乘客补票过程要求手续简单。

(2)对补票设施设备的需求:补票厅设置在付费区内,引导指示明确、容易找到,车票损坏或补车资等情况,在票务室等候时间短。

9)出站

(1)乘客需求:方便出入;方便到达目的地。

(2)对出站设施的要求:车站在不同街区有出入口,出入口兼作过街隧道或天桥;出入口靠近公交车站;出入口设在客流主要活动区。

10)换乘

(1)乘客需求:换乘距离短、快捷,换乘方向明确,通道照明适度、环境舒适,地下通道通风良好。

(2)对换乘设施的要求:换乘通道短、直接,导向标志指示清晰、明了。

三、站台服务作业与乘客投诉处理

1. 站台服务作业

二维码12

站台服务作业的主要内容是接送列车、组织乘降和站台管理。相关知识见二维码12。

1)接送列车

(1)在接送列车时,站台作业人员应精神饱满、思想集中,站在指定位置,面向列车,目送目迎,注意列车运行状态。

(2)遇有危及行车安全和乘客安全的险情,应立即采取有效措施并及时向车站值班员报告。

(3)在列车到发过程中,维持站台上的候车秩序提醒乘客在安全线内候车,上下车时注意安全。

2)组织乘降

(1)列车到达前,站台作业人员应组织乘客尽可能在站台上均匀分布候车,以缩短列车停站时间。

(2)列车到达后,站台作业人员提醒乘客先下后上。

(3)对通过列车,站台作业人员应及时广播通知候车乘客。

(4)列车到达终点站后,站台作业人员要及时做好清客工作,严禁列车带客进入折返线或车辆段;因特殊原因需在中间站清客时,站台作业人员应耐心做好解释工作,迅速清客。

3)站台管理

(1)加强站台巡视,防止乘客跳下站台或进入隧道。

(2)注意候车乘客动态及其携带物品,发现异常、可疑情况,或闲杂人员在站台上长时间停留,站台作业人员应及时与有关人员取得联系,进行处理。

(3)与列车司机密切配合,防止车门夹人、夹物,或车门未关闭、列车起动等现象,保证乘客安全。

(4)遇发生伤亡事故时,站台作业人员应保护现场,疏导乘客,做好取证工作,并协助清理现场。

2. 乘客投诉及客伤处理

城市轨道交通运输业作为一个服务性的行业以及公共交通的手段,投诉及客伤是不可避免的。妥善地接待、处理投诉及客伤都是良好的企业形象和企业管理水平的体现。

乘客投诉是指乘客对城市轨道交通运营企业的服务质量提出不满的意见,涉及规范服务、乘车环境、票款差错和列车运行等方面。按责任承担分类,投诉分为有责投诉和无责投诉。按事件的严重程度,有责投诉分为一般有责投诉和严重有责投诉。其中,严重有责投诉是指乘客通过各种途径对城市轨道交通运营服务质量进行投诉,经查实确为城市轨道交通方责任,并且事件的情节与后果严重,给社会造成较大的不良影响。

1)乘客投诉的处理

城市轨道交通运营企业应建立相应的投诉处理制度,并指定运营服务主管部门受理,也可设立服务热线接待乘客的咨询和投诉。对乘客的投诉,运营企业应认真受理,及时调查,按时回复。车站在接到投诉(通知)后,应及时进行调查,并将调查核实情况报告主管部门。对一般投诉,原则上应在3日内处理完毕。在处理投诉时,客服工作人员应做到态度诚恳、用语文明、依章解释,并且追访乘客对投诉处理是否满意。

投诉的接待处理作为企业的一个服务窗口,客服工作人员应具有一定城市轨道交通运营管理的专业知识和经验,了解企业的有关规章制度,语言得体,思维敏捷。

乘客投诉的处理是企业质量管理的一个组成部分,从乘客的投诉中可以发现企业管理的薄弱环节,一些好的建议、想法应当引起企业管理部门的重视,从而进行改进和完善。

因此,投诉的接待处理是企业日常管理工作的一个组成部分,对提高企业的服务质量和管理水平起促进作用。

案例分析

乘客投诉处理及其原因分析

事件经过:

某日,两位乘客使用同一张一卡通交通卡进入城市轨道交通车站,一名乘客刷卡进站后直接将一卡通给了同行的人,另一名同行乘客无法刷卡进站,遂寻求票务员的帮助。由于客流量较大,该站票务员没有问清原因,直接对一卡通进行了进站更新,因此另一名乘客也能够顺利进站,但出站时被站务员发现,要求该乘客补票。乘客不服从,认为已经刷过两次卡并扣款两次,坚持不肯补票,站务员主观臆断他们违规使用车票和故意逃票,双方发生争执。

投诉原因分析:

(1)票务员帮助乘客更新车票时没有了解和确认原因,造成一票多人进站,给后来的纠纷埋下了伏笔。

(2)乘客不清楚票务政策,认为已经扣过两次款了,导致乘客和站务员发生争执。

(3)站务员主观意识过强,认为是乘客故意逃票,导致乘客和站务员的纠纷升级。

投诉处理技巧:

(1)发现情况后,站务员不能主观臆断,应该先礼貌地了解原因。

(2)站务员应当对票务员的工作失误向乘客表示歉意,并向乘客做好票务政策的解释,注意和乘客沟通过程中保持耐心、使用礼貌用语。

(3)如果乘客同意补票,站务员应向乘客表示感谢。

改进措施与建议:员工在处理乘客车票时应加强工作责任心,先与乘客沟通确认情况再做票务处理。

2)客伤的处理

客伤是指乘客在城市轨道交通管辖的运营区域内发生的人身伤害及伤亡事件的总称。

客伤的处理原则:真诚待人,实事求是,适时安抚,协商解决。同处理投诉一样,能否妥善地处理好客伤事件直接影响到企业的对外形象。因此,企业应制定客伤处理的规则,指定专门部门和专人负责处理客伤事件;处理客伤的工作人员要掌握一定的法律知识,了解企业的各项规章制度,熟悉设施设备的使用要求和工作状态。

城市轨道交通运营企业为了维护企业的利益和乘客的利益,应向保险公司投保或设立安全基金,以帮助企业妥善处理客伤理赔事宜。从客伤的处理中,也可反映出企业对运营管理中的缺陷和一些设施设备方面的不完善,有利于帮助企业发现问题、解决问题,更好地做好为乘客服务的工作。

四、客运作业考核

1. 考核指标

根据运营统计数据,可采用以下6个指标对车站客运作业效率和客运服务水平进行考核。

1) 车站客运量

车站客运量,即报告期内车站运送(包括换乘)的乘客人数。

2) 人均客运量

人均客运量,即报告期内客运人员人均完成的客运量。其计算公式如下:

$$\text{人均客运量}=\frac{\text{车站客运量}}{\text{车站客运人员}} \tag{4-1}$$

3) 售票差错率

售票差错率,即报告期内票款差错额与票款总额之比。其计算公式如下:

$$\text{售票差错率}=\frac{\text{票款差错额}}{\text{票款总额}}\times 100\% \tag{4-2}$$

4) 乘客投诉表扬率

乘客投诉表扬率,即报告期内乘客表扬件数与有责乘客投诉件数之比。其计算公式如下:

$$\text{乘客投诉表扬率}=\frac{\text{乘客表扬件数}}{\text{有责乘客投诉件数}}\times 100\% \tag{4-3}$$

5) 乘客投诉处理率

乘客投诉处理率,即报告期内已处理的有责乘客投诉件数与有责乘客投诉件数之比。其计算公式如下:

$$\text{乘客投诉处理率}=\frac{\text{已处理的有责乘客投诉件数}}{\text{有责乘客投诉件数}}\times 100\% \tag{4-4}$$

6) 自动扶梯停用率

自动扶梯停用率,即报告期内自动扶梯停用时间与营业时间总和之比。其计算公式如下:

$$\text{自动扶梯停用率}=\frac{\text{自动扶梯停用时间}}{\text{营业时间总和}}\times 100\% \tag{4-5}$$

2. 质量评价

车站客运服务质量可用便捷性、舒适性和安全性等方面的指标来评价。

(1) 便捷性。便捷性指标评价的主要是反映乘客在车站内所需时间和方便程度。对便捷性的评价可以考虑采用导向标志设置、售检票作业、列车信息提供、换乘时间等指标。

(2)舒适性。舒适性指标评价的主要是反映乘客对车站及候车环境的总体感知。对舒适性的评价可以考虑采用卫生、温度、湿度、新风量、照明、自动扶梯使用、高峰小时拥挤程度、无障碍化、服务态度、有责投诉及其处理等指标。

(3)安全性。安全性指标评价的主要是反映乘客在车站内免除危险的程度。对安全性的评价可以考虑采用候车秩序、站台安全、乘客疏导、应急救援措施等指标。

复习思考题

一、选择题

1.(　　)只供乘客上下车使用,是线网种数量最多的车站。

A. 终点站　　B. 中间站　　C. 换乘站　　D. 折返站

2. 为乘客提供公共服务信息的是(　　)。

A. 方向性标志　　B. 示警性标志　　C. 服务性标志　　D. 安全性标志

二、填空题

1. 根据技术制式的不同,自动售检票设备主要有__________、__________和__________3种系统。

2. 乘客静态导向标志按基本功能不同可以分为__________、__________和__________3种。

三、简答题

1. 简述城市轨道交通车站客运作业的基本要求。

2. 简述城市轨道交通乘客投诉处理的主要内容。

四、实践训练

1. 在掌握引导乘客购票、检票、补票等作业具体内容的基础上,在自动售检票实训室进行分组情境演练。

2. 根据城市轨道交通实际情况,列举出一个乘客纠纷事件,并分组进行事件处理的情境演练。

模块5 城市轨道交通票务管理

教学目标

1. 掌握城市轨道交通票务系统的基本构成与作用;
2. 能够正确使用和管理车票与现金;
3. 能够正确处理票务问题;
4. 能够安全使用票务设备;
5. 掌握票务岗位的岗位职责。

建议学时

6 学时。

票务管理工作是城市轨道交通运营企业的一项关键性系统工作,与企业的经济效益直接挂钩。因此,城市轨道交通运营企业应建立一系列科学严谨并行之有效的管理规范,以加强对城市轨道交通票务系统及资金的管理和控制。

单元5.1 城市轨道交通票务系统概述

城市轨道交通票务系统是轨道交通运营方为乘客提供快捷、优惠的出行,有效地进行票务收入管理,合理配置运营系统(运营设备、运营模式)资源而建立的一套满足城市轨道交通票务管理需求的系统。

城市轨道交通票务系统主要是制定票价等运营策略,对车票制作、车票出售、进站检票、出站验票和补票、罚款等营收信息进行有效的管理。随着城市轨道交通系统功能外延的不断扩展,城市轨道交通票务系统也承担起对运营状况进行监控管理的职责。合理的票务机制能有效地培育客流和提高运营效益。

在城市轨道交通网络中,城市轨道交通票务系统是城市轨道交通票务收入和结算的基础。只有通过安全、可靠和完备的自动售检票系统,才能有效地实施票务的结算和清分。

网络票务系统的统一规划是实现线路之间换乘的基础条件。如果没有网络票务系统的统一规划,就可能导致各线路之间票务系统不兼容、车票介质不兼容,无法实现互联和信息共享,也无法进行交易数据清分。因此,只有在各线路均采用了票务系统规划所统一制定的车票制式、系统接口和清分算法,才能保证整个城市轨道交通网络在收费区内直接换乘。

一、城市轨道交通票务系统的作用

本着"快捷、方便,以人为本"的宗旨,城市轨道交通票务系统具有以下几个方面的作用:

(1)有利于提升城市轨道交通运营企业的社会形象和服务区域形象。

(2)有利于提高运营管理水平,保障票务收益。

(3)有利于管理责任落实,保证交易数据和票务信息的安全。

(4)有利于简化操作,方便出行,提高乘客的出行效率。

(5)有利于提供准确的客流及票务统计分析数据。

(6)有利于减少现金交易、人工记账及统计工作,提高工作效率和资金结算的准确率。

二、票制

现在城市轨道交通系统通用的票制主要有以下 3 种。

(1)单一票制。根据乘车次数(计为一次)进行计费,与实际乘坐的距离长短及换乘无关。例如,2008 年奥运会后的北京地铁,除机场快线外,全程(完成一个完整的进、出站检票过程)票价 2 元,与实际乘坐的距离长短、有无换乘、换乘几次无关。

(2)分段计程票制。经进、出站检票,按照实际乘坐距离长短(里程或乘坐车站数),根据票价计费标准计算乘车费用。目前,我国城市均采用此种票制。

(3)混合票制。综合考虑乘客运距、乘客占用收费区(如地下站台层,一般以检票口为界,检票口内即为收费区)时间、乘坐时间段(如节假日与工作日,高峰与低谷等)等因素核算票价,进行计费。

三、售检票方式

1. 开放式售检票

开放式售检票是指车站不设检票口,乘客在上车前或在列车上付费,车上随机查票,并进行补票与罚款的售检票方式。这种售检票方式一般为客流量较小的城市轨道交通线路采用,要求国民素质相对较高,并且通常都有政府的财政补贴。在实践中,采用这种售检票方式的城市轨道交通线路存在车费收入流失现象。

2. 封闭式售检票

封闭式售检票是指车站设检票口,乘客进出收费区进行检票并完成收费的售检票方式。这种售检票方式能减少或杜绝无票乘车现象,减少或避免车费收入的流失。封闭式售检票有传统的人工售检票和先进的自动售检票两种方式。

1）人工售检票

人工售检票速度慢，存在漏检现象，并且需要配备较多的票务人员。人工售检票方式又分进站检票、出站验票和进出站均检验票3种情形。其中，进站检票是指乘客进入收费区时进行检票，出站时不再检票。出站验票是指乘客无须检票自由上车，但出站时进行验票，由于出站客流到达检票口相对集中，出站验票的作业组织难度较大。进站检票和出站验票适用于单一票价的城市轨道交通线路。进出站均检验票适用于实行计程票制的轨道交通线路，乘客进出收费区均进行检票，这种售检票方式运营成本较高。

2）自动售检票

自动售检票实行全封闭的计程、计时收费，乘客进出收费区均需通过检票机检票后方能通行。这种方式，可以实现售票、检票、收费和运营统计的自动化；自动售检票系统的应用，是自动售检票方式取代人工售检票方式的基础。运营实践表明，城市轨道交通采用自动售检票系统具有下列优点：

（1）便于推行计程、计时等多种票制，使乘车收费更趋合理，有助于吸引短途客流。

（2）高效的自动售检票设备，为乘客提供方便快捷的售检票服务，有助于提高服务水平。

（3）能及时、准确、自动地统计票务、收入和客流数据，有助于提高运营组织水平。

（4）能杜绝无票乘车、越站乘车或超时乘车，减少票务和其他相关人员，有助于确保收入，降低成本。

（5）为推行城市公交一卡通和建立智能卡收费管理系统奠定了基础。

四、票务系统的业务管理

票务系统的业务管理是借助于自动售检票系统来实现的。其主要内容包括规则管理、票卡管理、信息管理、账务管理、模式管理和运营监督等。

1. 规则管理

为保证城市轨道交通票务系统能够在多部门、多环节且高效运行，就必须制定一套科学、严密的规则和流程，包括票价策略、结算规则、权限管理和操作流程等。

票价基本政策主要指城市轨道交通运营企业对乘车时限、乘车限制、超程处理、车票有效期、优惠乘车规定以及进出站次序错误的数据更新等方面的规定。

1）乘车时限

城市轨道交通是一种安全、快速、便捷和准时的交通工具，为避免乘客在列车上或车站付费区内长时间逗留，造成不必要的拥塞，城市轨道交通运营企业往往会对乘客购票入闸至检票出闸的时间进行限制，这就是乘车时限。对超过乘车时限（简称滞留超时）的乘客，城市轨道交通运营企业往往会收取一定金额的费用。例如，某城市地铁公司规定，乘客每次从入闸至出闸时限为120min，超过时限要按最高单程票价补交滞留超时金额。

2）乘车限制

乘车限制是指乘客需凭有效车票进入城市轨道交通付费区，车票实行一人一票制，即一张车票不可多人同时使用，进闸车票与出闸车票应当对应匹配。

3)超程处理

超程处理是指乘客所使用的车票(主要是单程票)不足以支付所到达车站的实际车费时,须补交超程车费。

4)车票有效期

各城市轨道交通对车票有效期的规定不尽相同,如沈阳地铁对车票有效期规定如下:普通单程票只能在售出站入闸且当日乘车有效(当日指售出运营日)。

5)优惠乘车规定

各城市轨道交通对特殊乘客群体乘车都给予不同程度的优惠。例如,有些城市轨道交通对年过七旬的老人实行免费乘车的优惠;对学生发售有折扣的学生票;有些城市轨道交通实行月票、季票、团体票等票制;对儿童的优惠一般以身高为依据实行不同的票制,如某地铁公司对儿童的乘车规定为:一名成年乘客可以免费带一名身高不足 1.1m 的儿童乘车,超过一名的按超过人数购成人全票。

6)进出站次序错误的数据更新

(1)进站次序错误(乘客在非付费区)。若车票上次进站车站是本站且上次使用时间与更新时刻的时间间隔在系统规定的时间段(广州地铁为 20min)以内,则免费对乘客车票进行数据更新。车票上次使用时间与更新时刻的时间间隔超过系统规定的时间段,则持单程票的乘客须重新买票;持储值票的乘客须按票种最低票价(指乘客所使用车票种类的起步价)支付上次票款。因地铁方面原因导致的错误除外。

(2)出站次序错误(乘客在付费区)。根据乘客反映的进站车站免费对车票进行数据更新。

2. 票卡管理

票卡指乘客使用的车票,是乘车的有效凭证,用于记载乘客的出行和费用信息。票卡管理就是对票卡的发行、使用、更新等全过程进行的有效管理。

票卡发行及使用主要包括车票分类、车票编码定义、车票初始化、车票的赋值与发售、车票的使用、车票的进/出站处理、车票的更新、车票的增值、车票的退换、车票的回收、监督管理和票卡注销等。车票的使用流程如图 5-1 所示。

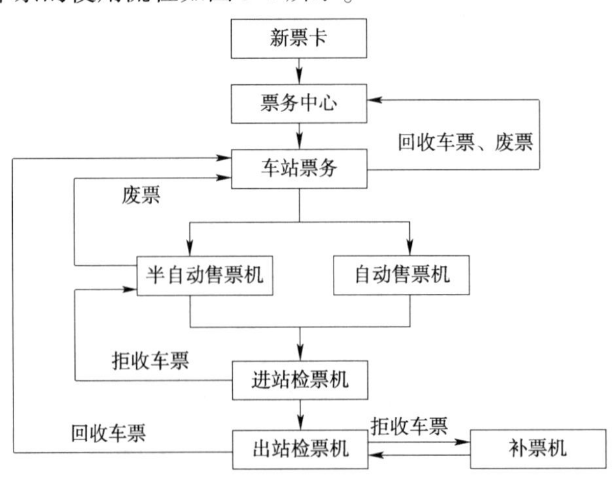

图 5-1　车票的使用流程

1)车票分类

城市轨道交通车票的种类可根据车票采用的媒介,车票使用的时间、次数以及线路的限制等进行划分。

(1)根据采用的媒介划分,车票可分为纸质车票、筹码车票、磁卡车票和IC卡车票4种。其中,纸质车票上印有票价、站名和编号等,适用于人工售检票;筹码车票采用代币Token,投入后能开启闸门;磁卡车票的塑料基片上载有密码、编号、车资、进站时间和地点等信息;IC卡车票的塑料基片上封装了集成电路芯片等,具有存储容量大、保密性能强、使用寿命长等优点。

(2)根据使用时间的限制划分,车票可分为普通车票和定期车票。其中,普通车票是指只能在当日一定时间内乘车使用的车票;定期车票是指可以在一段时间内(如周内、季内或年内)乘车使用的车票。

(3)根据使用次数的限制划分,车票可分为单程车票和储值车票。其中,单程车票是指供一次乘车使用的车票;储值车票是在车资用完前可多次乘车使用的车票。

(4)根据使用线路的限制划分,车票可分为专线车票和联合车票。其中,专线车票是指只能在指定线路乘车使用的车票;联合车票是指可以在多条线路乘车使用的车票。这里所指的多条线路,既可以是轨道交通线网的线路,也可以是票制一体化下的常规公交线路。

(5)除以上主要的分类外,根据车票发售对象和用途的不同,车票还可分为乘车证、学生票、纪念票、应急票等。

2)车票编码定义

车票编码定义包含车票类别、车票编号、车票票值、车票时效、使用范围等信息。

(1)车票类别。车票类别标志了车票的分类情况。对应不同的应用方式和处理规则,车票的类别在编码的时候确定。乘客可以根据自己的需要购买规定范围内不同类别的车票。

(2)车票编号。车票编号可分为卡面编号、物理编号和逻辑编号。

(3)车票票值。车票票值是指车票所含可乘车的资金,它是记录在车票上的、可用于乘坐城市轨道交通工具的金额。

(4)车票时效。各种类别的车票都有各自不同的有效期,车票只能在系统设定的有效期内使用。如果车票即将过期或者已经过期,须进行延期等更新处理后才能使用。

(5)使用范围。各类车票都有特定的使用范围以规范使用秩序。

3)车票初始化

在所有车票投入使用前,必须由专门的机构进行初始化,分配车票在系统内的唯一编号,同时生成车票相关的安全数据。

车票初始化工作是通过编码或分拣机进行的。只有经过初始化后的车票,才可以分发至各车站进行发售。车票初始化时,操作员应针对不同类型的车票设置系统参数及系统应用数据进行初始化编码。

4)车票的赋值与发售

初始化后的车票必须经过赋值处理才能正常使用。对车票的赋值可由编码或分拣机执行,也可以由车站内的自动售票机、票务处理机在车票出售时进行。

5)车票的使用

车票通过赋值与发售后可投入使用。所有车票的详细使用记录最终需要保存在中央计算机系统,以便对车票使用情况进行统计和分析。车票的每次详细使用记录至少包括车票类别、车票编号、交易类型、车票交易序号、交易时间、交易设备编号、上次交易时间、上次使用设备、交易金额、车票余值等信息。

当乘客使用了无效车票或失效车票,检票机将拒绝接收,但可以引导乘客到票务处理机对车票进行分析和处理。

6)车票的进/出站处理

普通车票检验遵循一进一出的次序,即先有一次进站再发生一次出站。如果乘客在进站时未经检票,或标识不清,或在出站时未经检票,就会造成因进出站次序不匹配而导致车票的暂时性无效。

7)车票的更新

在半自动售票机或票务处理机对车票进行分析后,若为进出站次序错误、超时、超程等无效原因,则可对车票进行更新处理。

8)车票的增值

储值票可通过票务处理机或自动充值机进行增值。中央计算机系统可设置增值的金额限制、允许增值的车票类型、增值优惠等。

9)车票的退换

当乘客要求退票时,半自动售票机或票务处理机应能办理退款业务。通常,退款处理方式可根据车票是否被损坏而分为即时退款或车票替换两种方式。中央计算机系统可设置退款的条件、使用次数限制、余额限制、费用等,以确保退票处理有足够的安全性,防止欺骗行为的发生。

10)车票的回收

出站检票机可根据预先的设置,对单程票进行自动回收。通常回收后的车票可通过自动售票机、半自动售票机再次发售。当回收的车票达到规定的使用寿命或出现损坏不能继续使用时,则不能再进入使用环节,应及时进行回收。

11)监督管理

为了充分发挥自动售检票系统的信息对管理的支持作用,中央计算机系统应该及时地将使用中必要的车票交易数据记录下来,以供自动售检票系统对车票使用情况进行统计和查询,并能跟踪每张车票的使用情况,提高防范滥用、复制及伪造车票的能力,减少由于欺诈行为而引发的票务损失;同时,根据车票编号也可查询车票的使用记录。

12)票卡注销

票卡在频繁使用过程中,应建立相应的制度对其使用状况进行及时的检查。一旦发现不宜继续使用的票卡应及时注销,删除流通数据库中这些票卡的编号或将这些注销票卡信息放置进已销票卡数据库中,并销毁已注销票卡。

3. 账务管理

账务管理是指对系统内的票务收入进行汇缴、清算、入账等过程的管理。它包括账户设置、票款汇缴、登账稽核、收益清算、资金划拨和对凭证进行有效管理等。账务管理的核心是车站票务报表。

车站票务报表包括手工填写的和计算机打印出来的报表。报表是了解车站票务收入和车票售卖情况的主要依据,也是进行票务收益核对的重要依据。车站票务报表种类较多,根据岗位不同,需要填写不同的报表。由于各个城市轨道交通运营企业的管理模式和要求不同,票务报表的类型也有所不同。

1)报表的种类

一般情况下,报表分为以下几种:

(1)售票员结算单。

(2)车站营收日报。

(3)无效票、退款票处理记录表。

(4)乘客事务处理单。

(5)自动售票机(TVM)补币记录表。

(6)车票、现金借出记录表。

(7)车票上交单。

(8)车票配发单。

(9)车站售票、存票日报。

(10)无效票处理申请表。

(11)钱箱清点报告。

2)报表填写要求

报表填写是一项既细致又严肃的工作,填制人员必须严格遵守票务规章制度。报表填写要真实、准确、完整、及时。

(1)真实。报表必须由相关人员填写且如实反映票务情况,不得捏造事实或弄虚作假。

(2)准确。报表填写前填制人员应认真核对实际情况,以正确无误的数据填列,并仔细复核。

(3)完整。必须按报表所列事项填写,不得遗漏,且每日上交报表必须连号(按票务管理部门配发的报表号码填写)。

(4)及时。报表必须在规定期限内填制完毕,并按规定时间上交票务管理部门,不得故意延迟时间。

单元 5.2 城市轨道交通自动售检票系统

一、城市轨道交通自动售检票系统发展概况

自动售检票(简称 AFC)系统在城市轨道交通中的应用可以追溯到 20 世纪 70—80 年代,如法国的巴黎地铁采用了当时先进的磁卡 AFC 系统,日本的东京营团地铁在 1988 年 4 月开始应用磁卡自动售检票系统。随着 IC 卡的出现及 IC 卡技术的发展,一些城市轨道交通在 20 世纪 90 年代先后采用磁卡(单程票)与 IC 卡(储值票)兼容的 AFC 系统。

AFC 系统在我国的发展已有近 30 多年历史,上海地铁在 20 世纪 80 年代末率先开始采用 AFC 系统的研究。在 20 世纪 90 年代中期,磁卡 AFC 系统技术已相当成熟,而 IC 卡技术在城市轨道交通收费方面的应用刚刚开始,上海地铁 1 号线最初采用的是磁卡与 IC

卡兼容的 AFC 系统,广州地铁 1 号线最初采用的是预留 IC 卡功能的磁卡 AFC 系统。近年来,IC 卡技术在城市轨道交通 AFC 系统的应用规模迅速扩大。非接触式 IC 卡以其储存量大、保密性强、系统结构简单、运营成本较低、可实现一卡多用等优点,逐步取代了磁卡的地位,成为城市轨道交通车票的首选媒介。目前,国内新建城市轨道交通线路的 AFC 系统均选用非接触式 IC 卡技术。

非接触式 IC 卡 AFC 系统的应用使城市公共交通行业的票务联营成为发展趋势,北京的"市政交通一卡通"、上海的"一卡通"和广州的"羊城通"收费系统目前已拓展到多个城市公共交通领域。例如,北京的"市政交通一卡通"现可以在常规公交、轨道交通和便利店通用,为乘客带来出行及购物的便利。

二、AFC 系统技术制式

AFC 系统是集电子技术、计算机通信和微机实时控制等于一体的自动收费系统和数据库系统。在城市轨道交通 AFC 系统的发展历程中,先后出现过磁卡 AFC 系统、IC 卡 AFC 系统、磁卡和 IC 卡兼容的 AFC 系统 3 种技术制式。

1. 磁卡 AFC 系统

磁卡 AFC 系统投入应用的时间最早。磁卡车票上涂有两条磁粉物质:一条为磁卡密码、编号等不变信息,另一条为车资、进站时间和地点等可变信息,磁卡车票可作为单程票或储值票使用。磁卡 AFC 系统技术比较成熟,但存在下列缺点:①磁卡存储信息有限,用途单一;②磁卡密码等信息易被破译、伪造和盗用,安全性较差;③读卡设备机械结构复杂,购置成本和维护费用较高;④乘客使用不熟练和吃卡、误读写等情况时有出现。

2. IC 卡 AFC 系统

IC 卡是将一块集成电路芯片封装在塑料基片上(非接触式 IC 卡内还嵌入一小型天线),在集成电路中有微处理器。微处理器由存储和控制两个单元组成,由于微处理器具有人工智能功能,IC 卡又称为智能卡。IC 卡具有数据存储能力,其内容可供外部读写与内部处理。随着超大规模集成电路和大容量存储芯片技术的发展,IC 卡和 IC 卡 AFC 系统所具有的优点使其逐步取代磁卡和磁卡 AFC 系统。

与磁卡系统比较,IC 卡系统具有下列特点:

(1)使用方便、快捷。IC 卡与读写设备的信息交换通过触点接触(接触式 IC 卡)或电磁感应(非触式 IC 卡)方式进行,不会产生因机械故障导致的吃卡和误读写等现象,提高了检票机的通过能力。

(2)存储容量大。IC 卡数据容量大于 8KB(磁卡数据容量小于 300B),可划分多个数据区供不同的用途,便于一卡多用。

(3)保密性能强。IC 卡复杂且完善的加密处理技术,以及多次双向验证,能有效防止解密、伪造票卡和对数据内容的修改、复制。

(4)使用寿命长。IC 卡无机械磨损,可重复使用 10 万次以上。

(5)设备成本较低。IC 卡 AFC 系统的读写设备为电子设备,无复杂的机械移动部件,造价较低、维修简单。此外,票卡不需要维护,能耗较低。因此,IC 卡 AFC 系统的设备购置和运营成本大大低于磁卡系统。

(6)票卡成本较高。IC 卡在应用于单程票时,卡的成本一般远高于票价,如果票卡不能回收,将给运营企业带来经济损失。

三、AFC 系统组成与功能

AFC 系统由中央计算机系统、车站计算机系统、车站 AFC 设备和票卡 4 个层次组成。

1. 中央计算机系统

中央计算机系统包括小型机系统、数据库系统、监控工作站、数据传输设备、票卡编码及初始化设备等。其基本功能包括如下:

(1)将运行模式、票价表等系统控制与执行参数和黑名单信息等下达给车站计算机系统。

(2)接收来自车站计算机系统的票务、客流和维修等信息,建立 AFC 系统数据库,分析 AFC 系统数据并生成各类运营报表。

(3)实时监控车站计算机设备,接收及处理外界侵犯或紧急报警。

(4)对新车票进行编码等初始化处理,以及自动分拣各类车票、剔除废票等。

(5)与其他票务清算系统连接,进行数据交换和实现数据共享。

2. 车站计算机系统

车站计算机系统包括车站计算机、监控工作站、数据传输设备等。其基本功能包括如下:

(1)将来自中央计算机系统的控制与执行参数、黑名单信息等下载给车站的各台 AFC 设备。

(2)定时收集 AFC 设备的状态信息和运营数据,并经处理后发送给中央计算机系统。

(3)实时监控车站 AFC 设备的运行状态。

(4)在紧急情况下,车站计算机系统发出指令或通过紧急开启装置,使检票机处于自由通行状态,便于乘客快速疏散。

3. 车站 AFC 设备

车站 AFC 设备包括检票机、自动售票机、半自动售票机、自动验票机和自动充值机等。

(1)检票机。检票机又称为闸机。根据用途的不同,检票机可分为单向检票机和双向检票机。其中,单向检票机又分为进站检票机和出站检票机。根据闸门阻挡方式的不同,检票机可分为三杆式检票和门式检票等。其基本功能包括如下:

①检票机可对各类车票进行读写操作,进站时在车票上写入进站有关信息,出站时扣除乘车费用等。

②对车票进行有效性确认,即有效票放行、无效票禁止通行。

③出站检票机能自动回收单程票,并具有闸门紧急开启功能。

(2)自动售票机。其基本功能包括如下:

①自动售票机用于乘客自助式购票。

②能识别指定的硬币和纸币并退出伪币,可以找零。

③当票盒无票或钱箱已满时能提示相关信息。

④设备的状态信息和运营数据会自动传输给车站计算机。

(3)半自动售票机。其基本功能包括如下:

①半自动售票机用于辅助售票员处理各种售票及查询业务,如发售各种车票,车票的充值、挂失,以及退票、验票和补票等。

②设备的状态信息和运营数据会自动传输给车站计算机。

(4)自动验票机。其基本功能包括如下:

自动验票机用于乘客自助式查询车票的相关信息,包括车票种类、卡号、金额、有效期以及近期若干次乘车记录等。

(5)自动充值机。其基本功能包括如下:

①自动充值机便于乘客用现金或银行转账方式自助式对储值票进行充值。

②用现金充值时能识别伪币,可以找零,具有分析车票和自动显示余额等功能。

③设备的状态信息和运营数据会自动传输给车站计算机。

4. 票卡

城市轨道交通使用的票卡,目前主要有磁卡和非接触式 IC 卡两种。通常,磁卡用于单程票、多程票和纪念票等票种;非接触式 IC 卡用于储值票和员工票等票种。新建城市轨道交通线路更倾向于选用非接触式 IC 卡 AFC 系统。

单程票解决方案除了采用磁卡或薄型非接触式 IC 卡外,还有一种解决方案是采用筹码(Token)。Token 的使用成本较低,使用次数可达 1000 次。Token 单程票的特点是回收机械简单、可靠,由于分拣直接在检票机上进行,车票可在车站内循环;但不适宜作为商业广告的载体,如天津地铁 1 号线、南京地铁 1 号线和武汉轻轨均采用 Token 单程票。

四、AFC 系统运营模式

通过中央计算机或车站计算机的设置,可使 AFC 系统处于不同的运营模式,以适应列车故障、大客流集中进站等各种非正常运营情况和火灾等紧急情况,确保乘客的利益和安全。

1. 正常运营模式

正常运营模式采用计程、计时两种收费运营方式。乘客进出收费区均须持有效车票通过检票机检票后方能通行。检票机根据中央计算机设定的参数,自动扣减车费,储值票在显示余额后返还给乘客,单程票则进行回收。如果车资不足或超过时间,乘客需补票。

2. 特殊运营模式

特殊运营模式主要有下列 5 种:

(1)列车故障时的运营模式。当列车发生故障时,部分车站可能处于停运状态,此时通过中央计算机或车站计算机的设置,允许已进入收费区的乘客和从故障列车上下来的乘客不收费通过出站检票机。单程票将不回收,乘客可在一段时间内(一般为7天)继续使用;如果乘客不准备继续使用,也可退票。

(2)超时忽略、超程忽略的运营模式。由于站台拥挤、列车故障和发生事故等原因,致使列车跳站停车或运行时间延长,中央计算机或车站计算机可将有关车站设置为“超时忽略”或“超程忽略”运营模式,对乘客车资不足或超过时间不再补票。

(3)大客流集中进站时的运营模式。在大客流集中进站,而进站检票机能力不足时,可发售“应急票”;乘客持“应急票”不通过进站检票机进站。此时,中央计算机或车站计算机可将其他车站设置为“进站检票忽略”运营模式,允许持“应急票”的乘客通过出站检票机正常出站。

(4)紧急情况下的运营模式。当车站发生火灾、爆炸等危及乘客人身安全的情况时,为及时疏散收费区内的乘客,中央计算机或车站计算机将该车站设置成“紧急”运营模式。此时,检票机的闸门处于自由通过状态,以便乘客尽快撤离。

(5)高峰或非高峰运营模式。通过中央计算机的设置,将每日的运营时间分为高峰时段和非高峰时段。在非高峰时段内,对票价实行折扣优惠,以吸引客流或鼓励乘客在非高峰时段乘车。

五、AFC设备配置与布局

1. 影响AFC设备配置与布局的因素

影响AFC设备配置与布局的因素有以下3个。

1)高峰小时进出站客流

高峰小时进出站客流的数量是决定车站AFC设备配置的主要因素,而高峰小时进出站客流的流向则是确定车站AFC设备布局的基本依据。

从客流的时间分布角度来看,一般可采用工作日高峰小时进出站客流作为计算确定车站AFC设备配置数的依据。从客流的空间分布角度来看,应根据车站内乘客流向及行程轨迹分别对各个收费区及各组检票机的进出站客流进行分析。

2)车站AFC设备能力

车站AFC设备能力是指车站AFC设备在单位时间内(通常为1min)的出票张数或通过人数等。车站AFC设备能力可分为设计能力和使用能力。设计能力是理想状态下的车站AFC设备能力,根据AFC系统技术文件提供的数据确定。在实践中,由于乘客使用票种与熟练程度不同,设备忙闲不均以及更换票箱和钱箱时的设备停用等原因,车站AFC设备的使用能力小于设计能力。因此,应将使用能力作为计算AFC设备配置数的依据。

3)站台与站厅层设计布局

站台、站厅层设计布局主要涉及站台类型、车站控制室的位置、升降设备的位置和车站出入口的布置等。

站台、站厅层设计布局对收费区及检票机的设置有较大影响,从而影响车站AFC设备的配置与布局。

站台、站厅层设计布局对收费区设置的影响表现在收费区的集中或分散设置,以及收费区分散设置时是否在空间上被隔断等。

站台、站厅层设计布局对检票机设置的影响:一般而言,在收费区分散设置时,或者同一收费区双侧进出以及多组检票机交错布置时,通常都会使检票机配置数增加。

4)相对集中管理的要求

在进行车站 AFC 设备配置与布局时,应考虑售检票作业相对集中管理的要求。按相对集中管理的原则,在符合客流流向的前提下,自动售票机、半自动售票机、自动加值机、自动验票机和自动兑币机等设备在非收费区内应尽可能集中布置;在减少客流径路交叉的前提下,同一收费区中的进出站检票机应尽可能避免多组设置和交错设置,以实现既能方便乘客进出站、提高服务水平,又能降低运营成本、提高客运管理效率的优化目标。

2. 车站 AFC 设备布局

在 AFC 设备选型和配置数已经确定的情况下,AFC 设备的布局是否优化,会直接影响 AFC 系统功能的实现、车站客运管理的效率以及对乘客的服务水平。

在站台、站厅层设计布局既定的条件下,AFC 设备布局优化的目标是:便于乘客使用 AFC 设备,快速进出收费区,尽可能降低检票机购置和运营成本,便于车站对售检票作业的集中管理。

车站 AFC 设备布局优化涉及以下 3 个方面:

(1)收费区设置。一方面,在可能的情况下减少收费区的设置数,通常还能减少检票机的配置数;另一方面,适当缩小收费区面积,可以相应扩大乘客进行换零、购票、进站等活动的非收费区面积。

(2)检票机设置。将进出站检票机由分散设置、交错设置调整为集中设置,有利于发挥检票机的能力。每一个检票口的检票机配置不少于 2 台,做到互为备用。

(3)其他 AFC 设备设置。售票区与进站检票机的距离不宜过近,以避免大客流情况下形成进站客流与购票客流的径路交叉。此外,售票区设置位置还应有利于各台进站检票机的均衡使用。自动售票机、半自动售票机和自动加值机宜集中设置,以达到既方便乘客又便于管理的目标。每一收费区应设置 1 台半自动售票机作为乘客出站补票使用。

单元 5.3 票务异常情况处理

在日常运营中,客服中心除处理正常的问询、售票和兑零外,还要处理乘客的各种事务。车站常见票务异常事务处理说明如下。

一、车票余额不足

对车票余额不足的处理:

(1)当乘客所持储值票余额不足时,应请乘客充值,乘客充值后即可正常刷卡出站。

(2)当乘客所持单程票卡余额不足时,表示乘客购买的单程票的金额已不足以支付乘车的费用,应收取乘客需补交的金额。

二、滞留超时

乘客乘坐地铁刷卡入站后需在规定时间内出站,超过规定时限就无法正常刷卡出站。从入站至出站这段时间超过允许的最大时间称为滞留超时。滞留超时要按各城市轨道交通车站规定的票务相关规定补交超时金额。

三、无效车票

经读写器无法验出车票内的信息或车票状态信息不正常的车票,都称为无效车票。

对无效车票的处理:

(1)如果乘客所持的车票是储值票,应询问乘客乘车站点,收取其相应车费后,发售一张付费单程票给乘客。

(2)如果乘客所持的车票是单程票,应询问乘客乘车站点,收取其相应车费后发售一张付费单程票给乘客,并回收无效的单程票。

四、疏散、清客时票务事务处理

当车站发生不可预料的事情,如列车发生故障、安全事故或存在隐患导致需要紧急疏散乘客的情况时,在任何车站,持单程票的乘客可在规定日期内办理单程票退票;使用储值票的乘客可在下次进站时给予免费更新等。

五、自动售票机(简称TVM)卡币

(1)车站人员询问乘客购票情况和通知维修人员检查TVM是否有卡币。

(2)若TVM检查结果与乘客反映情况一致,则填写“乘客事务处理单”,维修人员在“乘客事务处理单”上注明卡币处理情况;车站根据乘客需要在半自动售票机(简称BOM)上发售同等面值车票或退还相应款额给乘客。

(3)办理本事务时,须由当值站长到现场确认并在“乘客事务处理单”上签章。

六、TVM少出车票

(1)车站人员询问乘客购票情况和查询TVM交易记录。

(2)若TVM交易记录与乘客反映情况一致,则填写“乘客事务处理单”,并根据乘客需要在BOM上发售同等面值车票或退还相应款额给乘客。

(3)办理本事务时,须由值班站长到现场确认并在“乘客事务处理单”上签章。

七、TVM找零不足

(1)车站人员询问乘客购票情况和查询TVM交易记录。

(2)若TVM交易记录与乘客反映情况一致,则填写“乘客事务处理单”,退还相应款额给乘客。

(3)若TVM交易记录反映找零正确,则通知维修人员检查TVM是否有遗留硬币情况。若有,则填写“乘客事务处理单”,退还相应款额给乘客。

(4)办理本事务时,须由值班站长到现场确认并在“乘客事务处理单”上签章。

八、TVM发售无效票

(1)车站人员询问乘客购票情况和查询TVM交易记录。

(2)若TVM交易记录与乘客反映情况一致,则回收无效车票,填写“乘客事务处理单”,

并根据乘客需要在 BOM 上发售同等面值车票或退还相应款额给乘客。

(3)办理本事务时,须由值班站长到现场确认并在“乘客事务处理单”上签章。

九、出闸机扣费错误

(1)车站人员询问乘客乘车和车票扣值情况,同时在 BOM 上查询车票使用记录。

(2)若车票使用记录显示闸机多扣值,则填写“乘客事务处理单”,退还多扣部分的款额给乘客。

(3)办理本事务时,须由值班站长到现场确认并在“乘客事务处理单”上签章。

十、其他乘客事务处理

1. 清起始标志

车票进出站状态有已进站和未进站两种。当乘客进站刷卡后,车票为已进站状态;当乘客出站刷卡后,车票为未进站状态。当乘客乘坐地铁出站时,由于地铁原因或个人行为(如设备故障、车站清客紧急放行或乘客故意逃票出站等)造成未扣值,这时车票仍为已进站状态。当乘客持有已进站标志的车票时就无法进站,需要对车票进行清起始标志处理。

若乘客持储值票进站,上次进站时间不超过规定的时间,则免费对车票进行标志更新,改为未进站;若进站时间超过相应的规定时间,则按规定收取费用并对车票进行标志更新,改为未进站;若上次进站不是本站,则按规定收取费用并对车票进行标志更新,改为未进站。若是地铁原因所致,则免费对车票进行标志更新。

若乘客持单程票进站,上次进站时间不超过规定的时间,则免费对车票进行标志更新,改为未进站;若入站时间超过相应的规定时间,则按规定回收车票,请乘客重新购票;若上次进站不是本站,则按规定回收车票,请乘客重新购票。

2. 票务事务退款

由于地铁设备故障或其他原因给乘客造成损失,如乘客购买单程票时,TVM 找零不足或收钱不出票等情况,应依据相关的票务规定给予乘客办理退款。凡是涉及乘客事务退款的,应保留相关的单据,并请当事人签名确认,以作为核销备用金的依据。

十一、票务处(中心)的管理要求

票务处(中心)的管理要求如下:

(1)在运营时间内,各站根据车站客流情况决定开放的票务处(中心)数量,但应确保至少有一个票务处(中心)为乘客提供服务。当班期间售票员未经许可,不得擅自离岗。

(2)客运值班员定时查看 BOM 票箱的车票数量,发现不足时应及时补充。

(3)售票员严禁携带私款、私人车票(员工票除外)进入票务处(中心)。

(4)在处理乘客事务过程中,当有任何需上级确认的问题时,应立即通知相关人员处理。

(5)售票员在携带车票及现金往返票亭时,必须将现金或车票放入上锁的售票盒中,并放入上锁的小推车中(加封的硬币可直接放入上锁的小推车中),由售票员负责运送和确保途中安全。

十二、特殊情况下的票务处理

1. 处理特殊情况的注意事项

处理特殊情况的注意事项如下：

(1)在处理乘客事务时，值班员必须耐心、冷静、有礼貌。

(2)若与乘客发生争执、纠纷时，尽量安排在远离公众的场所处理。

(3)当列车运行、车站设备发生故障等影响到车站票务管理工作的正常进行时，值班员必须保持镇静，并及时向上级报告。

(4)当AFC设备出现车站人员无法处理的故障时，值班站长必须立即报负责维修的部门处理。

(5)在运营时间内，若站厅层的AFC设备无法向乘客提供服务时，该设备应放置“暂停服务”标志牌。所有AFC设备的故障均应由值班站长在相关记录台账上做好记录。

2. 列车延误导致乘客超时的票务处理

列车延误导致乘客超时的票务处理：

(1)由值班站长或值班员在SC上设置“时间免检模式”。

(2)设置“时间免检模式”后，所有超时的单程票、储值卡及一卡通均能正常出闸。

(3)列车延误产生的影响结束后，由值班站长在SC上取消“时间免检模式”。

3. 列车越站时的票务处理

列车越站时的票务处理：

(1)由值班站长或值班员在SC上设置“车费免检模式”。

(2)设置“车费免检模式”后，持储值卡及一卡通的乘客出闸时，按该票种的最小车程费进行扣费；对持单程票的乘客出闸时，不检查车票的票值放行。

(3)对于超时之外的、不能出闸的车票处理，与正常时处理办法相同。

(4)列车越站产生的影响结束之后，由值班站长在SC上取消“车费免检模式”。

4. 车站发生运营故障时的票务处理

车站发生运营故障时的票务处理：

(1)由值班站长或值班员在SC上设置“列车故障模式”，并将信息汇报OCC。

(2)使用储值卡及一卡通出闸，出闸机不在车票上扣除任何车费，车票下次可正常使用。

(3)使用单程票出闸，出闸机不在车票上扣除任何车费并将车票退还给乘客；乘客可持单程票到票务处(中心)办理退款或在规定时间内与正常单程票一样在本站使用。

(4)运营故障的影响消除后，由值班站长或值班员在SC上取消“列车故障模式”，并将信息汇报OCC。

单元5.4 票务差错、违章管理

在车站日常票务运作中，对票务差错、违章的处理，不同运营单位会有不同的规定和处理办法。其目的是规范车站的票务操作,减少不必要的差错,杜绝票务违章,确保收益安全。

一、票务差错、违章的定义

票务差错是指与票务有关的各岗位在日常票务运作(包括管理、设备操作作业)过程中,因工作疏忽而造成轻微损失或影响的违规行为。

票务违章是指与票务有关的各岗位因工作疏忽而造成较大损失的违规行为,或者损失轻微但违规人员带有恶意企图的行为。票务违章行为按照其造成的影响、损失、性质可划分为不同的等级。

二、票务差错、违章处理原则

票务差错、违章处理原则如下:

(1)"四不放过"原则,即违章原因分析不清不放过,责任者和员工没有受到教育不放过,没有制定防范措施不放过,责任者没有受到处理不放过。

(2)实事求是原则,即票务差错或票务违章处理应以规章为准绳,以事实为依据,力求客观、公平、公正。

(3)逐级考核、落实到人原则,即实行层级管理,依据考核指标及办法,部门考核到室,室考核到班组,再由班组考核到人。

(4)有责赔偿原则,即因票务差错或票务违章而造成企业所受的损失应由责任人按有关规定赔偿。

案例分析

票务员私吞充值款事件

某市地铁公司票务员利用职务之便将近30万元异常充值票款非法占为己有。某次偶然的机会,该票务员发现地铁站充值系统存在漏洞,票务系统无法正确显示乘客的充值金额,同时系统能保证乘客充值后卡内余额增加并且正常使用。于是,该票务员利用实收款与票务系统显示款额存在差额这一情况,将差额据为己有。直至案发日,该票务员共私吞票款近30万元,后经公诉,判刑一年零两个月,缓刑2年。

事故原因分析:①该票务员使用的充值账号出现了异常充值数据;②票务员操作缺乏有效监管。

从该事件中可以看出,无论是从票务系统安全升级的角度还是票务员素质提高的角度,城市轨道交通票务管理方面都有很大的提升空间。车票通过赋值与发售后就可以投入使用,所有车票的详细使用记录最终需要保存在中央计算机系统,以便对车票使用情况进行统计和分析。车票的每次详细使用记录至少包括车票类别、车票编号、交易类型、车票交易序号、交易时间、交易设备编号、上次交易时间、上次使用设备、交易金额、车票余值等信息。为了充分发挥AFC系统的信息对管理的支持作用,中央计算机系统应该及时将使用中必要的车票交易数据记录下来,以供AFC系统对车票使用情况进行统计和查询,并能跟踪每张车票的使用情况,提高防范滥用、复制及伪造车票的能力,减少由于欺诈行为而引发的票务损失。

复习思考题

一、选择题

1. 综合考虑乘客运距、乘客占用收费区时间、乘坐时间段等因素核算票价的是(　　)。

A. 单一票制　　B. 分段计程票制　　C. 区间票制　　D. 混合票制

2. 由于站台拥挤、列车故障和发生事故等原因,致使列车跳站停车或运营时间延长,此时可以采用(　　)运营模式。

A. 列车故障　　B. 大客流集中进站　　C. 超时超程忽略　　D. 紧急情况下

二、填空题

1. 车站 AFC 设备包括＿＿＿＿＿、＿＿＿＿＿、＿＿＿＿＿、自动验票机和自动充值机等。

2. ＿＿＿＿＿是乘客乘车的有效凭证。

三、简答题

1. 我国地铁常采用的票制有哪些?

2. 简述票务差错、违章处理原则。

四、实践训练

掌握自动售票机、自动检票机、半自动售票机的工作原理与操作流程,在实训室分组完成 AFC 终端设备的使用与操作练习。

模块6 城市轨道交通车辆运用与调车作业组织

教学目标

1. 了解城市轨道交通车辆段与综合基地；
2. 掌握编制车场行车作业计划及车场接发车作业；
3. 掌握编制调车作业计划及调车作业。

建议学时

6学时。

单元6.1 概述

一、车辆段与综合基地

车辆段及综合基地包括车辆段、综合维修中心、材料总库、培训中心和必要的生活设施。它是保证城市轨道交通系统中各项设备处于良好状态、确保行车安全的场所。其服务对象包括移动设备(车辆)、机电设备(如车站的自动扶梯、屏蔽门、乘客导向设施、环控设备、给排水设备等)、供电设备(如变电站、变电所、接触网、电力电缆等)、通信信号设备、轨道、桥梁、隧道、房屋建筑等固定维护设施设备。下文将介绍车辆段及综合维修中心材料总库、培训中心等。

1. 车辆段

城市轨道交通车辆段主要担负着一条或几条线路城市轨道交通车辆的停放、检查、维修、清洁整备等任务。有的车辆段还负责乘务员的组织管理、出乘、换班等业务工作,并相应配备乘务值班室等设施。

1）车辆段的类型

车辆段根据功能可分为检修车辆段（简称车辆段）和运用停车场（简称停车场）。车辆段根据其检修作业范围可分为架（厂）修段和定修段。独立设置的停车场隶属于相关车辆段。

2）车辆段的必备设施

（1）停车场。车辆段应有足够的停车场地，以确保能够停放管辖线路的回段电动车辆和工程车辆；车辆段的位置应保证列车能够安全、便捷地进出正线运行，并保证车辆段出入线坡度、长度适宜。停车场应以库内停车为主，在不能满足现有列车数量停放的情况下，可使用露天式等其他类型的停车设施。

（2）检修库。车辆段内需设检修库，包括架修库、定修库和月修库；列检作业在列检库或停车库（线）进行。架修库、定修库内要有桥式起重机和架车设备及存轮库；必要时应设不落轮车轮镟床，设置转向架、电机、电器、制动机维修车间，转向架等设备的清扫装置和单独设立的喷漆库，车辆配件仓库，等等。

（3）洗车设备。在车辆段内一般安装自动洗车机，用于车辆完成自动清洗，完成喷淋、去污、上蜡、吹干等洗车作业。为保持车厢内部以及难以自动清洗部位的整洁，还需设置专用的车辆人工清扫线。

（4）运营管理用房。根据运营管理模式的要求，多数运营单位在段内设有相应的办公室，包括乘务队办公室、运转值班室、信号值班室、乘务员备乘休息室、内燃机工程轨道车司机休息用房等。车辆段内还应有设备维修车间，负责段内的动力设施及通用设备维修。

（5）维修管理部门。车辆段内一般设有为该城市轨道交通线路供电、通信信号、工务和站场仓库建筑等维修管理单位。

（6）其他设施。基地内还有测试列车综合性能的试车线和存放内燃机车、工程车的车库；机关办公楼与其他服务设施，如培训场地、消防设施、食堂、会议室以及供处理火灾等紧急事务的专用通道。

3）车辆段的主要功能

（1）列车的停放、调车编组、日常检查、一般故障处理和清扫洗刷、定期消毒。

（2）车辆修理：月修、定修、架修与临修。

（3）车辆的技术改造或厂修。

（4）车辆段内通用设施及车辆维修设备的维护管理。

（5）乘务员组织管理、出乘计划编制、备乘换班的业务工作。

根据各城市轨道交通线路的不同情况，可以另外设置仅用于停车和日常检查维修作业的停车场或检车区；管理上一般附属于主要车辆段，规模较小，其主要功能如下：

①列车的停放、调车编组、日常检查、一般故障处理和清扫。

②车辆的修理：月修与临修。

③可另设工区，管理乘务人员出乘、备乘倒班。

4）车辆段及综合基地的设置与选择

二维码13

车辆段（相关知识二维码13）及综合基地作为城市轨道交通的车辆停放和检修基地、设备维修和材料供应基地、人员培训基地，具有占地面积大、工程造价高、设备及技术接口复杂、与市政设施接口密切等特点。为了实现土地资源的综合配置和合理利用,提高设备使用效率以及城市轨道交通建设和服务水平,在进行城市轨道交通网络规划研究时,必须对路网中车辆基地布局进行统筹规划,明确各自的分工、任务范围以及建设时机,经济合理地在路网中配套建设完善的车辆运用检修设施。在城市轨道交通网络化运营的条件下,当城市用地规划许可、技术经济条件合理时,可以在路网中的合理位置修建不同规模的车辆基地和维修设置,满足车辆等设备技术检查以及故障抢修的需要。总体来说,车辆基地功能的划分和各项设施的配置应根据城市轨道交通线路规划、既有轨道交通设备情况和城市规划的具体条件分析确定。规模设计应将初、近、远期相结合,车辆配备按设计初期运输需要购置,以后根据运输的发展逐步添置;基地内股道、房屋等土建设施和机电设备配套等应按近期需要设计,用地范围按远期规模控制。

2. 综合维修中心

综合维修中心,也称维修中心,是指城市轨道交通系统中各种设施和设备的维修管理单位。它的业务范围较广,涉及城市轨道交通线路、路基、轨道、桥梁、涵洞、隧道和房屋建筑等设施设备的维护与保养,以及供电、通信、信号、机电设备和自动化设备的维修保养和故障修理工作。

1)基本功能

综合维修中心是城市轨道交通系统的重要组成部分之一,一般应具有以下基本功能:

(1)承担全线轨道、道岔、隧道、路基等建筑及设备的日常维护和定期检修任务。

(2)承担全线车站建筑、站内装饰、导向标志、出入口设施、风亭等日常维护和定期检修任务。

(3)承担全线各种变电所、接触网、供电线路及设备的运营管理、日常维护和定期检修任务。

(4)承担全线各种机电系统及设备,包括环控系统、给排水系统、电梯及自动扶梯等设备的运营管理、日常维护和定期检修任务。

(5)承担全线通信、信号系统的运营管理、日常维护和定期检修任务。

(6)承担全线车站环境与设备监控系统(BAS)、防灾报警系统(FAS)、电力监控系统(SCADA)等的日常维护和定期检修工作。

2)设置原则

(1)综合维修中心可分别设立供变电、接触网、通信、信号、机电、土木、建筑等专业车间和流动维修班组;任务量不大时可设综合性维修车间和流动班组。

(2)各车间规模应根据各项设备种类、规格、数量和确定的修理周期等进行计算,并结合检修工艺要求及总体要求确定。

(3)正线区间及车站中的各项设备的维护、检测、试验,均以现场作业为主、以回送综合维修中心检修为辅的方式进行,设备的大、中修宜委外。

(4)使用效率较低的设备,如接触网检测车、接触网放线车等特种车辆,应考虑多条线共用;部分仪器、仪表可考虑与车辆段内其他车间设备共用。

(5)综合维修中心根据各专业任务量可分别或集中设置生产调度室和技术室等行政办公设施。此外,综合维修中心还应设置与检修配套的配电间,压缩空气管道等辅助设施。

3)车间组成

生产车间按作业性质可分为机电车间、修建车间、工务车间、通号车间和接触网工区等。

(1)机电车间。它由供电工段和机电工段两部分组成。

供电工段承担城市轨道交通供电系统的牵引变电所、降压变电所、电力监控设备、供电电缆等的日常巡检、保养和维护工作。它包括电器工班、继电器工班、仪表计量工班、蓄电池工班、电缆工班。

机电工段负责全线机电设备,如环控系统、AFC 系统、给排水系统、动力照明系统、电梯及自动扶梯、站台安全门、车站监控设备的日常巡检、保养和维护工作。它包括电机工班、环控工班、电梯工班、给排水工班、站台安全门工班、自控工班、自动售检票工班等。

(2)修建车间。它由建筑工段和桥隧工段组成。

建筑工段承担全线房屋建筑、车站建筑、站内外装饰、室内外上下水、出入口、风亭和其他地面设施的日常巡检、保养和维护工作;需要配备木工班、电工班、水工班、建筑工班等。

桥隧工段承担全线高架桥、隧道的日常巡检、维护和堵漏工作;由隧道巡检工班和清扫工班组成。

(3)工务车间。它承担线路的轨道、道岔及其设备的日常巡检、探伤和养护工作,根据工作量大小,由若干个养路工班组成。

(4)通号车间。它负责全线所有的通信信号系统和设备的运行维护、故障处理的工作。

(5)接触网工区。它负责接触网或接触轨的日常维护、检修和事故抢险。接触网工区需要配备轨道牵引车、接触网检测车、架放线车等,可存放于特种车库。

3. 材料总库

材料总库担负着城市轨道交通系统材料、配件、设备和机具以及劳保防护用品等的采购、存放、发放和管理工作,为城市轨道交通系统各工程的建设、运营和维修所需材料、机电设备和配件等提供储存和供应服务,并负责材料的采购、保管和发放工作。在工程建设期间可作工程材料、设备临时存放。

材料总库由机电库、特殊配件库、材料库、易燃品库、卸料线、堆场等组成。当存放量小时,也可将机电库、特殊配件库、材料库合并布置,形成综合材料库;有条件时可采用自动化立体仓库。易燃品库用于存放氧气、乙炔、氢气、油脂、化学物品等,应单独设置并分成隔间。材料库的布置宜邻近卸料线和堆场。

4. 培训中心

培训中心负责组织和管理车辆段及综合基地职工的技术教育和培训。城市轨道交通系统网络一般宜共用一个培训中心。培训中心内应设有教室、设备室、教职员工办公室以及配套设施。培训中心应以城市快速轨道交通线网规划为依据,进行合理规划,根据功能和任务确定建设规模。

二、车辆段技术设备

1. 车辆运用设备

车辆段(停车场)需配备停车列检库、周月检库、车体清洁洗刷设备及相应线路等设施,车辆通过这些设施完成日常的运用整备作业。

有时将作业性质相近的停车列检库和周月检库设计建成运用库。根据总平面布置的具体情况并经厂房组合方案比较,有时也将周月检库单独设置或与定(临)修库等其他厂房合建。停车列检库是建库还是建棚,宜根据当地气象条件确定,在南方炎热多雨地区可设棚,在北方寒冷多风地区应设库。尽端式停车列检库的库线,按每线至多两列位设计;贯通式停车列检库,每线停放列位不应大于3列位。周月检线按一线一列位考虑。

运用库中各种库线宜根据车辆的受电方式设置架空接触网或地面接触轨。地面接触轨应分段设置并加装安全防护罩。库线上方的架空接触线应按列位设置隔离开关和分段绝缘器。

为了方便列检作业,停车列检库中设置柱式检查坑,股道两侧地坪低于库内股道轨顶——形成低位作业地坪,方便检修人员对车辆进行日常检查和保养。周月检库除了采用柱式检查坑外,股道间还宜设置高架作业平台,方便检修人员进出车厢和上下车顶,以满足车门、车体内装、受电弓和空调的检查保养的作业要求。为安全起见,高架作业平台应设置与隔离开关联锁的标志灯和平台安全锁。运用库中,根据工艺要求设置动力和局部安全电压照明电源,并考虑上下水和压缩空气管路设施。库中检查坑侧壁也应设置安全电压照明及其插座。

2. 检修库主要设施设备

为了实现车辆检修工艺要求,根据车辆段所承担的任务范围,段内宜配套建设大架修库、定(临)修库、喷漆库、转向架轮轴检修车间、电机电器检修间、不落轮镟轮设备静调库、吹扫库、部件检修试验间以及相应的线路和试车线等。下文就其部分设施设备进行简单介绍。

1)大架修库

大架修库负责车辆大修、架修作业中的架车、部件解体、解钩、车体修整(铝合金模块化车体)、部件组装、落车等检修作业。

大架修作业中,车体与走行部分解的常用方法有两种,即架车体与吊车体。在架车体方式中,通过库内设置地下同步架车机完成走行部与车体的分解,通过室内移车台将车体移位。在吊车体方式中,库内设置专门的解体组装线,由大吨位桥式起重机配套库线上的检查地沟实现走行部与车体间的分解与移位。大架修库主要结构尺寸包括车库的跨度、长度和高度。

库内配备移动式升降平台等设备,方便检修人员上下车辆,以及车底电气箱柜的拆装作业。根据需要在库内敷设压缩空气管道、交直流电力插座(配电箱)、低压照明插座等。

2)定(临)修库

一般将定修作业与临修作业合库布置,形成定(临)修库。若定修作业量较小时,也可将静调与定(临)修合库设置。

3)喷漆库

喷漆库宜独立布置或设置在联合基地的边侧。库内设置静电喷漆设备和机械通风设备。各种电器及照明设备应满足防爆要求。

4)转向架轮轴检修车间

转向架轮轴检修车间承担转向架、轮对、轴承轴箱、减震器、齿轮箱的分解、清洗、检测、修理和组装作业。其设置位置应方便车间与检修库和电机间的联系。

5)电机电器检修间

电机电器检修间承担牵引电机、空压机电机、通风机电机、牵引逆变器、辅助逆变器、辅助控制箱、制动电阻箱、司机控制器、高速断路器的检修和性能试验工作。制动(空压机)检修间承担车辆制动系统和空压机检修任务,应设制动机、分配阀和空气压缩机检修、清洗、测试和性能试验设备,以及空气制动系统各部件、风缸等的检修、试验设备。

6)不落轮镟轮设备

不落轮镟轮设备可在轮对不与车体分解时对轮对的轮缘和踏面进行修理加工,使同一转向架上的轮对在加工后有合适的公差配合。不落轮镟轮设备必须设于库内,设备两端的线路长度各满足一列车的长度需要。

在车辆大修、架修、定修、临修过程中,除加工设备、起重设备、电焊机、充电机、移动式空压机、探伤仪等标准设备外,还需要一部分专用设备,以完成车体及零部件的清洁、吹扫、干燥、修理、试验和调试等工作。

3. 车体外皮洗刷机

目前国内车辆段和停车场都设置机械式洗车设备,包括洗车机、洗车线和洗车库。

洗车线宜布置在出入线端的咽喉区头部,并与入段线平行,方便车辆入段后直接洗刷,然后直接入停车列检库。当地形限制时,洗车线也可尽端式布置于停车列检库的入段线侧。当洗车线尽端式布置时,也可将洗车线与不落轮镟轮线并列设置。洗车库与不落轮镟轮库合并,有利于减少占地面积。洗车库两端的线路长度应各满足一列车的长度需要。

采用通过式洗车工艺,可以满足车体两侧以及端部的清洗。对于接触轨受电方式的车辆,洗车机还应具有清洗顶部的功能。

完整的洗车程序包括 7 个工位,即预湿、预冷(热)工位,头、尾部刷洗工位,车体侧面初刷洗工位,侧面次刷洗工位,初冲洗工位,侧面精刷洗工位,终冲洗工位。此外,冲洗水应考虑回收利用。

我国在 20 世纪 90 年代初期开始城市轨道交通建设时,由于车辆大部分采用进口,对相应的检修制度、检修工艺以及专用设备的要求既了解不多,又受制于融资条件,配套进口了大量设备,如不落轮镟轮车床、车体外皮清洗机、室内移车台、架车机、电机试验设备等,购置费占到设备总投资的 70% 以上;现在,有关企业、科研单位投入了大量人力、物力对上述设备进行开发研制,很多产品已趋于成熟。目前,我国的车辆段设备国产化率已达到 90% 以上。

单元 6.2 车辆运用

一、列车运转流程

列车运转流程是指每日列车运用过程,包括 4 个环节,即列车出车作业、列车正线运营、列车收车作业及列车场内检修及整备作业。这些作业环节由车辆运用部门各个岗位协同配合共同来完成。车辆周转过程如图 6-1 所示。

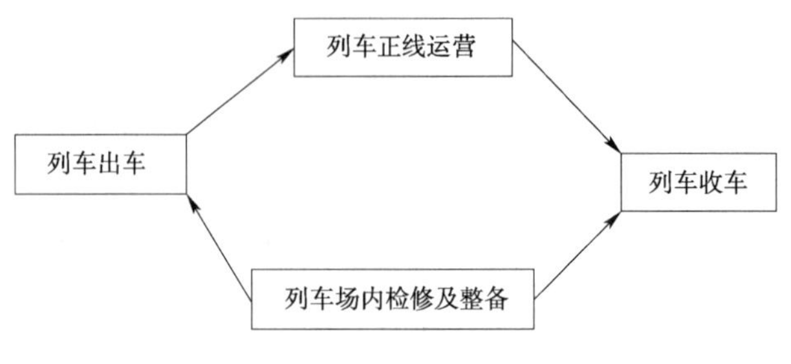

图 6-1　车辆周转过程

1. 列车出车作业

列车出车作业主要包括编制并下达发车计划、乘务员(司机)出乘、列车出库与出段 3 部分。列车出车作业流程如图 6-2 所示。

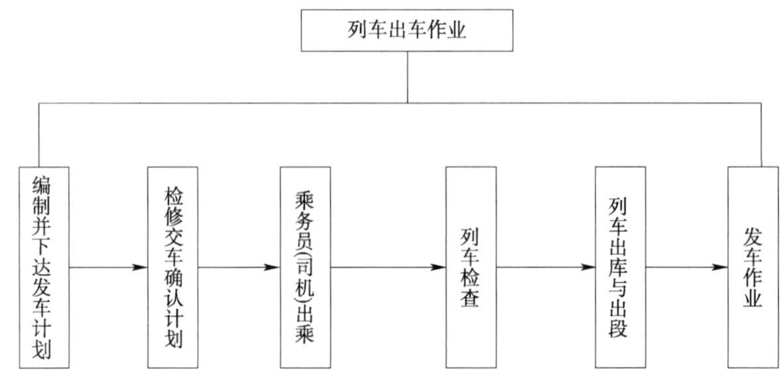

图 6-2　列车出车作业流程

1)编制并下达发车计划

发车计划由运转值班员根据使用列车运行图、运营检修用车安排、车场线路存车情况等编制,内容包括列车车次、待发股道、运用车编号等。在编制发车计划时,应注意避免交叉发车和保证列车出库顺序无误。发车计划编制完毕后,除应将计划下达给信号楼值班员外,运转值班员还应将计划中列车车次、车号、有无备车(备车车号)上报给行车调度员。

2)乘务员(司机)出乘

电动车司机应在充分休息的情况下出乘,按规定时间和地点办理出乘手续,领取相应物品。在办理出乘手续时,乘务员应查看行车揭示牌上的行车命令、指示及安全注意事项,了解列车出库股道,并认真回答运转值班员的提问和听取运转值班员传达的有关事项。

办妥出乘手续后,乘务员应对安排值乘的列车按“突出重点、兼顾一般”原则进行出车前检查,检查合格后方能发车。检查时若发现车辆故障不能担负列车任务时,应及时上报运转值班员并按其指示执行。运转值班员应立即通知检修部门检修故障列车,及时调整乘务员值乘列车的出车次序,并向信号楼值班员传达变更出车计划。

备用乘务员应与值乘乘务员同时出勤,完成备用列车检车程序后,备用乘务员应在列车上待命。在发车工作结束后,方可回到乘务员休息室待命。

3)列车出库与出段

列车起动前应确认信号开放与库门开启正常,并注意平交道是否有人员、车辆穿越。在规定的出库时间已到而出库信号仍未开放时,乘务员应主动询问信号楼值班员,联系不上时可通过运转值班员询问。

正常情况下,列车经由出段线出段。列车出段凭防护信号机的显示,在出段线的有码区按人工 ATP 方式运行,在出段线的无码区按限速人工驾驶方式运行。在设备故障(咽喉道岔、道岔区轨道电路、牵引供电)或检修施工(车厂路线、信联闭设备、接触网)时,列车可以由入段线出段,但应取得行车调度员的准许。信号楼值班员在办理列车发车作业时,应确认区间空闲(出、入段线视为区间),停止影响发车进路的调车作业。

2. 列车正线运营

从车辆运用角度出发,列车正线运营主要涉及列车运行交路、列车驾驶作业和乘务员正线交接班等。

1)列车运行交路

列车正线运行的循环交路,列车在两端折返站的到、发时刻以及出入段时间、顺序由车辆周转图规定。车辆周转图如图 6-3 所示。

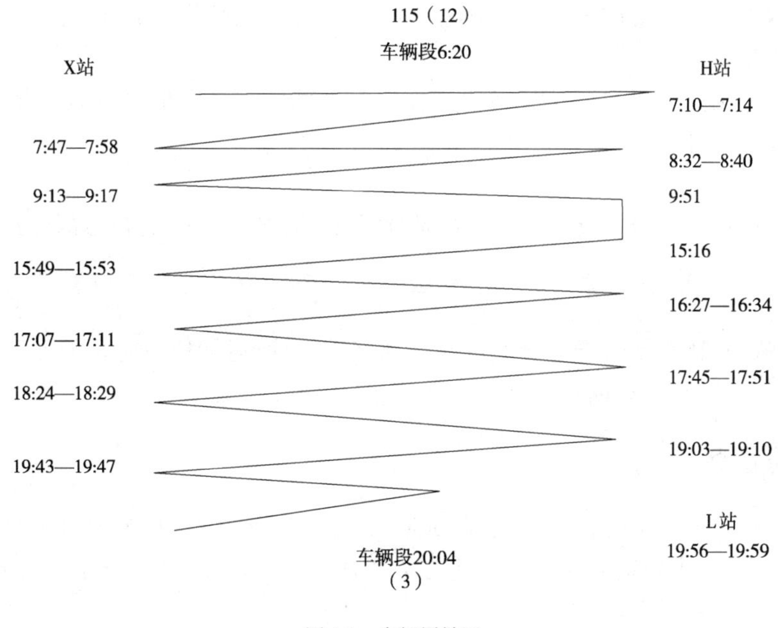

图 6-3 车辆周转图

2)列车驾驶作业

乘务员在值乘中应注意力集中,严禁违章行车。当发现异常情况时,乘务员应及时采取措施排除故障和险情,确保行车安全和乘客安全。

3)乘务员正线的交接班

乘务员在正线交接班时,接班乘务员应按要求出勤,交班乘务员应将列车技术状态、有关行车命令与注意事项交代清楚,并填写在司机报单上。如果接班乘务员未能按时到达,交班乘务员应坚守岗位,及时报告行车调度员。

3. 列车收车作业

列车收车作业包括列车入段与入库、库内作业两部分。

1)列车入段与入库

正常情况下,列车由入库线回段。列车入段凭证为防护信号机的显示,在入库线的有码区按人工 ATP 方式运行,在入库线的无码区按限速人工驾驶方式运行。在设备故障或施工作业时,列车可以从出库线入段,但应取得行车调度员的准许。信号楼值班员在办理接车作业时,应确认接车线路空闲并停止影响接车进路的调车作业。

2)库内作业(相关知识见二维码 14)

二维码14

列车进入车库停稳后,乘务员应对列车进行检查,在确认列车无异常后携带列车钥匙、司机报单及其他相关物品办理退勤手续,然后向乘务组长汇报当日工作情况,听取次日工作安排与注意事项。

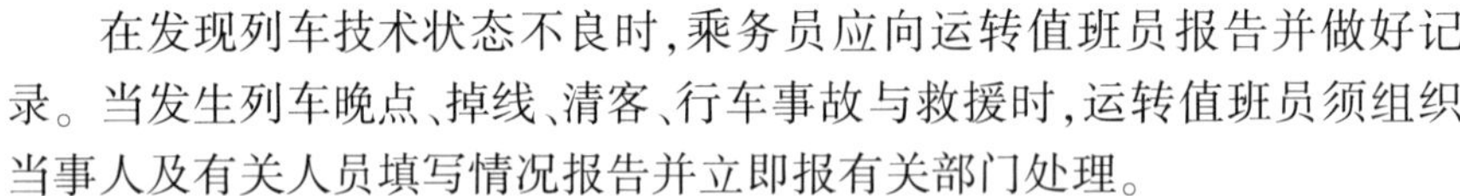

在发现列车技术状态不良时,乘务员应向运转值班员报告并做好记录。当发生列车晚点、掉线、清客、行车事故与救援时,运转值班员须组织当事人及有关人员填写情况报告并立即报有关部门处理。

4. 列车场内检修及整备作业

列车场内检修及整备作业分列车清洗、列车检修和车辆验收 3 部分。

1)列车清洗

列车清洗包括内部清扫、清洁和车身清洗。列车清洗工作应根据清洗计划进行;清洗时的动车按调车作业办理。

2)列车检修

列车回库停稳后,运转值班员应及时与检修部门办理车辆交接;检修部门按计划进行检修作业。

3)车辆验收

检修完毕的车辆应及时与运转值班室办理移交手续;运转值班室须派专人对车辆技术状态进行检查,验收确认车辆是否符合正线运行的要求。

二、乘务管理

乘务员是城市轨道交通行车的关键工种。列车在区间运行时,乘务员负责列车安全与乘务安全。因此,城市轨道交通运营企业必须加强乘务管理,合理选择乘务方式,优化配备乘务员,努力提高乘务管理水平。

1. 乘务制度

1)定义

乘务制度是列车乘务员(司机)值勤的一种工作制度,它表示列车乘务员对运行列车值乘的方式。

2)类型

城市轨道交通运营管理中通常使用两种乘务制度,即包乘制和轮乘制。

(1)包乘制

包乘制是一列车由一个乘务组固定使用的制度。其特点如下:

①列车司机能够比较全面地掌握值乘列车(车辆)的性能,熟悉列车(车辆)情况,有利于处理列车运行时的故障。

②有利于管理、监督。

③有利于列车维护、保养。

④由于定人包车,对提高列车(车辆)的技术状况有一定的好处。

⑤投用列车台数较多,列车(车辆)使用相对不均匀、不平衡。

⑥需配备的司机人数较多。

(2)轮乘制

轮乘制是列车司机在运行的整个工作中轮流使用参加运行列车的制度。其特点如下:

①节省参与运行的司机人数,其配量可减至最低,具有较高的工作效率和管理效率。

②能够比较合理地利用列车台数,降低车辆使用成本。

③对列车司机的技术素质要求较高,对列车(车辆)性能的适应性要求较强。

④不利于列车保养、维护。

2. 乘务员的配备

1)配备数计算

乘务员配备数的计算公式如下:

$$P_{配备}=(P_{值乘}+P_{替乘})D_{循环}(1+\alpha_{备}) \tag{6-1}$$

式中:$P_{配备}$——乘务员配备数,人;

$P_{值乘}$——列车上值乘乘务员总数,人;

$P_{替乘}$——折返站替换休息乘务员总数,人;

$D_{循环}$——轮班循环天数,d;

$\alpha_{备}$——乘务员备用系数,一般取10%。

乘务员平均驾驶时间(正线上)的计算公式如下:

$$t_{驾驶}=\frac{S_{列}}{V_{旅}(P_{值乘}+P_{替换})D_{出勤}} \tag{6-2}$$

式中:$t_{驾驶}$——乘务员平均驾驶时间,h/d;

$V_{旅}$——列车旅行速度,km/d;

$D_{出勤}$——乘务员在轮班循环中出勤天数,d。

2)配备数比较

假设城市轨道交通线路运营时间为5:30—23:00,使用车组数为10列,图定列车公里数为5120km/d,列车运行速度为32km/h,实行担任值乘,在列车折返站配备3名替换休息的司机。

采用轮乘制时,实行四班二运转,即日班(7:30—16:30)、夜班(16:30—7:30)、休息、休息的轮班制。采用包乘制时,实行五班三运转,即早班(5:30—11:00)、中班(11:00—17:00)、夜班(17:00—回库)、休息、休息的轮班制。

经计算,在采用轮乘制时,需要配备乘务员58名,乘务员平均驾驶时间6.15h;在采用包乘制时,需要配备乘务员 72 人,平均驾驶时间 4.10h,包乘制比轮乘制增加定员 24.1%。

单元 6.3 调车作业

一、调车作业概述

1. 调车作业的定义、分类、作用、功能及指挥系统

1)调车作业的定义

除正线列车在车站到、发、通过及在区间内运行,参与运营活动以外,所有为了编组、解体列车或摘挂、取送车辆、转线等车辆在线路上有目的地移动统称为调车。

2)调车作业的基本分类

调车作业按方法、方式和过程可以分为以下两类:

(1)由电动列车完成的转线、转场、出入场等相关的作业。

(2)由内燃机车以及其他机车完成的编组、解体、转线、摘挂、取送等相关的作业。

不论是何种形式的调车作业,不论在方法的使用和实现上有何区别,它们最基本的要求和条件是一致的,没有根本的差异,仅仅是形式和表现方法上的不同。

3)调车作业的基本作用

调车作业是城市轨道交通运行重要的组成部分,也是基地内的一项重要工作。在行车安全上,调车作业安全同样是重点,因为调车工作是确保城市轨道交通运行的重要环节之一,它对提高城市轨道交通运行的效率,做好列车后勤保障,使电动列车的维修、检查保养等修程的顺利实现有着十分突出的作用。

4)调车作业应该实现的功能

(1)及时、正确地进行调车作业,保证电动列车按列车运行图的规定时刻发出列车,按列车运行图的要求安排使用列车。

(2)及时取送需检修的车辆,保证检修车辆按时到位。

(3)保证基地设备以及调车作业运行安全和人身安全。

(4)确保其他物资运输的运行秩序正常进行。

5)调车作业的领导指挥系统

调车作业的领导指挥系统如图 6-4 所示。

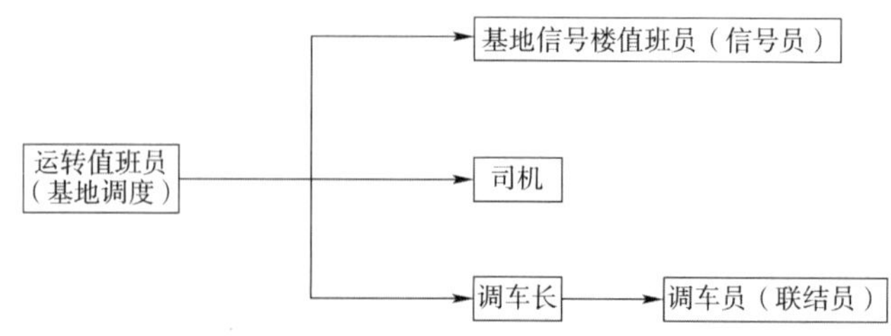

图 6-4 调车作业的领导指挥系统

场内调车作业可以设调车组,调车组设调车长、司机、调车员(联结员)。

2. 调车作业的有关要求、条件及指挥原则

1)调车作业基本要求

调车作业基本要求如下:

(1)调车作业必须按照调车作业计划以及调车信号机或调车信号的显示要求进行,没有信号不准动车,信号不清立即停车。

(2)特殊情况使用无线电对讲机联络进行调车作业时,司机与调车人员必须保持联络畅通;联络中断时应及时采取停车措施,停止调车作业。

(3)调车作业时,调车人员必须正确、及时地显示信号;司机要认真确认信号并且鸣笛回示。

2)配合协作要求

调车作业是参加调车作业的相关人员(如司机、调车员、信号楼信号员等)相互配合、相互协作的过程。因此,无论是车辆的动车、信号确认、进路确认及注意事项都必须在作业前明确。

配合协作要求如下:

(1)信号楼信号员必须按规定,正确、及时安排调车进路,并且监视运转情况。

(2)调车人员必须看清计划,确认安全状态后,才准显示信号,不得盲目指挥、盲目显示信号。调车作业中应该看清与确认的情况如下:

①线路情况、停留车位置情况。

②道岔开通情况、信号显示情况。

③车下障碍物与异物情况。

④检修线以及所进入线路作业情况及进出库房大门情况。

⑤连挂的车辆情况。

⑥走行速度情况、道口四周情况。

⑦参加调车作业的人员情况等。

(3)司机必须确认信号、瞭望四周情况后才能起动机车。

3)终止作业条件

终止作业条件包括如下:

(1)在调车作业中,调车人员显示的信号得不到司机回示,或认为速度过快,或其他异常情况时,必须立即显示停车信号。

(2)当司机在无法瞭望信号,或信号中断,或联络中断,或认为有异常情况时,必须立刻停车。

(3)信号楼信号员发现调车作业人员或作业过程有违反安全规定时,应立即采取措施,命令调车作业终止。

(4)基地或车站管理人员发现有危及调车作业安全、设备安全、人身安全的情况时,应立刻通知有关人员停止调车作业。

4)调车作业的指挥原则

调车作业的指挥原则如下:

(1)统一领导原则。

统一领导是指在同一基地或车站内,在同一时间只能由基地运转值班员或行车值班员统一领导全场的调车工作。

与调车区域相关联的其他作业,均应按基地运转值班员(正线车站按行车值班员)的领导进行。

(2)单一指挥原则。

单一指挥是指在同一时间内,一台机车或一组列车的调车作业计划的执行、作业方法的拟定和布置,以及车辆的行动指挥只能由一人负责指挥。

①所有在车站进行的调车作业,应以确保正线正常运营为基础条件合理安排调车作业程序、时机,不得以任何理由影响和干扰正线运营。

②基地接车前10min停止调车作业,不迟于列车到达前4min开放接车信号。

③基地发车前10min停止调车作业,不迟于列车发车前2min开放发车信号。

④基地在列车运行图规定的接发列车以外时间,运转值班员可以确定场内的调车作业;但其与行车调度员布置的临时接发列车命令有抵触时,以接发列车作业为主,必须先进行调车作业时,应得到行车调度员的批准。

调车作业时因特殊需要必须越出站界、场界调车时,应事先报告行车调度员,得到批准后,由行车调度员发给调车作业有关人员调度命令,越出站界、场界进行调车的凭证,调车人员应严格按命令要求执行。

3.调车作业计划

调车作业都是通过调车作业计划来实现的,对于调车作业来说,调车作业计划是进行调车作业的凭证与根据。

调车作业计划是指调车作业的有关领导人(运转值班员或行车值班员)向调车作业人员以书面形式下达或口头布置方式的调车作业通知。其内容包括起止时间、担当列车(机车)作业顺序、股道号、摘挂辆数(编组车号或车位)、安全注意事项等。

1)调车作业计划的编制、传达

(1)计划编制。

①由于调车作业中地点比较分散,涉及作业部门较多,钩数不易记忆,环境因素对作业影响较大,一般规定调车作业钩数在3钩以上时应由行车管理的有关部门制订调车作业计划。

②调车作业计划的制订或编制应由运转值班室值班员或行车值班员根据生产部门提出的要求和运行实际状况正确、合理、及时地制定。

③制订调车作业计划时应充分考虑各方面的因素与条件,力求在确保行车安全的前提下,提高调车作业效率,以最少的作业钩数、最短的调车行程,完成相应的调车工作任务。

(2)计划传达。

①调车领导人(运转值班员或行车值班员)在编完调车作业计划后,应向信号楼值班员、调车长等参加作业的人员传达清楚;参加调车作业的有关人员在接受调车计划时必须复诵、核对正确无误后执行。

②为了正确、及时地完成调车作业任务,调车指挥人(调车长)在向参加调车作业的其他人员传达调车计划时,应预想作业安全事项,进行具体作业方法、注意事项等情况的部署;其他人员要在调车作业开始之前,与调车长核对复诵计划,必须使大家都做到心中有数,避免

误听、误传而引起作业重复以及其他不良后果产生。

2)调车作业计划的变更

变更作业计划主要是指变更作业股道、摘挂辆数与车辆号、作业方法及取送作业或转线的区域或线路。

(1)调车作业中必须严格按照调车作业计划所规定的内容与要求进行,不准擅自改变作业内容与计划。

(2)如因运行状况以及生产实际需要必须变更调车作业计划时,应该停止进行中的作业。

(3)由运转值班员或行车值班员将变更后的计划向调车人员及信号员重新布置,传达清楚,并且进行核对和复诵;确认无误后,方可继续作业。

(4)变更调车作业计划不超过3钩时,可以以口头方式传达;超过3钩时应重新编制书面调车作业计划,原计划取消执行。

(5)为了贯彻集中统一指挥的原则,调车作业中调车长在作业过程中认为必须变更原计划时,应及时向有关行车、运转调车领导人反映,由调车领导人重新编制书面计划后执行。

(6)所谓调车作业中的一钩作业,一般是指机车(列车)或所挂车辆的运行由线路的一股道到另一股道并且改变运行的方向。

案例分析

车机室冒烟事件

一、事件概况

21:33 某站下行某次列车司机报:TC1端驾驶室空调冒烟,行调询问现场情况,并要求司机处理,通知调度长、环调、设调、检调。

21:34 行调通知该站现场确认原因。

21:34 环调调整通风模式。

21:35 该车次司机报:烟雾很大,无法进入驾驶室,无法处理,影响行车。

21:35 行调组织另一车次上行折返,该车次未下行清客,退出服务。

21:36 行调通知备用车司机备车。

21:36 备用车司机报清客完毕。

21:37 检调回复检修人员赶往该站,申请关闭该列车空调单元,行调通知司机执行。

21:38 行调通知全线车站:因列车故障,该次列车退出服务。

21:40 备车司机报已上钟备车,行调通知备车司机排空运行至存车线,通知设调。

21:40 该站回复驾驶室外、站厅没有烟雾,没有异常情况。

21:41 司机关闭该列车空调单元后,烟雾不再增加。

21:42 行调组织后续列车上行折返。

21:54 检修人员到达现场上车处理故障。

21:55 行调通知备用车投入载客,通知沿途站点。

22:14 该站回复:公共区已没有烟雾。环调恢复正常通风模式。

二、事件分析

调车作业是城市轨道交通运行的重要组成部分,也是基地内的一项重要工作。在行车安全上,调车作业安全同样是重点,因为调车作业是确保城市轨道交通运营的重要环节之一,它对提高城市轨道交通运营效率,做好列车后勤保障,使电动列车的维修、检查保养等修程的顺利实现有着十分突出的作用。

当调车作业时因特殊需要必须越出站界、场界调车时,应事先报告行调,得到批准同意后,由行调发给调车作业有关人员调度命令,以及越出站界、场界进行调车的凭证,调车人员应严格按命令要求执行。

在本次事件处理过程中存在以下优点:

(1)行调能及时确认现场情况,组织列车清客退出服务;

(2)行调能及时组织备车替开。

处置不足之处如下:

(1)行调与环调、设调信息沟通不及时。整改措施:行调应将故障发生时间及处理信息及时向设调反馈。

(2)行调未及时将故障情况通知全线车站。整改措施:行调应及时将故障情况通知全线车站。

(3)设调未及时将故障列车退出服务、该站站台有烟雾的信息通知客服。整改措施:设调应及时将影响客运服务的信息通知客服。

二、车辆段调车作业

1. 调车作业运行

1)调车进路确认

在调车作业中经常会遇到牵引车辆运行和推进车辆运行的情况,由于调车进路变化较多,车辆存放处所不同,连挂与牵出的地点各异,所以这两种情况在调车作业时常常交替进行。为了分清调车作业中对进路以及周围情况确认的责任,更安全、有效地展开调车作业,通常对牵引与推进运行的瞭望以及确认要求做以下规定:

(1)当列车正向运行、单机运行或牵引车辆运行时,前方进路的确认由司机负责。司机在运行时要不中断瞭望,对发生的异常情况(如线路限界情况、信号显示状态、人员行走、道口安全、调车路径是否正确等)要果断地采取处置措施。

(2)在推进车辆运行时,前方进路的确认由最前方调车员或调车长负责。调车长应不中断瞭望,及时、正确地与司机联系或显示信号;如调车指挥人所在位置确认前方进路有困难,可指派参加调车作业的其他人员(调车员或连接员)确认、瞭望,并将情况正确、规范地传达给调车指挥人,由调车指挥人与司机联络。一般情况下,调车指挥人应站立在易于瞭望进路,能使司机能够看清其信号显示的位置。

(3)在调车作业中,调车作业人员必须按调车信号的显示要求进行,如果运行中遇调车信号机灯光显示不明或熄灭,手信号灯光忽明忽暗或中断,无线电对调机联系中断,信号没有得到回示等,都应视为停车信号而采取措施,使机车(列车)停止作业。

(4)如果车站或基地信号机故障,应由调车人员即刻通知信号值班人员;必要时应通知运转值班人员或行车值班员组织检修。调车人员必须等信号机恢复显示或由有关行车人员到场通知司机或显示允许通过该信号机的信号后,方可按照有关规定和制度越过该架信号机。

2)调车作业进路的变更与终止

在实际调车作业中,由于线路情况变化以及实际工作的需要,必须取消调车作业进路时,进路控制和信号操纵人员必须遵守以下规则:

(1)进路控制和信号操纵人员确认列车或车辆尚未起动,通知调车司机与调车员后,并得到回复。

(2)如果列车、车辆已经开始运行,必须立即通知司机和调车长,并且确认列车或车辆已经停止运行。

(3)如果必须使列车或车辆运行时,确认列车或车辆已经按规定进入规定位置停车。

(4)在执行以上基本规则之一后,进路控制和信号操纵人员才能够关闭信号机取消原先调车进路。

(5)进行变更进路的排列。开放变更后的调车作业信号时,参加调车作业的司机和调车员在得到信号楼或有关信号操纵人员的通知后,应立即遵照执行,不得盲目动车或强行起动进入信号机内方,防止产生由于进路变更而使列车或车辆冒进红灯或者由于道岔转换而造成挤岔或脱轨事故。

3)调车作业中连挂与摘钩

在一般的调车作业中,连挂是重要环节,除了列车、机车的转线、出场以外,调车作业过程均通过连挂作业后的移动来实现其调车作业的目的。在调车作业中,摘钩或解钩是调车作业中的一道作业工序,是由于连挂作业而产生解钩,它最终确定调车过程中列车或车辆的停放位置或者通过,使调车作业程序有效持续进行。

我们通常说的连挂是指在调车作业过程中列车、车辆、机车相互连接编组成为一组或多组的调车作业过程;调车作业中的连挂与摘钩是通过调车员操作机械或电子设备的动作而完成的,参加调车作业的调车员根据有关制度规定执行操作程序。

(1)车辆连挂规定:

①在连挂作业前,推进车辆进行时,调车员必须向司机显示“三·二·一车”距离信号;如果调车员没有向司机显示“三·二·一车”的距离信号,不准进行连挂。调车员显示的信号没有得到司机的回示,应立刻显示停车信号;没有停留车位置的距离信号,司机应拒绝挂车。

②单机或牵引车辆挂车时,由于司机的瞭望视线不受影响,调车员可以不显示“三·二·一车”距离信号;但是为了确保连挂作业的安全,调车员应在与被连挂车辆即停留车位置接近“三车”距离时,显示连接信号,调车司机在瞭望后确认鸣笛回示。

③“三·二·一车”距离信号除了表示距离之外,通常还有如下含义:

a.“三车”时司机应掌握运行速度8km/h。

b.“二车”时司机应掌握运行速度5km/h。

c.“一车”时司机应掌握运行速度3km/h。

d. 为了不使司机对信号显示产生误解,在显示距离信号后,一般不再显示减速信号。

④连挂车辆时,遇有气候不良(如暴风、暴雨、浓雾等)使调车环境情况复杂,弯道曲线影响瞭望、照明情况不良,坡道较陡等状况,调车员确认前方停留位置有困难,无论牵引运行还是推进运行都应派出人员在停留车连挂一端显示停留车位置信号,并指示司机减速,加强瞭望,防止意外发生。显示停留车位置信号的地点为距连接端前5m。

⑤连挂车辆前在距停留车1车距离时,司机必须一度停车,检查确认被连挂列车、车辆状况,包括确认被连挂车辆与列车前无禁动红牌,被连挂车辆与列车上或限界内无作业人员正在作业,被连挂车辆周围情况无异物侵入限界和影响安全的因素存在。

⑥在调车作业连挂中必须注意在列车、车辆的连挂前约3m要停车,由调车员对连接的车钩钩位状态进行调整,使车钩位置符合要求。这样,就可以避免因钩位差错位而在挂车时损坏车钩或引起车辆溜逸。同时,必须注意连挂的速度应掌握在3km/h以下。

⑦连挂后的列车、车辆必须根据规定进行试拉,确认连接妥当后,列车可起动;试拉时不得越出呈关闭状态的信号机。

(2)车辆摘钩规定:

①摘挂后的列车(车辆)要按规定位置放置止轮器或采取制动措施防止溜车,以免造成人员伤亡和设备损坏。

②调车作业中的解钩拆车必须在车辆停稳的状况下进行,车辆未停稳决不允许摘钩。

③调车员在进行摘钩作业时,司机必须注意瞭望,按调车员的信号显示进行;没有调车员的移动信号,司机不准动车。

4)调车速度限制

(1)调车速度限制依据:

①在调车作业中,被调动车辆自动制动机可能没有全部加入整个系统中,造成制动力较小。

②在调车作业中,运行方向正向、逆向交互进行,有时瞭望不便。

③调车线路一般情况下其标准、等级以及道岔型号都低于运营正线,存在设备结构限制。

④当推进运行时,需中转信号,在时间上有延误或需增加中转时间。

⑤当调车作业时,线路周围情况相对较复杂等。

(2)调车速度限制要求。在调车作业中,应严格控制运行速度,不得违反以下规定:

①在空线上运行时应严格按照线路、道岔的允许速度运行,最高运行速度不得超过30km/h。

②调车作业中因工作需要进出厂房、车库时,不得超过5km/h。

③接近被连挂车辆与列车时,不得超过3km/h。

④在瞭望条件不良时应适当降低速度。

⑤电动列车出入基地无码区时,按慢速前行方式限速20km/h进行。

⑥正线车站内,调车按相关规定的速度运行。

⑦尽头线调车时速度不得超过3km/h。

2. 尽头线调车以及其他限制

1)尽头线调车

尽头线调车规定如下:

(1)在尽头线上进行调车作业时,距离线路终端应有不少于10m的安全距离,包括被摘挂车辆的停留。

(2)在特殊情况必须近于10m时,要严格控制列车(车辆)运行速度,以随时能停车的3km/h以下速度进行。

(3)如果需摘挂车辆,应报告有关行车管理人员;距离位置有利于再次挂车时,进行预防性措施准备。

(4)当天气或环境情况恶劣,瞭望距离较短时,通常不允许在尽头线末端近于10m处摘挂车辆或作业。

2)手推调车

所谓手推调车,是指以人力推动车列(车辆)走行至目的地的方法。此方法一般只在短距离移动车辆时采用。一般情况下,手推调车只在基地内车辆(列车)检修作业中使用。

手推调车必须遵守如下安全规定:

(1)与被移动车辆相关的作业要停止,防止发生人身伤亡事故。

(2)要严格掌握调车速度,必须有相应的安全措施确保制动良好并指定专门人员负责。

(3)手推调车速度不得超过3km/h,每批手推调车不得超过一辆重车或二辆空车,防止失控,造成不良后果。

(4)车辆走行时必须有专人进行指挥,并得到有关行车管理人员的同意。

(5)手推调车指挥人应与运转值班室及信号控制部门联系安排作业计划开通调车进路,开放调车信号。

(6)禁止手推调车的情况包括如下:

①暴风雨雪天气,影响线路及周围瞭望时。

②夜间无照明设备的线路时。

③线路坡度大于2.5%时。

④制动措施不能保证随时能停车时。

⑤能进入接发列车进路的线路上无脱轨器或无隔开设备时。

⑥装载有易燃、易爆物品的车辆。

⑦同一线路上两组车同时手推调车。

(7)手推调车时,必须由胜任此项工作的人员把关;在采取好各项安全措施后,才能进行。只有这样,才能确保手推调车工作全过程的安全。

3)其他有关规定

(1)调车作业时,无论什么原因造成调车的列车(车辆)越过显示红灯的信号机造成"挤岔",调车司机应该停车,严禁擅自移动列车、机车、车辆;司机立即报行车管理人员(行车调度员、行车值班员、运转值班员),等待来人确认情况后,按照现场处理指挥人员的命令和允许移动的信号将列车、机车、车辆行驶至规定位置。

(2)调车作业时,需停留的车辆(列车)不得超越警冲标与压占道岔位置,以免造成走行线路堵塞,影响其他相邻相关进路的开放;如确实要越出警冲标或压占道岔位置时,应得到有关行车管理人员的批准同意,并根据要求及时开通线路。

(3)通常情况下,城市轨道交通各车站、基地,禁止调车过程中进行溜放作业。

(4)调车作业中遇到同一线路上需连挂多节车辆时,禁止采用连续连挂的方式。

(5)基地线路上调车作业,空车4辆以上(含4辆)、重车2辆以上(含2辆)需连接制动风管;正线进行调车以及施工作业连挂车辆必须全部连接制动风管。

(6)调车作业中在线路上停留的车列(车辆),若不能以自动制动机、手制动机进行制动防溜,应采用铁止轮器对列车(车辆)进行制动防溜措施。

复习思考题

一、选择题

1. 发车计划编制完毕后,运转值班员应将计划中列车车次、车号、有无备车(备车车号)上报给(　　)。

A. 值班站长　　B. 行车调度员　　C. 车站值班员　　D. 乘务员

2. 车辆段咽喉区是指连接车库与正线的部分,由出入段线与(　　)组成。

A. 道岔　　B. 信号　　C. 渡线　　D. 出入段线

二、填空题

1. 城市轨道交通__________主要担负着一条或几条线路城市轨道交通车辆的停放、检查、维修、清洁整备等任务。

2. 轨道交通的乘务制度通常是采用__________。

三、简答题

1. 什么是车辆段及综合基地?它们由哪些部分组成?

2. 调车作业的要求有哪些?

模块7 城市轨道交通运营设备维修管理

教学目标

1. 了解维修的基础理论；
2. 了解城市轨道交通固定设备的维修方式；
3. 了解城市轨道交通车辆设备的维修方式。

建议学时

4学时。

1. 维修的基本概念

维修是指对设备进行维护和修理。维护是为保持设备良好状态所做的所有工作，包括清洗擦拭、润滑涂油、检查调校等。修理是为恢复设备设计功能所做的所有工作，包括故障诊断、故障排除、故障排除后的测试以及各类大修、中修、小修等。设备的维修包含上述维护和修理的全部工作。

维修既包括技术性活动，如检测、安装、更换零部件、调试等，也包括相关的管理性工作，如设备使用或存储条件的监测、设备运转时间和频率的控制等。维修工作是设备系统安全性的重要保证，不仅具有重大的社会效益，还具有重大的经济效益。维修实质上是一种"为了未来的投资"，维修投资同样能够创造经济效益，能以较少的资源消耗获得与购买新设备同样或者相近的效能。

2. 维修理念的发展历程

维修思想和维修制度大致可分为"事后维修""以预防为主""以可靠性为中心"3个发展阶段。

1）"事后维修"的维修思想

"事后维修"是一种早期的、比较原始的维修理念，其思想就是在设备发生故障以后才进行维修保养。早在20世纪40年代以前，设备维修一般都采用"事后维修"的模式，其原因是当时设备简单,排除故障容易,平时无须保养,等有故障了再修,这种思想实际上是当时设备管理的一种自然反应,谈不上什么维修制度。

2)"以预防为主"的维修思想及维修制度

"以预防为主"的维修思想是从20世纪40年代逐渐发展起来的,这种维修思想要求设备及其零部件在即将磨损到限或损坏之前及时更换、修理,将维修工作做在故障发生之前。在这种维修思想指导下,人们普遍相信设备故障规律符合故障率曲线("浴盆曲线"),从而形成了以磨损理论为基础的计划预防维修制度,设备维修时间是以故障率曲线中损耗故障起始点来确定的。

3)"以可靠性为中心"的维修思想及维修制度

"以可靠性为中心"的维修(RCM)是在"以预防为主"的计划预防维修体制上发展起来的一种现代维修思想,是按照以最少的资源消耗保持装备固有可靠性和安全性的原则,应用逻辑决断的方法确定装备预防性维修要求的过程或方法。

"以可靠性为中心"的维修强调以设备的可靠性、设备故障后果为制订维修方式的主要依据,以故障模式和故障影响分析为基础,以维修的适应性、有效性和经济性为决断准则,运用逻辑决断分析方法,以最少的维修资源消耗,确定是否进行预防性维修工作,并确定维修工作内容、维修类型、维修间隔期和维修级别,制定出预防维修大纲,从而达到优化维修的目的。

"以可靠性为中心"的维修思想及维修制度包含如下内容:

(1)维修越多不一定越安全、越可靠。设备的可靠性与安全性是设计制造赋予的固有特性,有效的维修可以提高使用可靠性,或者防止固有可靠性水平的降低,优良的维护工作可以使设备接近或达到已经具有的固有可靠性水平,但不能超过它。假如设备的可靠性与安全性水平满足不了使用要求,应重新设计。

(2)不同的设备故障有不同的影响或后果,应采取不同的维修措施。故障后果的严重性是确定要不要作预防性维修工作的出发点。对某个设备来说,故障是不可避免的,但后果不尽相同,重要的是要预防故障的严重后果。引起安全性、环境性等重大后果的要预防维修,反之则按经济性原则确定是否需要预防维修。

(3)设备的故障规律不同,应采取不同方式控制维修工作时机。对于有耗损性故障规律的设备适宜定时拆修或更换,以预防产生功能故障或引起多重故障。对于无耗损故障规律的设备,定时拆修或更换常常是有害无益的,适宜通过检查、监控、视情等方式进行维修。

(4)预防维修能够预防和减少功能故障的次数,但是不能改变故障的后果。故障的后果都是由设备的设计特性所决定的,只有更改设计,才能改变故障的后果。安全性后果可以通过采取余度技术、破损安全设计、损伤容限设计等措施降低为经济性后果。

3. 维修方式与维修等级

在不同维修理念下,实际工作中根据对维修时机控制的不同形成了多种维修方式,目前主要有定时维修、视情维修和事后维修3种。城市轨道交通系统设备维修项目种类繁多,在日常维修过程中,不论采用何种维修方式,均按照维修性质、维修范围和维修深度将相近的维修项目分组后进行,这些成组的维修项目称为维修级别。

1)定时维修(计划修)

定时维修是以使用时间为维修期限,只要设备到了预先规定的时间,不管其技术状态如何,都要进行规定的维修工作,这是一种强制性的预防性维修。定时维修的关键是如何确定维修周期。正确的维修时机应当是偶发故障期的结束点,即在故障率进入损耗期急剧上升之前。

定时维修方式的优点是容易掌握维修时机,便于安排维修计划,维修组织管理工作也比较简单、明确;缺点是只适用于已知故障分布规律,并且具有损耗故障期的设备,这种设备的故障与使用时间有明确的关系,对于那些没有损耗故障期的复杂设备则不适用。

2)视情维修(状态修)

视情维修是一种以设备状态为基础、以预测设备状态发展趋势为依据的检修维修方式,也称状态维修。它根据对设备的日常检查、定期重点检查、在线状态监测和故障诊断所提供的信息,经过分析处理,判断设备的健康和性能劣化状况及其发展趋势,并在设备故障发生前,即性能降低到规定的故障率前,有计划地安排维修。

视情维修的优点是克服了定期维修的维修过剩与维修不足的弊端,根据设备状态确定是否维修,维修周期是不确定的;缺点是费用高,需要适当的检测与诊断条件,因此它适用于贵重和危及安全的关键设备。

3)事后维修(故障修)

事后维修又称修复性维修或者故障修,是指设备发生故障后,使其恢复到规定状态所进行的维修活动。随着信息技术的发展,监控手段的提高,逐渐形成状态监测维修,即从总体上对设备状态连续监控,确定设备的可靠性水平,再决定维修时机。状态监测维修是对设备有针对性地进行预防性维修,能够充分地利用设备的寿命,使得维修工作量最小,是一种十分经济的维修方式。但采用状态监测维修方式时,需要使用故障监测仪器,会导致维修成本增加。

在维修实践中,如何选择维修方式十分重要。选择维修方式应从故障后果,即设备发生故障后对于安全与经济的影响来考虑。根据 3 种维修方式的特点可以看出,定时维修和视情维修属于预防性维修,而事后维修属于非预防性维修。定时维修是按照时间标准进行维修,视情维修按照设备实际状态进行维修,而事后维修则不控制维修时间。3 种维修方式各有其适用范围,并没有先进落后之分,关键是要根据维修的具体情况,选择合适的维修方式。

单元 7.1 固定设备的维修管理

一、固定设备分类与维修管理

城市轨道交通的固定设备是维修管理的主体对象。按照专业类别分类,固定设备可分为工务系统设备、供电系统设备、通信信号系统设备和机电系统设备。每个专业系统中都包含相应的子系统和相应的设施设备。

1. 工务系统

工务系统是城市轨道交通运营的基础,包含路基、道床、轨枕、扣件、道岔、桥梁、隧道、房屋建筑、车站建筑、隧道建筑以及其他附属设备。

在机车车辆和气候环境等外界条件的长期作用下,城市轨道交通系统桥梁、隧道、轨道、道岔等会产生残余变形和累积伤损,各种建筑的风蚀和附属设备的锈蚀会使得工务系统无法正常工作。为了保证城市轨道交通运营平稳、舒适和安全,工务部门必须经常检测桥梁、隧道稳定性和轨道不平顺状态,及时发现病害,查找伤损部件,对城市轨道交通工务系统设施设备进行养护维修和更新,以保持工务系统设备的完好。工务系统的维修养护可以分为检测和维修两部分。对工务系统的检查分为日常检查、定期检查和专项检查3类;按照检查周期不同又可分为年检、月检和周检。工务系统的维修分为日常养护维修、中修和大修。

2. 供电系统

城市轨道交通供电系统是为城市轨道交通系统运营提供所需电能的系统,它不仅为电力机车提供牵引供电,还为运营服务的其他设施提供电能,如照明、通风、空调、给水排水、通信、信号、防灾报警、自动扶梯等。在城市轨道交通运营中,供电一旦中断不仅会造成交通运输的瘫痪,而且会危及乘客生命安全和造成财产损失。因此,高度安全、可靠、经济、合理的电力供给是城市轨道交通系统正常运营的重要保证和前提。城市轨道交通供电系统的维修工作就是为了保证供电设备安全运行,保持额定功率并持续为用户提供合格的电能而采取的技术措施和组织措施,它一般包括定期检修、预防性检修、临时检修3种方式。

3. 通信信号系统

通信信号子系统是通信系统和信号系统的合称。通信信号系统设备中ATP与ATO采用的维修方式分为日检、月检、季检和年检4种,其余设备的维修方式分为日常保养、二级保养、小修和中修4种。

4. 机电系统

机电系统设备主要分布在车站,其维护管理除了基本的日常巡视之外,环控系统设备、给水排水系统、机电设备监控系统的维修方式分为一级保养、二级保养、三级(小修)、四级(中修)、五级(大修)。

电梯系统,消防系统的设备维修分为季小修、年维修和中修。

AFC系统需进行日检、月检和半年检。

站台安全门系统需要进行日检、月检、半年检和年检。

二、固定设备维修作业流程

目前,我国城市轨道交通固定设备的维修多采用计划修和故障修两种方式相结合的形式,一些城市开始探讨并应用状态修等其他先进的维修方式。计划修包含检查、养护、维修3种生产作业。故障修包含故障抢修和故障补修两种生产作业。城市轨道交通固定设备维修管理体系见表7-1。

城市轨道交通固定设备维修管理体系 表7-1

<table>
<tr><td colspan="8">固定设备维修</td></tr>
<tr><td colspan="6">计划修体系</td><td colspan="2">故障修体系</td></tr>
<tr><td colspan="3">白天运营期间的检修</td><td colspan="3">夜间停运期间的检修</td><td colspan="2" rowspan="5">故障抢修和故障补修</td></tr>
<tr><td colspan="2">检查</td><td colspan="2">养护</td><td colspan="2">维修</td></tr>
<tr><td colspan="2">日常检查</td><td colspan="2">一级养护</td><td colspan="2">周期性维修</td></tr>
<tr><td colspan="2">定期检查</td><td colspan="2">二级养护</td><td colspan="2">部件修</td></tr>
<tr><td colspan="2">专项检查</td><td colspan="2">—</td><td colspan="2">专项改造</td></tr>
</table>

城市轨道交通固定设备的计划修维护工作中的检查、养护、维修3类作业简称为“检、养、修”。设备的检查分为日常检查、定期检查、专项检查等;养护作业分为一级养护、二级养护等;维修作业包括周期性维修(如日常维修、小修、中修、大修、更新等)、部件修、专项改造等。

1. 日常检查

日常检查的一项重要内容是巡检,指工作人员每天对各专业系统设备的运行情况进行巡视、检查,维修人员现场人工或自动采集运行过程中各种监测数据,判断设备运行状态是否正常。

2. 周期性维修

日常维修指根据设备的不同要求,按月或按季度进行定期检查和维护,在设备现场更换故障部件,要求维修人员必须到现场。

小修指针对日常点检、定期检查和状态监测诊断发现的问题,拆卸、检查、调整、更换或修复失效的零部件,以恢复设备的正常功能。

中修指根据设备的实际情况,对状态劣化已难以达到生产工艺要求的部件进行有针对性的维修,中修一般要进行部分拆卸。

大修指对设备的全部或大部分部件解体,更换或修复全部不合格的零件,全面消除修前存在的缺陷,恢复设备的规定功能和精度。

更新是对使用寿命到期的设备进行报废拆除和新品安装,维持系统的正常运行。

3. 部件修

部件修是指对日常维修更换下来的故障部件在维修基地进行修复,恢复其工作状态,不要求维修人员必须到达现场。

4. 专项改造

专项改造是根据各项设备的寿命周期和功能需求,在设备运行一定年限后对其进行专项改造。

5. 计划性维修

计划性维修按照工作时间不同分为白天运营期间的检修和夜间停运期间的检修。白天的设备检修多发生在基地段场、车站设备室等不影响行车的设备检修处。其他大量的维修工作需要占用工区,且不同专业之间交叉作业多,需要相互协调、合理分配时间和空间资源,因此大部分的检修工作都集中在夜间停运期。

6. 故障抢修

故障抢修是故障修的工作重点，按照是否需要占用运营线路分为两种：一种是需要占用运营线路的；另一种是不需要占用运营线路的。需要占用运营线路的抢修处理流程与夜间施工处理程序类似。因行车设备故障或事故影响列车正常运行时所进行的各种抢修施工作业，也需按上述占用线路施工作业管理办法和相应程序进行办理。如果故障不涉及线路上列车的运营，由相关部门根据故障的严重程度采取相应的措施进行处理。

单元7.2 车辆设备的维修管理

城市轨道交通的有序运营离不开技术状态良好的车辆，车辆设备的可靠性是城市轨道交通成功运营的关键，对城市轨道交通车辆设备性能的及时维修工作尤为重要。

一、我国城市轨道交通车辆维修制度

目前，我国城市轨道交通车辆维修主要是按固定的间隔进行预防为主的定期维修。我国城市轨道交通车辆的检修修程一般可分为厂修、架修、定修、月检和列检5个等级。其中，厂修、架修和定修为定期检修，通常在车辆段实施；月修和列检为日常维修，通常在停车场实施。我国各城市轨道交通车辆的车型不尽相同，车辆的检修修程尚未有统一规定，其车辆各修程检修作业范围见表7-2。

城市轨道交通车辆各修程检修作业范围表　　表7-2

修　程	主要检修内容
列检	对受电弓、控制装置、各种电气装置、转向架、空气制动装置、车钩缓冲列检装置、接装置、车门、车体、车灯、蓄电池箱等主要部件进行外观检查；对危及行车安全的故障进行重点修理
月修	对受电弓、牵引电机、控制装置、各种电气装置、转向架、空气制动装置、月修车钩缓冲装置、接装置、车门、车体、车灯、蓄电池箱等主要部件的技术状态和功能进行检查和必要的试验；对危及行车安全的故障进行全面修理
定修	卸下受电弓、牵引电机、控制装置、转向架、控制制动装置、蓄电池等部定修件，对其技术状态和功能进行检查和修理，并进行必要的试验；对计量仪器、仪表进行校验，对其余主要部件的技术状态和功能做相应的检查和修理，修竣车的静调和试车，以达到定修标准
架修	卸下受电弓、牵引电机、控制装置、各种电气装置、转向架、传动装置轮对、轴承、空气制动装置、车钩缓冲装置、车门、蓄电池等部件，对其进行架修分解、检查和修理，并进行必要的试验；对计量仪器仪表进行校验，对车体及其余部件的技术状态和功能做相应的检查和修理，车体油漆标记，修竣车的静调和试车，以达到架修标准
厂修	架车、车辆解体、对转向架构架和车体进行整形，对所有部件进行分解厂修、检查和修理，完全恢复其性能；重新油漆标记，修竣车的静调和试车以达到厂修标准

我国各主要城市的轨道交通运营企业根据自身特点在上述车辆维修制度的基础上，进行了进一步的完善调整，形成了各具特色的维修模式。

知识链接

我国部分城市轨道交通车辆计划维修模式

上海地铁建立了定期计划修和故障修相结合的维修制度，主要包括巡检、日常维修和大修更新，其车辆计划检修模式见表7-3。

上海地铁车辆计划检修模式　表7-3

维修类别	维修级别	停修时间(d)	库停时间(d)	检修周期	
				时间	里程(10^5km)
大修更新	厂修	40	34	10年	100
	架修	25	19	5年	50
日常维修	定修	10	8	1年	10
	双月检	2	2	2月	2
	双周检	0.5	0.5	2周	0.4
巡检	列检	—	—	每日	—

注：时间间隔或里程数采用先到者。

深圳地铁车辆检修模式采用定期维修和事后维修相结合、以定期维修为主的模式。定期维修依据其检修范围大小依次分为双日检、双周检、季检、年检（定修）、架修、大修，其检修时间和周期。深圳地铁车辆计划检修模式见表7-4。

深圳地铁车辆计划检修模式　表7-4

维修级别	停修时间(d)	库停时间(d)	检修周期
			里程(10^5km)
双日检	—	—	每两个运营日进行一次
双周检	0.5	0.5	0.5
季检	2	2	3
定修	8	6	15
架修	25	16	60
大修	36	30	120

广州地铁采用计划修和状态修相结合的维修模式，其车辆计划检修模式见表7-5。

广州地铁车辆计划检修模式　表7-5

维修级别	检修周期	
	时间	里程(10^5km)
双周检	2周	0.35~0.5

续上表

维修级别	检修周期	
	时间	里程(10^5km)
三月检	3个月	2.5~3.5
半年检	6个月	6.5~8.0
一年检	1年	12.5~15.0
两年检	2年	23.0~28.0
三年检	3年	34.0~40.0
小修	6年	62.0~75.0
大修	12年	125.0~150.0

二、车辆设备分类与维修方式选择

城市轨道交通车辆设备构造复杂、技术性强、数量庞大、型号各异,维修时需要考虑车辆中不同部件设备故障率曲线的差别,用维修系统中全寿命费用的观点综合确定设备寿命周期,并结合设备故障规律、故障频率和故障严重性,采取不同的维修级别,使得维修工作更加科学合理,从而达到维修方式经济适用、设备安全可靠的目的。

对于城市轨道交通车辆,结合故障率曲线与设备物理性质可以将城市轨道交通车辆部件设备划分为机械类设备、电气电子类设备和其他类设备。

1. 机械类设备

机械类设备种类繁多,通常由紧固件、密封件、弹簧、轴承、齿轮、管件等零部件组成。机械类设备运行时,设备的一些部件甚至其本身可进行不同形式的机械运动。大部分机械类设备故障率曲线符合浴盆曲线。城市轨道交通车辆车底架主体、转向架、车钩缓冲装置和制动装置等都属于机械类设备。

2. 电气电子类设备

电气电子类设备是指系统中对发电机、变压器、电力线路、断路器、通信控制单元等设备的统称。随着电子技术、自动化技术的发展,城市轨道交通车辆上的电气自动化设备越来越多,设备结构与各工作单元关系变得复杂,设备故障规律也不再遵循浴盆曲线,而是其他类型的故障曲线或者多种故障曲线复合。

3. 其他类设备

城市轨道交通车辆结构复杂,除了机械类和电气电子设备外,还有一些其他类设备,如通信光纤、车窗玻璃、刮雨器等。

由于城市轨道交通车辆日益趋向复杂化,车辆上的许多设备都是机电一体化,它们的功能、性质、作用及材质千差万别,在车辆上的重要程度也不一样,因此决定了不可能采用同一种维修方式。维修方式的选择需要摆脱过去的局限性,将前述3种维修方式综合考虑。

对于影响城市轨道交通车辆行车安全,故障模式为磨损型和很难检查判断其技术状况的零部件修理应采用计划预防维修方式。例如,制动系统、车钩、列车通信控制单元必须定期检查状况,确保行车安全;转向架构架、轮轴等零部件必须彻底解体、清洁后,才能判断其磨损(失效)状况的,应采取寿命管理,定期维修方式;对于那些主要功能部件,以及发生偶然故障的重要零部件的修理应采取状态修方式;事后修则用于那些不重要的部件,以及发生故障后不影响行车安全的部件。

根据设备故障后果和频率还可将设备分为以下3类,见表7-6。

城市轨道交通车辆部分设备划分 表7-6

一类设备	车门
	逆变器
	列控系统
二类设备	列车空调
	车门地板
	辅助逆变器
三类设备	列车广播
	车厢照明灯
	座椅扶手设备

1)一类设备(重点维修设备)

一类设备在城市轨道交通运营中起主导作用,故障后果严重,极有可能引起人身安全、财产损失等,故障频率高,是维修工作的重中之重。

2)二类设备(加强维修设备)

二类设备在城市轨道交通运营中起较大作用的设备,故障后果可能影响人身安全,故障频率相对较高。

3)三类设备(普通维修设备)

三类设备是指在城市轨道交通运营中起辅助作用的设备。一般来说,三类设备结构简单、维修方便、数量众多、价格便宜。这类设备若在生产中出现故障,对城市轨道交通运营的影响较小。

对于会导致严重故障后果的设备,要优先考虑主动维修,对于发生故障对运输生产影响不大的设备,可以优先考虑事后维修是否经济可行。一类设备是维修工作的重点对象,找出设备的更小关键单元,有重点并经济地实施维修,同时结合设备故障规律,考虑改进设备的设计,提高设备可靠性。二类、三类设备的维修,以统计的故障信息作为决定设备维修方式的基础,考虑状态监测和状态修的适用情况;对故障频率高,故障后果轻微的,可以把握故障周期规律,采用基于时间的计划修,以大幅减少故障。

复习思考题

一、选择题

1. (　　)是一种以设备状态为基础、以预测设备状态发展趋势为依据的检修维修方式。

A. 预防维修　　B. 定时维修　　C. 视情维修　　D. 时候维修

2. 架车、车辆解体、对转向架构架和车体进行整形属于(　　)修程。

A. 月修　　B. 定修　　C. 架修　　D. 厂修

二、填空题

1. 维修是指对设备进行__________，既包括技术型活动，还包括相关的__________。

2. 维修思想和维修制度大致可分为3个发展阶段：事后维修、__________和以可靠性为中心。

三、思考题

试分析城市轨道交通系统设备的维修方式。

模块8 城市轨道交通土建设施维护管理

教学目标

1. 了解城市轨道交通线路养护与维修的基本原理与内容；
2. 掌握城市轨道交通线路检测技术；
3. 了解城市轨道交通隧道主要病害类型及其治理措施；
4. 了解城市轨道交通桥梁主要病害类型及其治理措施。

建议学时

4 学时。

单元 8.1 城市轨道交通线路养护与维修

一、养护与维护概述

1. 养护与维修工作基本原理

轨道受车辆运行的动力荷载作用及各种自然条件的影响，发生着各种各样的徐变，包括弹性形变与塑性形变，其中塑性形变是形成轨道残余变形的主要途径。这种残余变形积累到一定程度，将大大降低轨道结构的强度和稳定性，威胁行车安全轨道的变化有如下 3 个方面：

(1)形位变化。形位变化就是轨道空间几何形位上的变化，如水平、轨距、轨向、轨面高低及钢轨爬行等方面，显示轨道结构在三维空间发生了不良位移。

(2)构件质变。组成轨道的各部件(如钢轨、零配件、轨枕等)在行车动力以及环境自然条件影响下发生着各种各样的变化，如锈蚀、腐朽、磨耗、伤损、压溃、断裂等。无论是化学变化还是物理变化，这些变化对轨道结构的质量都产生着一定的影响。

(3)紧固度变化。有时轨道的几何形位并没有变化,构件也没有质变,但是各种紧固件发生了松动和脱落等。虽然零部件的松动是局部的,但它发展的速度极快,最终必然导致轨道几何形位的变化。例如,线路上,扣件的连续性松动以及道岔关键螺栓的脱落,直接影响行车,严重的会导致列车颠覆。

轨道的养护与维修就是针对轨道受外界影响所发生的各种变化所组织的一系列维护工作。它不同于营造工程,而是在运营条件下所组织的设施维护,具有边运营边维护而又受运营条件限制的工作特点。

由于轨道变形经常发生,并且许多变形具有规律性和周期性,因而轨道的养护与维修同样具有经常性和周期性。

2. 线路养护与维修的基本任务

线路养护与维修工作的基本任务是经常保持线路设备完整和质量均衡,使列车能以规定的速度安全、平稳和不间断地运行,并尽可能延长设备使用寿命。

线路养护与维修工作,应遵循“预防为主、防治结合、修养并重”的原则,按线路设备技术状态的变化规律和程度,相应地进行综合维修、经常保养和临时补修,有效地预防和整治线路病害,有计划地补偿线路设备损耗,以取得较好的技术经济效益。

城市轨道交通线路设施的维修要坚持“安全第一、预防为主”的方针。在养护与维修的关系上,要本着以养为主的指导思想,不能机械地套用维修周期而安排不必要的设备维修,要提倡科学养路,提高设备质量,努力探索状态修的思路,建立“检测—分析—维修—检测……”的循环体系,不断进行质量跟踪,确保设施质量始终处于受控状态。

3. 线路养护与维修的内容

1)分类

线路养护与维修分为综合维修、经常保养和临时补修。

(1)综合维修是根据线路变化规律和特点,以全面改善轨道弹性、调整轨道几何尺寸和更换、整修失效零部件为重点,按周期、有计划地对线路进行综合修理,以恢复线路完好技术状态。综合维修是根据轨道各部件老化的规律和使用寿命所进行的周期性工作,周期的长短主要取决于运量、部件的技术指标和质量指标,同时取决于日常养护维修的工作质量,如果日常养护工作的质量高,完全可以延长维修周期。

(2)经常保养是根据线路变化情况,在全年度和线路全长范围内进行的有计划、有重点的养护,以保持线路质量经常处于均衡状态。经常保养是及时减缓或消灭线路所发生的经常性变化,阻止线路超限的发展或线路病害的积累,是确保全线质量均衡的措施。

(3)临时补修是及时整修超过临修容许偏差管理值及其他不良处所的临时性修理,以保证行车平稳和安全。临时补修带有突发性和不可预见性,及时发现和处理突发性病害是养护工作的重中之重。

以上 3 个层次具有不同的特点,对设备质量和行车安全都具有互补性。其中,综合维修为周期修,经常保养为状态修。通过周期修与状态修的结合,确保线路质量。

目前,各城市轨道交通运营企业所采取的维修形式是不一致的。有的基本按照国家铁路的体制运行,结合本企业的特点进行一些改革;有的完全实行状态修或故障修。

修程修制是非常重要的因素，但不是唯一的因素和决定的因素，最终要达到运行的结果——安全、质量、效益。

2）基本内容

（1）城市轨道交通线路综合维修的基本内容：

①全面矫正计划范围内线路、道岔的平纵断面。

②成段更换伤损、失效部件及扣件。

③计划范围内的扣件螺栓涂油。

④整治道床和排水设备。

⑤标志刷新。

（2）城市轨道交通线路经常保养的基本内容：

①对轨道几何尺寸超过保养容许值的局部地段进行矫正。

②局部更换伤损、失效部件及扣件。

③复紧扣件、锁定线路。

④季节性工作及其他单项作业。

（3）城市轨道交通线路临时补修的基本内容：

①对轨道几何尺寸超过临修容许值的处所进行调整。

②更换突发性的重伤钢轨及其他伤损部件。

③更换突发性的道岔伤损部件。

④整治其他一切突发性病害。

二、线路检测技术

1. 线路检测的分类

（1）线路检测按检测的状态可以分为线路静态周期检测和线路动态检查。

（2）线路检测按检测的周期可以分为日检、周检、月检和年检。

（3）线路检测按检测专业项目可以分为轨道几何形位检测、线路爬行检测、曲线正矢检测、扣件扭力矩检测、扣件性能检测、钢轨探伤、钢轨磨耗检测、伸缩器位移检测、线路沉降检测、计量器具检测。

2. 线路静态周期检测

1）日检

日检是指每天所进行的检查，即巡道或称巡检。当新线接管的初期，全线在建设期遗留下来的问题尚未完全处理完毕，施工单位尚未完全撤离，运营线路还没有进入封闭或半封闭状态，为确保行车安全，必须建立巡道制度。当试运营期结束，如确认巡道再无必要时，周检可以取代日检，也可以巡检，只不过是检查周期与频率上有区别。

2）周检

周检即每周检查一遍，对于重要岔区则每周检查两遍。

3）月检

月检，也称“三全”（全员、全线、全面）检查，每月进行一次。月检除覆盖周检的项目以外,还必须增加一些关键部位的重点检查。

4)年检

为全面掌握线路状态,如实评定管内线路质量和养护维修工作质量,同时为切实编制次年养护与维修工作计划和费用计划提供依据。每年组织至少一次设备大检查,年检也就是秋季设备大检查,与当月的月检结合进行。年检可以分为轨距水平组、道岔组、轨面方向组、综合组等专业小组进行,检查内容应包括所有项目,外业工作结束后,编制“线路质量状态评定表”和“道岔质量状态评定表”,然后编制年度维修费用计划。

3. 线路动态检查

线路动态检查是指利用大型轨检车对线路状态进行检查,由于大型轨检车在运行过程中进行检测时,与城市轨道交通列车对线路具有较为接近的动荷载,通过检查,能够了解线路局部不平顺和区段整体不平顺的动态质量,它能够在检查的同时,对检测的数据进行记录,并能够按事先规定的需要进行数据输出,通过数据分析处理,其结果可用于指导线路养护与维修工作。

线路动态检查的检查项目包括轨距、水平、高低、轨向、三角坑、车体垂直振动加速度和横向振动加速度7项。其检查结果以千米为单位进行评分。

4. 专业项目检测

1)线路形位基本要素检测

线路形位最基本的要素有轨距、水平、轨向、高低等,各项技术参数的检测应采用现代化检测手段与人工检测相结合。

2)扣件扭力矩检测

扣件扭力矩是保证轨道结构稳定的重要指标,线路扣件的扭力矩必须保持在设计文件的容许范围内。通常,设计所规定的数值范围,地面线扭力矩最高,隧道次之,高架线路最低。检测扭力矩,通常依靠扭力扳手。人工检测的,可以根据线路的长度,按一定的比例进行抽检。

3)钢轨探伤

应用超声波探伤仪对钢轨进行周期性的探伤,是保证轨道质量的重要措施。钢轨探伤包括接头焊缝探伤。探伤的周期一般根据运量制定,城市轨道交通线路正线的周期可以定为每月一次,站场线路可以定为3个月一次。

4)钢轨磨耗检测

钢轨磨耗检测由养路工区自行组织,当磨耗量极小时可以每年检测一次,磨耗至一定程度时半年检测一次,磨耗发展到接近重伤标准时必须每月检测一次。因此,检测的周期完全由磨耗的程度决定。

5)扣件性能检测

扣件的失效,与线路状况的好坏、线路运量的大小以及零配件的质量等各种因素都有关系。在无法进行事先预测的情况下,应在一定的年限对扣件进行试验性的检测。

6)计量器具检测

工务专业的计量器具包括轨距尺、支矩尺、扭力扳手、水平仪、经纬仪、钢轨探伤仪、轨温计等。根据计量器具的检测要求,所有的计量器具都有规定的检测周期,应严格按照计量法的规定办理。

7)无缝线路伸缩位移检测

无缝线路的纵向位移有两种情况:第一种为伸缩,第二种为爬行。长轨条受轨温影响而发生纵向位移。当轨温经过多次上升与下降的反复,如果长轨条的位移变化幅度始终与轨温变化幅度保持一定的正常关系,这种情况称为伸缩位移。反之,如果不存在这种关系,钢轨发生纵向位移后不能恢复至原有状态,称为爬行。通常,对于爬行,利用长轨条的爬行观测桩进行人工检测。

8)线路沉降检测

由于沉降的不均匀,使轨面前后高低发生了变化,改变了轨道纵断面设计坡度和竖曲线的曲率半径,使轨道的几何形位出现超限。因此,沉降观测、沉降技术分析以及与此相关的对策措施,都必须引起有关部门重视。

单元8.2 城市轨道交通隧道维护

一、城市轨道交通隧道主要病害类型

城市轨道交通隧道主要病害类型主要包括以下3类。

1.渗漏

在用盾构法施工中,由钢筋混凝土管片(衬砌)拼装而成的隧道,由于各种原因造成管片的渗漏水。隧道发生渗漏,不仅会影响隧道使用,影响管片的寿命,还会造成地面沉降,危害地面建筑及路面。

1)湿渍

湿渍是指由管片接缝处防水不密闭引起,在管片表面接缝或螺栓附近可见的明显色泽变化的潮湿斑。

2)渗水

渗水是指由管片接缝处防水不密闭引起,在管片表面接缝或螺栓附近可见明显的流挂水膜。

3)滴漏

滴漏是指由管片接缝处防水不密闭引起,当渗漏水部位在隧道顶部时发生的滴落现象,滴落速度至少每分钟一滴。

4)线漏

线漏一般由管片接缝处防水严重损失引起,当渗漏水部位在隧道顶部时,在管片表面接缝或螺栓附近形成连续的渗漏水现象。

5)漏泥砂

漏泥砂一般指隧道或地下车站内结构渗漏水中含有一定量细小砂粒的现象,大多数出现在严重渗漏水位置。

2. 变形

1)沉降

沉降是指当某些环隧道因受到内外部荷载改变或土层扰动时,会发生竖向沉降或隆起变形,带动相邻隧道发生竖向变形,依此影响到更大的范围,使隧道纵向形成一个沉降槽。

从理论上分析,城市轨道交通隧道衬砌环脱离盾尾后的沉降发展过程可大致有3个阶段:①初始沉降;②下卧层超孔隙水压力消散引起的主固结沉降;③下卧层土体的变引起的次固结沉降。但由于导致软土地区隧道长期变形的因素众多,既有隧道施工期的,也有地铁运营期的,既有隧道结构本身的,也有周边环境变化引起的,这就使隧道长期沉降特征比理论分析结论复杂得多。

2)收敛

收敛变形是指隧道出现竖向缩短、横向增大的现象。如果收敛变形过大就会导致结构受力失衡而造成隧道破坏,正上方建筑活动、侧面基坑施工等情况,会加速变形趋势。

隧道横向变形事关隧道结构安全,在隧道上部加载严重的情况下,常会发生封顶块两侧纵缝张开、螺栓拉流拉断、腰部管片压损、拱底块与标准块之间的纵缝张开、标准块向外推移,底部还可能会产生裂缝现象,十分危险。

3. 裂损

1)张裂与压溃

张裂一般指在水土压力作用下,隧道衬砌(钢筋混凝土管片或钢管片等)结构在弯曲受拉区域或偏心受拉引起的裂缝。其特征是裂纹、裂面与应力方向正交,裂缝宽度由表及里逐渐变窄。

压溃一般指在水土压力作用下,隧道衬砌(钢筋混凝土管片或钢管片等)结构在弯曲受压区域或偏心受压区引起的裂缝。其特征是裂纹边缘呈压碎状,严重时受压区表面产生碎片剥落掉块等现象。

2)错台与错缝

错台一般指在水土压力作用下,隧道衬砌(钢筋混凝土管片或钢管片等)结构由剪切力引起的沿裂缝或环纵缝方向的错动,即形成错台。

错缝一般指隧道内环缝或纵缝在交接面上出现位移的现象。

3)嵌缝条脱落

嵌缝条脱落一般指隧道内环缝与纵缝的嵌缝条在城市轨道交通列车振动或其他原因下,出现的松脱掉落现象。

二、城市轨道交通隧道病害治理措施

1. 渗漏治理措施

1)施工前的调查工作

地下工程渗漏水治理前,应调查的内容包括渗漏水的现状、水源及影响范围、渗漏水的变化规律、衬砌结构的损害程度、结构稳定情况及监测资料。

2)原因分析

根据以上资料,从设计、施工、使用、管理等方面进行渗漏水原因分析。在此之前,要翻看资料，掌握工程原设计、施工资料，包括防水设计等级、防排水系统及使用的防水材料性能、试验数据，分析工程所在的位置及周围环境的变化、自然灾害对工程的影响等。从而找出真正的渗漏水原因，根据不同的原因和现状，提出不同的整治方案。

3）材料选择

材料选择参照如下原则：①原料来源广，价格适宜；②注浆材料具有良好的可灌性；③凝胶时间可根据需要调节；④固化时收缩小，与围岩、混凝土、砂土等有较好的黏结力；⑤固结体有微膨胀性，强度能满足开挖或堵水要求；⑥稳定性好，耐久性强；⑦具有耐腐蚀性；⑧无毒，低污染；⑨施工工艺相对简单，操作方便、安全。

2. 变形治理措施

1）沉降治理

邻近隧道建筑活动的加卸载，隧道穿越不均匀而又极软弱地层，在经受列车长期震动的情况下，均会引起隧道不均匀沉降，进而引发道床与管片脱开、隧道纵缝张开、隧道渗漏水等情况。隧道纵向变形基本上是以环缝面发生错台的方式进行的。根据隧道结构特点和隧道沉降发展趋势，对隧道下卧软土层实施水泥水玻璃双液微扰动注浆工艺，可以提高土层的物理力学性能并调节隧道纵向沉降线性。在隧道底部的下方形成刚度大于原状土的加固体，通过提高土层的物理力学性能，达到较好的治理隧道纵向不均匀沉降变形。

2）收敛治理

城市轨道交通运营的隧道结构在服役过程中出现了不同程度的横向收敛变形。横向收敛变形的发展将影响运营隧道的结构安全，进而影响城市轨道交通的安全运行。隧道衬砌结构根据直径变形量的数值分三级标准进行治理。其主要治理手段包括粘贴芳纶纤维加固和钢内衬加固。

3. 裂损治理措施

在已建成运营的地铁线路中，约 2/3 为地下线路，受地质条件、施工环境和施工技术经验等多种因素影响，城市轨道交通结构在运营开始就存在不同程度的结构病害和隐患。其中，管片缺损是常见的病害之一。在城市轨道交通隧道进行破损管片修复时，面临隧道环境潮湿、加固时间短、短期强度要求高、耐久性要求高等诸多难点。因此，隧道管片修补需要选择快凝时间短、短期强度提高快、与干基管片黏结强度高、耐久性好的材料进行，从而提高管片使用寿命，减少破损管片的重复维修频次，降低设备维护成本。

目前，管片压溃治理采用大成树脂进行修补。使用大成树脂时，要求环境温度不低于0℃且混凝土修补表面含水率小于 70%；对于有漏水现象的破损处，应先采取堵漏措施后进行大成树脂进行修补。此外，由于修补树脂初凝时间较短，所以每次搅拌后的树脂须在 5min 内完成嵌填。

知识链接

城市轨道交通隧道类型

区间隧道是连接两个地下车站之间的建筑物。根据线路的敷设方式划分，区间隧道一般分为盾构法隧道和明挖法隧道。盾构法隧道适用于城市中心繁华地段，建筑物密集区域；明挖法隧道适用于周边场地条件良好地区，也适用于地下区间和高架区间的连接段。

1)盾构法隧道

盾构隧道是指采用盾构法施工建造而成的隧道。盾构法是暗挖法施工中的一种全机械化施工方法。盾构法是将盾构机械在地中推进,通过盾构外壳和管片支撑四周围岩,防止发生往隧道内的坍塌,同时在开挖面前方用切削装置进行土体开挖,通过出土机械运出洞外,靠千斤顶在后部加压顶进,并拼装预制混凝土管片,形成隧道结构的一种机械化施工方法。

2)明挖法隧道

明挖区间隧道,为深埋盾构隧道区间与地面段高架桥梁连接过渡段的隧道,属于浅埋式地下结构。明挖法适用于市郊施工场地开阔、软岩等环境场地。明挖法的优点是进度快、工作面大,便于机械和大量劳动力投入;缺点是存在破坏环境生态,影响交通,带来尘土和噪声污染等。

明挖法施工的城市轨道交通区间隧道结构通常采用矩形断面,一般为整体浇筑或者装配式结构,其优点是内轮廓与区间隧道建筑限界接近,内部净空可得到充分利用,结构受力合理,便于顶板上敷设城市地下管网设施。

单元8.3 城市轨道交通桥梁维护

一、城市轨道交通桥梁主要病害类型

1.混凝土桥梁主要病害

1)混凝土裂缝

混凝土梁式桥损伤开裂的原因复杂多样,主要包括:①混凝土材料退化损伤引起的裂缝,如混凝土碳化、有害物质的侵蚀、碱集料反应、钢筋锈蚀等原因引起混凝土开裂;②施工过程中引起的裂缝,如混凝土水化热产生的温度应力,混凝土结硬过程中的收缩、干缩,支架不均匀沉降,模板变形,原材料质量及施工质量问题引起混凝土开裂;③设计方法及构造上的不合理引起的裂缝,如结构计算内力与实际内力不符、构造设计不合理、计算荷载考虑不全面、设计与施工方法综合考虑不周等原因引起混凝土的开裂;④使用阶段引起的裂缝。由于超载运营、车辆撞击、桥梁维护不当等原因引起混凝土的开裂。上述各种因素往往共同作用于混凝土桥梁结构上,没有特别的主次之分。

混凝土开裂原因总结归纳如下:

(1)墩台的不均匀沉陷所引起的裂缝。

(2)支座失效,引起梁的附加应力,由此产生裂缝。

(3)混凝土施工养护不善而引起的干缩开裂或层裂。

(4)水灰比和振捣不实而产生梁体收缩裂缝。

(5)温度变化或者冻融效应产生的裂缝。

(6)大体积混凝土浇筑时,水泥水化反应导致的收缩裂缝。

(7)施工接缝处混凝土龄期不同产生的裂缝。

(8)钢筋锈蚀膨胀导致裂缝。

(9)预应力铺固区或牛腿部位的局部高应力产生的裂缝。

(10)在徐变等材料本质特性的共同作用下,混凝土的拉力与剪力、钢筋握裹力抵消后的净拉力或剪切作用力大于混凝土材料的抗拉力或抗剪强度所致。

(11)梁刚度不足,产生过大挠度,引起裂缝。

2)钢筋及预应力筋的锈蚀病害

对于预应力混凝土构件,一般要求在正常运营状态下不出现裂缝,钢筋和预应力钢筋一般不易锈蚀,但是由于施工和严重超载,锈蚀也会发生但不易发现,一旦发现锈蚀时,则该构件已呈严重损坏状态。

造成钢筋锈蚀的主要内因:①钢筋受湿气及氧气的作用;②混凝土中性化;③钢筋表面氯离子含量高。

造成钢筋锈蚀的主要外因:①混凝土构件开裂;②主梁受损,混凝土剥落;③施工时预留保护层过薄,混凝土碳化深度较大;④后张预应力的灌浆和封锚不合格,导致下积水或空洞。

钢筋锈蚀可分为两种情况:一种是混凝土开裂后导致的钢筋锈蚀,即先裂后锈;另一种是因为保护层太薄或露筋而引起钢筋锈蚀。钢筋锈蚀伴随着体积膨胀导致混凝土开裂或表面混凝土成块脱落,即先锈后裂。

3)混凝土表面病害

混凝土的表面病害主要包括如下:

(1)蜂窝。蜂窝指混凝土局部疏松,砂浆少,石子多,石子之间出现空隙,形成蜂窝状孔洞。

(2)麻面。麻面指混凝土表面局部缺浆、粗糙,或有许多小凹坑,但无钢筋外露现象。

(3)孔洞。孔洞指混凝土内部有空隙,局部没有混凝土,蜂窝特别大的现象常发生在钢筋密集处或预留孔洞和预埋件处。

(4)露筋。露筋指主梁受到意外撞击造成混凝土的崩落,使得钢筋外露。

(5)剥落。剥落指混凝土表面水泥砂浆流失,造成粗集料外露的现象,严重者造成粗集料松脱,一般发生在混凝土表层品质较差的部位,一般不会很深。

(6)白化。白化又称为游离石灰,是由内部渗出、附在混凝土构件表面的附着物,通常为呈白色的石灰类附着物。

(7)层析。层析是指构件受氯气或盐水侵袭,构件内的钢筋锈蚀体积膨胀,导致钢筋与外出钢筋附近的混凝土分离。

对于混凝土桥梁,由于某一缺陷的日积月累的变化,加上环境的影响,病害有扩大的危险。例如,蜂窝、麻面,由于水的渗入,混凝土材料劣化,会引起钢筋锈蚀,钢筋锈蚀物的产生过程伴随着体积膨胀,会导致混凝土表面产生锈蚀裂缝,形成恶性循环。

2. 钢结构桥梁主要病害

1)锈蚀

钢梁、钢塔架、人行道支架、围栏等都应进行保护涂装,防止钢结构锈蚀,以延长桥梁使用寿命。钢结构保护涂装在钢桥维修中占有重要地位,特大桥钢梁的保护涂装工作,一般要占全部维修工作量的50%左右。

做好钢结构保护涂装,通常要做好钢表面、涂料选择和涂装工艺3个环节。

2)疲劳裂缝

大量研究表明,在低应力工作状态下的钢桥事故,多数与结构中存在的缺陷或裂纹有关,往往发生在低温季节。钢桥中的裂纹主要是由于疲劳产生的,在一定条件下会导致结构脆性断裂。脆性断裂一般是在没有明显征兆和无塑性变形的情况下,贯穿全构件的开裂破坏。脆性断裂可能发生在易受疲劳构件的细部出现初始疲劳裂纹之处。

导致疲劳裂纹的基本因素有应力循环次数(与交通状况及桥梁构造形式相关)、应力幅(与活载大小相关)和构造细部的疲劳强度。

疲劳引起的裂纹经常出现在拉应力较集中的部位、焊接搭件或焊缝端点上。裂纹可能会由于超载、车辆的撞击或由于腐蚀使截面抗力减小而产生或加剧。另外,由于制造细节的低质量造成的应力集中和使用较差断裂韧性的材料也是其影响因素。

3. 桥梁支座主要病害

支座是桥跨结构的支撑部分,用于连接桥梁的上部结构和下部结构。桥梁支座主要有3个作用:①将桥跨结构的支撑反力传递给墩台;②允许上部结构在温度变化作用下产生的桥梁轴向伸缩变形;③允许上部结构在恒载及活载作用下产生的转角变形。因此,桥梁支座必须具备足够的承载能力,对设计要求的变形应尽可能小,同时经常注意养护维修,对其损坏部分要进行及时和正确的修补与加固。桥梁支座损坏原因一览表见表8-1。

桥梁支座损坏原因一览表 表8-1

损坏原因	具体内容
设计存在缺陷	形式的选定与布置错误; 材料选定错误或者施工没有按要求执行; 设计时缺乏足够的考虑支座边缘距离不够; 支座支撑垫块加强钢筋不足; 对螺栓、螺母等的脱离估计不够
施工制作时不完备	铸件等材料质量管理不善,质量较差; 金属支座的油漆、防腐防锈处理不可靠; 砂浆填充不可靠或者水泥砂浆强度不足
维修、养护、管理不善	滑动面、滚动面夹杂尘埃、异物; 因防水、排水装置的缺陷,向支座漏、溢水,使支座锈蚀; 螺母、螺栓松动、脱落,且没有及时修理
其他因素	桥台、桥墩产生的不均匀沉陷、倾斜与水平变位以及上部结构位移,影响支座的正常使用

二、城市轨道交通桥梁病害治理措施

1. 混凝土桥梁病害治理措施

1)混凝土裂缝的治理

由维修人员判定混凝土构件中裂缝和空洞对其承载能力、使用性能和耐久性的影响,并根据控制特征量描述裂缝。所谓判定，是指开裂原因、填缝必要性、措施目标裂缝边缘的活动性以及产生新裂缝的可能性。在理想状态下的填缝措施可达到以下目标：

(1)阻止腐蚀性物质进入构件。

(2)密封穿透性开裂的构件。

(3)封闭裂缝，并使其有一定的伸展能力。封闭裂缝，使裂缝和空洞边缘传力连接。

常用的填缝材料有环氧树脂(EP)、聚氨酯(PUR)、水泥砂浆(ZL)和水泥灰浆悬浮液(ZS)。在填缝之前，必须将裂缝中的细小杂质除去，可使用吸尘器吸尘。如果混凝土潮湿，在处理裂缝边缘之前必须烘干，再决定采用浸入法或注入法。

2)钢筋锈蚀的治理

钢筋锈蚀修补方法的选择取决于锈蚀成因、锈蚀程度、所处位置和相邻部钢筋锈蚀的程度和原因。根据目测结果对钢筋锈蚀程度大致分类后，再根据情况对其成因进行分析和评估。不同的混凝土退化和钢筋腐蚀进程对应有不同的修补方法。通常，不同腐蚀机理要求采取相对应的养护方法，具体视混凝土碳化引起的腐蚀程度或钢筋表面超出氯离子含量容许值的多少而定。

(1)对于有氯化物但无明显锈蚀的钢筋锈蚀修补，具体有下列4种方法：

①硅烷涂层。在混凝土表面涂刷硅烷，能阻止水或氯化物的侵入，但允许混凝土中水蒸气逸出。

②混凝土包裹。对于有时浸没在水中的混凝土部位，需要包裹一层适用于水下混凝土的表层。

③阴极保护。应用各种类型的外加电流系统阻止锈蚀，但需要相应的专业技术和经验。

④除去氯化物。除去氯化物的过程是指把纸浆浸泡在电解液中，然后将其喷散在混凝土表面，在混凝表面电解液的范围内形成一层网状加强层，将这一附加层作为阳极，混凝土内的钢筋作为阴极，在两极之间加上电压将氯化铁从钢筋和混凝土表面除去。

(2)对于碳化严重但无明显锈蚀的钢筋锈蚀修补，应根据混凝土期和由简单酚酞测试确定的碳化深度，来确定重新检测的时间，一旦碳化到达钢筋位置，钢筋锈蚀就不可避免，可以采用以下3种方法阻止钢筋锈蚀：

①粉底和涂料。在受影响的混凝土表面涂上一层水泥粉底，再涂刷一层丙烯酸涂料，可以有效地阻止二氧化碳的侵入。粉底的作用是阻止表面缺陷引起涂料膜层产生大量气孔，从而保证其连续性。

②重新碱化。用一种适当的电解液，采用与①中描述的相同过程，可以在钢筋区域恢复碱性水平，将pH值从9~10提高到12，一旦pH值得到回升，立即用粉底和涂料涂刷，防止二氧化碳的再次侵入。重新碱化处理过程可每隔一定时间进行一次。

③阴极防护。具体方法同上。

(3)对于大面积混凝土退化和钢筋锈蚀的部位，可采用以下3种修补方法进行修补：

①采用富锌漆。当环境侵蚀致使钢筋的锈蚀只发生在局部部位时，可采用涂刷富锌漆的方法。但在大面积混凝土劣化和钢筋锈蚀的区域，由于存在许多阳极和阴极处，此时不宜采用涂刷富锌漆的方法。

②修补过程。在锈蚀明显的部位，应该采用混凝土修补，随后在下一个最低阳极处将不

会发生后续锈蚀。采用此种方法依次修补,最终得到有效的控制。另外,还需对修补部位进行定期检测,直至达到修补目标。

③结构包裹和替换。从构件的完全替换到用钢或混凝土包裹。

2. 混凝土桥梁病害治理措施

1)除锈

涂装前钢表面处理是涂装体系中非常重要的环节,只有钢表面处理达到标准,才能保证涂料与钢表面有良好的附着力,保证涂层与钢表面的整体性。在喷涂油漆前,对钢梁进行彻底除锈是很重要的,目前常用的方法有手工除锈和喷砂除锈两种。

(1)手工除锈。手工除锈是指使用刀、除锈锤、钢丝刷等工具进行除锈。手工除锈的特点是工具简单、不受条件限制、施工方便等,但劳动强度大、工作效率低、除锈不易彻底、质量较难保证。手工除锈一般在工作量不大或局部除锈作业时采用。

(2)喷砂除锈。喷砂除锈是干喷砂作用压缩空气将砂粒送至专用喷嘴,以高速度喷射于钢板表面,借助砂粒的冲击和摩擦,将旧漆膜、污垢、铁锈、氧化皮等全部除去的一种除锈方法。这种方法的特点是效率较高,但喷砂时烟尘较大,施工人员需做好必要防护。

2)疲劳开裂的治理

虽然用断裂力学的裂纹分析方法可以判定裂纹是否可以忍受或应该加以修补,但在实际工程中,一旦发现裂纹就应立即进行处治。常见的修补措施如下:

(1)在某些情况下,可以通过在裂纹端部钻孔来阻止其进一步扩展。然而,孔洞必须有足够大的直径,而不是重新引起新的裂纹。

(2)加螺栓盖板可以用来恢复开裂断面的截面积,以及减少荷载。

(3)开裂也可通过重新焊接加以修补,但应在咨询专家意见之后才能进行。通常在现场结构上实施,完成起来比制作新焊缝要困难得多。尽管能够采取诸如锤击和烘烤技术措施来消去不良应力,但是,低劣的重焊仍可能诱发再次开裂。

复习思考题

一、填空题

1. 线路维修工作,应遵循“__________”的原则,按线路设备技术状态的变化规律和程度,相应地进行综合维修、经常保养和临时补修,有效地预防和整治线路病害,有计划地补偿线路设备损耗,以取得较好的技术经济效益。

2. 线路检测按检测的状态可以分为线路__________周期检测和线路动态检查。

3. 城市轨道交通隧道主要病害类型主要包括渗漏、__________和裂损。

二、思考题

试分析城市轨道交通桥梁支座损坏的原因。

模块9 城市轨道交通系统安全管理

教学目标

1. 了解安全观念的发展历程；
2. 掌握安全、事故、危险、隐患的概念；
3. 了解城市轨道交通安全管理方针；
4. 了解城市轨道交通运营安全与可靠性分析；
5. 熟悉城市轨道交通突发灾害与应急处置。

建议学时

6 学时。

城市轨道交通系统安全管理是指管理者按照安全生产的客观规律，对城市轨道交通系统的人、财、物、信息等资源进行计划、组织、指挥、协调和控制，以达到减少或避免城市轨道交通系统运输事故的目的。

单元 9.1 城市轨道交通安全管理概述

一、安全观念的发展历程

安全观念是指对安全的作用、地位、价值等总的看法。在不同时代、不同的历史时期，人们的安全观念是不同的。

17 世纪以前，人类的安全观念主要是宿命观。在这一阶段，人类的行为特征是典型的被动承受型特征。宿命观是随着时代的特点自然产生的，因为在远古时期社会生产力低下，科技水平尚处在初始阶段，人们面对天灾人祸无能为力，只能表现出一种无奈、无知和软弱，因而只能听天由命，这就是最原始的安全观。

17 世纪末期到 20 世纪初,由于社会生产力水平的提高,人们的安全观转变为经验观。在此阶段,人类开始依据生活和工作经验,把握对安全的特点和规律的认识;通过自己的实践活动,总结并积累事故的经验教训,从而得出与某事相关联的"命运"的好坏和安全活动的局部预知,并根据经验不断总结、不断升华,做到"吸取事故教训以指导安全工作"。

20 世纪初至 50 年代,社会的工业化进程不断加快,人类开始意识到某些从未发生过的事故也可能发生,单凭经验预知事故并不能完全避免事故。而此时,系统论的提出,给安全工作者提供了一个非常重要的技术手段,用于预知事故的发生。因此,在这一阶段,"系统安全观"开始盛行。

20 世纪 50 年代以来,由于人类对高科技的不断应用,如现代军事、宇航技术和信息化革命,人类的安全观念正式转变为本质观。"安全第一、预防为主"的思想成为现代安全管理的主要特征。此时,人们开始构筑"超前预防"的行为,在事故发生前就把隐患、危险通通削弱或消除以达到避免事故发生的目的。

从历史学的角度出发,表 9-1 给出了上述安全观发展历程。

安全观发展历程　　表 9-1

阶　段	时　代	安　全　观	行为特征
1	17 世纪前	宿命观	被动——承受型
2	17 世纪末至 20 世纪初	经验观	总结经验——事后型
3	20 世纪初至 50 年代	系统观	人、机、环境——对策型
4	20 世纪 50 年代以来	本质观	强化超前——预防型

二、安全管理的发展进程

安全管理的发展随着人类安全观念的转变而转变。

早期的安全管理主要是事故后管理,人们仅围绕事故本身做文章,常常利用传统的行政手段、经济手段以及常规的监督检查,在事故发生后才开始进行相应的工作。

现代的安全管理是指 20 世纪 50 年代以来的强化超前和预防型安全管理(以安全系统工程为标志)。人们意识到强化隐患的控制、消除危险才能高效地预防事故。安全管理的方法也转变为利用现代的法制手段、科学手段、文化手段和以人为本。

三、安全、隐患、危险、事故的概念

1. 何谓安全

安全是指在生产活动过程中,能将人或物的损失控制在可接受水平的状态。换言之,不管事故是否发生,只要人或物的损失是在人们可以接受的范围之内,就称之为安全的;反之,就称之为不安全的。安全的具体内涵包括以下几点:

(1)这里所讨论的安全,指的是生产领域中的安全问题。

(2)安全不是瞬间的结果,而是对系统在某一时期、某一阶段过程状态的描述。

(3)衡量系统是否安全的标准在不同的时代、不同的生产领域是不相同的。

(4)安全是在具有一定危险性条件下的状态,安全并非绝对无事故。其矛盾双方为安全与危险。

(5)没有绝对的安全,安全只是相对的。

2. 何谓隐患

隐患是指在生产活动中,由于人们受到科学知识和技术力量的限制,或由于认识上的局限,客观存在的、可能对系统造成损失的不安全行为或不安全状态。隐患是事故发生的必要条件。

例如,身边常见的安全隐患包括如下几个方面:

(1)最大的心理隐患,如惰性心理、侥幸心理、麻痹心理、逞能心理等。

(2)最直接的人为隐患,如违章、违纪、违标等。

(3)最根本的管理隐患,如官僚主义、形式主义、好人主义等。

3. 何谓危险

危险是指在生产活动过程中,人或物遭受损失的可能性超出了可以接受范围的一种状态。危险与安全一样,也是与生产过程共存的过程,是一种连续性的过程状态。危险包含了尚未为人所认识的,以及虽为人们所认识但尚未为人所控制的各种隐患。

危险性与安全性的对比(图 9-1)如下:

(1)危险性(R)即风险,是衡量系统危险程度的客观量。

(2)安全性(S)是衡量系统安全程度的客观量。

(3)安全与风险相对应,$R = 1 - S$。

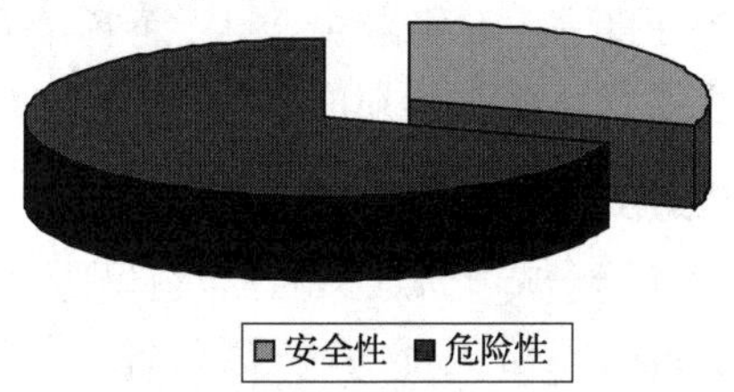

图 9-1 危险性与安全性的对比

4. 何谓事故

事故是指在生产活动中,由于人们受到主客观条件(科学知识和技术力量或者由于认识)的局限,突然发生的、违背人们意愿的事件。其内涵具体包括以下几点:

(1)事故是违背人意愿的一种现象。

(2)事故是隐患突变、失去控制的外在表现。

(3)事故是不确定的事件,既受必然性支配,又受偶然性影响。

(4)事故可以预防、减少,但是不能消灭。

(5)事故只要发生,就会给人、财、物造成损失。

四、城市轨道交通系统安全工作的地位和作用

1. 安全是城市轨道交通运营企业的头等大事

企业生产和经营性质决定了安全是头等大事。城市轨道交通行业既属于运输业,又有别于运输业,因它只实现人的“位移”,不实现物的“位移”。另外,在社会主义背景下,作为

城市的一种重要交通运输方式,它已然成为社会的公益事业,政府在行业中起着非常重要的作用。所以,一旦发生重大事故,不仅意味着城市轨道交通沿线的交通瘫痪,而且使得当地人民群众的生命及财产受到威胁,并直接影响政府在人民群众中的形象。

城市轨道交通在城市大的交通体系中所起的作用决定了安全是头等大事。目前拥有城市轨道交通的大多数城市都或多或少地出现了交通拥堵的问题,而城市轨道交通系统成为解决城市交通的重要办法之一。一旦城市轨道交通系统出现事故,将直接导致城市沿线交通严重瘫痪。

2. 安全是实现社会效益和企业经济效益的保证

城市轨道交通系统安全为提高社会效益提供保证。城市轨道交通运输是广泛的社会分工中的一个分支,是社会化大生产的重要组成部分。整个社会为城市轨道交通系统提供生产对象——乘客,而城市轨道交通系统则通过保证人员流通,为各行业和乘客服务,从而使社会效益得到保证。只有保证城市轨道交通系统安全,才能吸引更多的乘客乘坐,更大范围地解决城市的交通拥堵问题,更加便利地增加城市内人员的流动;只有使城市轨道交通系统更加安全,才能使社会效益更上一个台阶。

城市轨道交通系统安全直接影响企业自身的经济效益。城市轨道交通运营企业运输生产不能创造出新的产品,只是实现劳动对象的“位移”。所以,提高城市轨道交通运营企业的经济效益,首先要保证好所运输的乘客安全,使其能安全地到达目的地,以满足社会的不同需求。如果在运输过程中发生了事故,不仅减少收入,而且给企业带来一系列的问题。例如,停运将减少企业收入,包括维修事故中受损的器材,以及救助与赔偿伤亡乘客等。

3. 安全是法律赋予城市轨道交通系统的义务和责任

《中华人民共和国安全生产法》《城市轨道交通运营管理办法》《××市城市轨道交通安全运营管理办法》等国家和地方法律、法规都明确规定,各城市轨道交通运营企业必须严抓安全,始终把安全放在第一位。

 知识链接

《城市轨道交通运营管理办法》

(建设部令第140号)

第三章 安全管理

第十五条 城市轨道交通运营单位应当依法承担城市轨道交通运营安全责任,设置安全生产管理机构,配备专职安全生产管理人员,保证安全生产条件所必需的资金投入。

第十六条 城市轨道交通运营单位应当按照反恐、消防管理、事故救援等有关规定,在城市轨道交通设施内,设置报警、灭火、逃生、防汛、防爆、防护监视、紧急疏散照明、救援等器材和设备,定期检查、维护,按期更新,并保持完好。

第十七条 城市轨道交通运营单位负责城市轨道交通设施的管理和维护,定期对土建工程、车辆和运营设备进行维护、检查,及时维修更新,确保其处于安全状态。检查和维修记录应当保存至土建工程、车辆和运营设备的使用期限到期。

第十八条 城市轨道交通运营单位应当组织对城市轨道交通关键部位和关键设备的长

期监测工作，评估城市轨道交通运行对土建工程的影响，定期对城市轨道交通进行安全性评价，并针对薄弱环节制定安全运营对策。

在发生地震、火灾等重大灾害后，城市轨道交通运营单位应当对城市轨道交通进行安全性检查，经检查合格后，方可恢复运营。

第十九条 城市轨道交通运营单位应当采取多种形式向乘客宣传安全乘运的知识和要求。

第二十条 城市轨道交通应当在以下范围设置控制保护区：

(一)地下车站与隧道周边外侧50米内；

(二)地面和高架车站以及线路轨道外边线外侧30米内；

(三)出入口、通风亭、变电站等建筑物、构筑物外边线外侧10米内。

第二十一条 在城市轨道交通控制保护区内进行下列作业的，作业单位应当制订安全防护方案，在征得运营单位同意后，依法办理有关行政许可手续：

(一)新建、扩建、改建或者拆除建筑物、构筑物；

(二)敷设管线、挖掘、爆破、地基加固、打井；

(三)在过江隧道段挖沙、疏浚河道；

(四)其他大面积增加或减少载荷的活动。

上述作业穿过地铁下方时，安全防护方案还应当经专家审查论证。

运营单位在不停运的情况下对城市轨道交通进行扩建、改建和设施改造的，应当制订安全防护方案，并报城市人民政府城市轨道交通主管部门备案。

第二十二条 在城市轨道交通线路弯道内侧，不得修建妨碍行车瞭望的建筑物、构筑物，不得种植妨碍行车瞭望的树木。

第二十三条 禁止下列危害城市轨道交通设施的行为：

(一)非紧急状态下动用应急装置；

(二)损坏车辆、隧道、轨道、路基、车站等设施设备；

(三)损坏和干扰机电设备、电缆、通信信号系统；

(四)污损安全、消防、疏散导向、站牌等标志，防护监视等设备；

(五)危害城市轨道交通设施的其他行为。

单元9.2 城市轨道交通系统安全管理方针

根据我国相关的法律、法规，“安全第一、预防为主”是我国城市轨道交通系统运营的安全管理方针。

一、“安全第一、预防为主”的概念

1. 何谓“安全第一”

安全生产工作方针，是经历了较长的历史时期，经过不断的经验总结，逐步形成和确定

的。“安全第一”的提法,最早是在1896年,由美国钢铁公司总经理提出的。当时提出的依据是,不重视安全生产,经常发生人员伤亡和设备事故,给企业所带来巨大的经济损失,也带来非常大的生存压力。因此,社会的有识之士和企业的管理者,总结了安全在生产和企业长期发展中的重要性,提出了“安全第一”的管理要求。

1952年,我国在全国第一次劳动保护工作会议上,就提出了“安全第一”的要求。1979年,原航空工业部在一份工作文件中正式提出把“安全第一、预防为主”作为安全工作的指导思想。1983年5月18日,国务院发布文件,进一步明确了“安全第一、预防为主”的指导思想。1987年3月26日,原国家劳动部在全国劳动安全监察工作会议上,正式决定将“安全第一、预防为主”作为我国安全生产工作的方针。现在,《中华人民共和国安全生产法》等法律,都以法律的形式明确了安全生产工作中必须坚持“安全第一、预防为主、综合治理”的方针。

在城市轨道交通系统中,“安全第一”就是把安全工作放在第一位。各级行政正职是安全生产的第一责任人,必须亲自抓安全工作,确保安全工作列入本单位的议事日程。“安全第一”就是要求运营单位在组织生产、指挥生产时,坚持把安全生产作为企业生存与发展的第一要素和保证条件。其具体体现就是安全工作具有“一票否决权”,当安全工作与其他工作出现矛盾时,应首先服从于安全。

2. 何谓“预防为主”

“预防为主”是安全生产方针的核心和具体体现,是实施安全生产的根本途径。安全工作必须始终将“预防”作为主要任务予以统筹考虑。除了自然灾害造成的事故以外,任何事故都是可以预防的。关键在于城市轨道交通运营企业必须将工作的立足点放在“预防为主”上;防患于未然,把可能导致事故发生的所有机理或因素,消除在事故发生之前。其具体体现在以下几方面:

(1)“预防为主”是实现“安全第一”的保证。实现安全的最好举措是“安全第一”的基本做法,而要实现安全就必须扎扎实实地从“预防为主”做起。

(2)“预防为主”体现“以人为本、重视教育”,即教育或培训职工学好各种技术本领,树立起牢固的安全意识,高度重视安全生产,学会如何做、怎样做才能安全,使员工从“要我安全”转变为“我要安全”,再转变为“我会安全”。

(3)“预防为主”要做到“安全生产责任制人人有责”,即严格地把安全生产责任制层层分解,分解给各级领导、各部门、各类人员。人人都有自己的安全责任,形成安全工作有人做,安全工作有人管,对安全生产实行全员、全方位、全过程地管理,真正做到各司其职、各负其责,彻底消除安全死角,清理安全隐患,确保安全生产。

(4)“预防为主”着重前馈控制,即未雨绸缪,认真做好事故预想,制订好预防事故措施计划与安全技术劳动保护措施计划。重点做好三保(保人身、保电网、保设备)、四防(防触电、防高空坠落、防火、防车辆交通事故)工作,切实做好安全组织措施和技术措施,确保没有安全措施的事不做,没有安全保障的事不为。

(5)“预防为”主要有严格的工作制度。古人云:“没有规矩不成方圆。”在进行城市轨道交通系统安全管理的同时,也要重视工作制度的建立。

(6)“预防为主”要长久坚持,即警钟长鸣。“三天打鱼、两天晒网”的思想迟早要发生事故。所以“预防为主”就要在思想上经常提醒“不怕一万、就怕万一”;要建立起健全的安全监察机构,强化安全监察工作,并要求安全管理专职人员要经常敲响安全生产警钟。

(7)“预防为主”要求做好日常例行安全工作。既要讲意识,又要讲行为、措施;坚持执行各项安全规章制度,要坚持做好例行安全工作,如班前班后会、安全日活动、安全分析会、安全监察及安全网例会、安全检查、安全简报等。

(8)“预防为主”要推广安全性评价。安全性评价也是“预防为主”的一种方式,是安全管理现代化的一项重要内容,是企业在安全生产上改善微观管理的一个重要手段,通过安全性评价可以预见事故和超前控制事故。

二、“安全第一”和“预防为主”两者间的关系

“安全第一”和“预防为主”是相辅相成、辩证统一的关系。只有重视安全,才会去做预防工作;只有做好预防工作,才能实现安全。

综上所述,可见“预防”在进行安全管理时占据重要的地位。其实,分析国内外发生过的地铁事故,足以证明“预防”的重要性。

案例分析

乘客坠亡事件

一、事件概况

某市早晨7:15,地铁某线发生突发事故,一名乘客进入地铁轨道区域当场死亡。由于正值上班早高峰,该线沿线多个事故涉及的车站聚集了大量乘客。事故发生50min后,地铁该线才恢复运营。

事故发生后,有很多等待已久的乘客决定改乘其他交通工具。在进站口已经聚集了大量等待进站的乘客,排队的队伍超过百米,但是地铁方面已经禁止再放行乘客进入站台。同时,事故造成严重的道路拥堵状况,公交车缓慢前行,难以靠站,几乎没有空驶的出租车,地面交通一度陷入瘫痪。

二、事件原因

(1)站台候车人数过多,容易发生安全事故。

(2)站台未安装站台安全门。

三、事件分析

(1)“安全第一、预防为主”是我国城市轨道交通系统运营的安全管理方针。安全工作必须始终将“预防”作为主要任务予以统筹考虑。除了自然灾害造成的事故以外,任何事故都是可以预防的。关键在于城市轨道交通运营企业必须将工作的立足点放在“预防为主”上;防患于未然,把可能导致事故发生的所有机理或因素,消除在事故发生之前。

(2)为了降低故障发生率,就需要对城市轨道交通系统的各种设施设备做好日常的维护和管理,发现问题及早解决,最大限度地消除发生故障的隐患,从而保证城市轨道交通系统安全、高效地运行。在该事件中,由于站台没有安装站台安全门导致了伤害事件地产生,各城市轨道交通运营企业应引以为戒,尽可能完整配备城市轨道交通安全设备。

单元9.3 城市轨道交通运营安全与可靠性分析

安全和可靠性是城市轨道交通运营中不可忽视的重要环节。运营安全和可靠性水平综合反映了城市轨道交通运营管理水平和运输服务质量,是城市轨道交通系统实现顺畅、高效运营的前提。高运营可靠性不仅是城市轨道交通运营管理追求的目标,也是满足乘客需求、获得良好社会效益和经济效益的根本保证。

在城市轨道交通日常运营管理中,涉及运营安全和可靠性的事件主要体现在以下两方面:

(1)由于恐怖袭击、自然灾害、人为破坏等原因发生的火灾、爆炸等灾难性重大事件,造成生命和财产的重大损失。一般情况下,发生此类突发事件的概率很小。

(2)由于客流波动、技术设备故障、运营组织等原因,引起列车运行延误、列车运行中断等列车运行"大间隔"故障,造成乘客的出行延误。相比较而言,此类故障的发生概率是很大的,但是一般不会引起城市轨道交通的安全问题,只是降低了城市轨道交通运营的可靠性。

一、运营安全和可靠性的影响因素的定义、分类及相互关系

城市轨道交通运营安全和可靠性是反映城市轨道交通系统正常运营情况的总体概念。然而从后果及造成的影响看,城市轨道交通运营安全与可靠性则具有完全不同的内涵。城市轨道交通运营中发生的安全问题除了造成列车运行延误、运营生产中断外,更重要的是涉及人民生命财产损失、设施设备破坏等重大问题;而运营中的可靠性问题则主要涉及运营生产的稳定、运输质量的好坏。因此,加强和提高城市轨道交通运营安全与可靠性,首先要从引起城市轨道交通运营安全与可靠性事件的原因出发,科学地对运营安全和可靠性进行定义。

影响城市轨道交通系统运营安全和可靠性的因素统称为事件。根据其发生的原因、特点以及造成的后果和影响,可分为故障、事故和突发事件3类。

1. 故障

故障是指因设备质量原因或操作不当导致设备无法正常使用,须人工干预或维修的事件。

根据表现和影响程度分类,故障可分为轻微故障、一般故障和严重故障。其中,轻微故障可以迅速排除,一般不会影响运营可靠性;一般故障将造成短时间的列车运行秩序混乱,部分列车运行延误;严重故障则会导致较长时间的运营中断,严重影响系统运营可靠性。

按照设备类型和原因分类,故障又可分为列车车辆故障、线路故障、供电系统故障、通信系统故障、环控设备故障和车站客运设施故障等。

2. 事故

事故是指因故障或工作人员操作不当而造成人员伤亡、设备损坏,影响可靠性或危及运营安全的事件。按其表现、影响程度与范围分类,事故可分为一般事故、险性事故、大事故、重大事故等;按其专业性质分类,事故可分为行车事故、客运组织事故、电力传输事故等。

3. 突发事件

突发事件是指由故障、事故或其他原因(如人为、环境、社会事件等)引起的、突然发生

的、严重影响或可能影响运营安全与秩序的事件。根据其影响程度与范围分类,突发事件可分为一般突发事件、险性突发事件、大突发事件和严重突发事件等;根据其引发原因分类,突发事件可分为运营引发突发事件、外来人员引发突发事件、环境引发突发事件等。

事故中,有部分是由于故障引起的;突发事件中又有部分是由故障和事故所引起。一般情况,故障、事故、突发事件在城市轨道交通系统日常运营过程中的发生概率有很大差别。故障可以认为是多发事件,大部分故障不会对城市轨道交通运营安全造成很大的影响,但会影响运营的可靠性,降低运营质量。事故和突发事件发生概率较小,严重的事故和突发事件可以认为是小概率事件,但是事故和突发事件对城市轨道交通运营安全造成极大危害,甚至造成重大的人员伤亡和财产损失。因此,在处置和预防不同的事件种类时,应有相应的侧重点。对于一般性的故障,应侧重于设备的维修、运营管理的优化等;而对于可能造成重大人员伤亡和财产损失的严重事故或突发事件,则应侧重预防和应急处置。

二、影响运营安全和可靠性的主要因素

影响运营安全和可靠性的主要因素有以下4个方面:

1. 技术设备

技术设备的日常管理和维护直接影响着城市轨道交通系统的运营安全和可靠性。城市轨道交通系统主要设备包括线路及车站、车辆及车辆段、通信信号、供电、环控设施、售检票以及防灾监控报警设备等。只有各项技术设备协同可靠地工作,才能保证列车安全、高效地完成运输任务。城市轨道交通系统一般采用了高可靠性的元件、设备和软件,而且构成的系统具有“故障导向安全”的特征,使整个城市轨道交通系统具有应对设备故障及突发事件的高度安全性。城市轨道交通的线路长度、站间距离相对较短,列车种类单一。因此,为了保持列车运行秩序稳定,列车运行控制系统在一定范围内可以自动调整列车的运行状态。城市轨道交通车站一般不设置配线,列车在车站正线上办理客运作业,如果一列车出现故障,将直接影响后续列车的正常运营。因此,整个城市轨道交通系统的设备维护和管理是十分关键的。

2. 网络运输能力

城市轨道交通系统的网络运输能力体现了运输效率。提高网络运输能力,可以最大限度地满足乘客出行要求,安全、高效地完成输送任务。网络运输能力主要影响城市轨道交通系统运行的可靠性,一旦列车发生延误,不仅会影响到自身线路的正常运行,而且会影响到网络中其他列车的正常运行。正是因为城市轨道交通运行延误具有传播性,在发生列车运行延误时,列车到达晚点或者取消车次都会降低线路与车站等设备的通过能力,限制系统设备能力的充分利用,特别是在客流高峰时段的运行延误,将导致更大的系统设备能力损失,严重影响城市轨道交通系统的运营稳定性和可靠性。因此,提高网络运输能力,减少列车的运行延误对提高城市轨道交通系统运行的可靠性是很重要的。

3. 运营组织方案

城市轨道交通应为乘客提供满意的出行服务,良好的运营组织是这种供给的前提和保证。在一定的网络结构和设备条件下,采用的运营方案应针对客流变化的情况,有利于提高网络系统的整体运输能力,适应客流需求,增加运营效益和运营可靠性,满足乘客在出行安

全、舒适、准时等方面的要求。

4. 突发事件

除了系统本身可能影响城市轨道交通系统运营安全和可靠性的因素外,自然灾害、恐怖袭击、人为破坏等突发事件也是影响运营和可靠性的关键因素。这些突发事件的发生,将会造成重大的人身伤亡、财产损失以及运营中断,产生城市轨道交通运营的安全问题。因此,城市轨道交通运营企业必须加强自然灾害、恐怖袭击或人为破坏事件的预警和发生后的应急处置,最大限度地降低人员伤亡和财产损失。

三、提高运营安全和可靠性的途径

1. 加强人员培训和系统设备的日常维护

城市轨道交通系统是一个包含土建、车辆、供电设备、通信信号、运营管理等多学科、多专业、多工种的复杂大系统。城市轨道交通系统的安全与可靠性贯穿了从工程的前期决策、设计、施工到运营管理等各个阶段的全过程。对每个有不同岗位要求的工作人员而言,高质量地完成本岗位的工作要求,是保证城市轨道交通系统安全、高效运营的关键。因此,城市轨道交通运营企业必须加强工作人员的职业素质和道德培养。

城市轨道交通运营所依赖的交通设施,虽然采用了较高的可靠性标准,列车运行控制软硬件系统也采用了冗余设计来增强系统工作的可靠性,但在长期复杂、多变的外界因素干扰下,仍然难以保证运营设施设备不产生功能失效,因此城市轨道交通系统实际运营过程中发生随机故障在所难免。为了降低故障发生率,就需要对城市轨道交通系统的各种设施设备做好日常的维护和管理,发现问题及早解决,最大限度地消除发生故障的隐患,从而保证城市轨道交通系统安全高效的运行。

2. 提高轨道交通系统的技术装备水平

为了保证城市轨道交通系统中各种设备的正常运行,减少故障、事故和突发事件的发生,应尽可能利用最先进的技术装备和高科技手段。例如,采用高技术支持的信息管理、应急处置系统等来确保各种事件发生时的信息传输通畅以及应对措施的有效实施;采用列车运行智能化调度系统,减少因人工疏忽所引发的各种故障或事故;采用线网综合运营协调系统,保证网络中各车辆的高效、安全、可靠运行。

3. 应急预案的制订和演练

通过采取安全设计、操作、维护、检查等措施,可以预防事故、降低风险,但达不到绝对安全,因此需制订在发生城市轨道交通事故后所采取的紧急措施和应急处置预案,充分利用一切可能的力量,在事故发生后迅速控制事故发展并尽快排除事故,保护乘客和员工的人身安全,将事故对人员、设施设备和环境造成的损失降低至最低程度。应急预案是应急救援系统的重要组成部分,是针对各种不同的紧急情况制订有效的应急预案,不仅可以指导各类人员的日常培训和演习,保证各种应急资源处于良好的准备状态,还可以指导应急救援行动按计划有序地进行,防止因行动组织不力或现场救援工作混乱而延误事故救援,造成人员伤亡和财产损失。在预案演练时,可以与公安、消防、医院、公交等系统的相关部门实行联合演习,增加演练的实战性,更好地掌握演练技巧。

单元9.4 城市轨道交通突发灾害与应急处置

给人类与社会带来成灾难性后果的突发事件称为灾害。灾害的主要特点是突发性强、发展迅速和后果严重。

灾害可分为自然灾害和人为灾害两大类。自然灾害以自然变异为主因,常见的自然灾害有水灾、大风和地震等;人为灾害以人的因素为主因,常见的人为灾害有火灾、爆炸、投毒和恐怖袭击等。

绝大多数城市轨道交通灾害与人的因素有关,是人为灾害。早期的城市轨道交通灾害(如火灾)发生大多是因为人、机方面的原因。近年来,恐怖组织多次将客流集中的城市轨道交通作为袭击目标,城市轨道交通灾害出现了新的情况,提高防恐能力成为城市轨道交通安全的重要课题。

一、火灾及其预防

1. 城市轨道交通设计、建设阶段的防火措施

在城市轨道交通的灾害中,火灾发生的次数最多、频率最高。城市轨道交通火灾的发生具有突发性,并且大多发生在运营时间内、运行列车上。在隧道、车站和列车构成的封闭环境中发生火灾,高温伴随着有毒浓烟,加上被困在一个有限空间的恐怖感往往会使乘客惊慌失措、作业人员应变出错,从而增加乘客疏散、救人灭火的难度,造成群死群伤,对行车安全和乘客安全造成严重危害。因此,火灾是城市轨道交通防灾的重点,具体包括以下5点:

(1)采用阻燃、低烟和无卤材料。采用该措施能有效减少火灾的发生、抑制火灾的扩大及减轻火灾的后果。

(2)设置火灾报警系统。该系统能使火警在第一时间被发现,达到控制火灾和减少损失的目的。

(3)配备高效消防设备。城市轨道交通运营企业常使用的消防设施主要有消火栓灭火系统、气体灭火装置、手提灭火器和自动喷水灭火装置等。

(4)提高通风系统排烟能力。有助于快速降低烟气浓度、缩短排除烟气时间,对乘客安全撤离和减少人员伤亡具有重要作用。

(5)设置紧急疏散导向标志。为确保人员迅速安全地撤离,在车站的站厅、站台、自动扶梯、楼梯口、通道及拐弯处和出入口均应设置紧急疏散导向标志和应急照明设施。

2. 城市轨道交通运营阶段的防火措施

在城市轨道交通的运营阶段,防火管理工作的重点是:健全防火管理体制,编制火灾应急预案,建立应急指挥体系,进行防火安全思想教育,开展防火与应急救援培训,组织火灾应急救援演习,加强易燃易爆危险品管理,确保消防设备技术状态良好,以及检查防火措施落实情况等。

1)防火安全思想教育

防火安全思想教育包括防火安全意识、消防法规规章和遵守劳动纪律等。防火安全意

识教育侧重于提高员工对火灾的严重后果、防火的重要性及社会意义、经济意义的认识,通过强化防火安全意识、引导员工安全行为的形成。消防法规规章教育侧重于帮助员工树立消防法制观念,杜绝消防违法违章行为发生。在防火管理工作中,必须进行遵章守纪教育、规范员工的工作行为,从而促进安全生产。

2)防火与应急救援培训

防火知识与技能的培训分为两种:一种是防火基本知识与技能培训,面向全体员工;另一种是防火专业知识与技能培训,主要是针对相关工种员工和应急救援人员。

应急救援培训通常与防火专业培训相结合。各种火灾情况下的应急救援,人员疏散,伤员急救,行车指挥等的程序、办法与措施,这些方面都是培训的内容重点,但员工自我防护、职业道德和心理辅导方面的内容也不应忽视。

3)火灾应急救援演习

组织火灾应急救援演习的重要性体现在下面 4 个方面:

(1)发现防火设计、消防设备存在的问题。

(2)检验和完善火灾应急预案。

(3)提高火灾应急处置和综合救援能力。

(4)增强员工防火安全意识。

火灾应急救援演习内容应有针对性,重点是灭火、救人、人员疏散、列车火灾处置、通风系统的火灾运行模式和各种消防设备的使用等。

3. 列车火灾的即时处置

列车火灾的即时处置应遵循"救人第一、及时扑救、快速撤离"原则,按照列车火灾应急预案规定的程序、办法与措施进行。

1)列车在车站上发生火灾

列车司机、车站值班员应迅速将火灾情况向控制中心报告。车站应立即通过广播向车内乘客和候车乘客发出火灾警报,指明乘客应从哪条路线撤离,并派车站作业人员组织、引导乘客快速疏散,尽可能将混乱情况控制在最低限度。切断牵引电流防止救援人员触电,车站通风系统进入火灾模式,车站的检票口和安全出口应全部开放。同时,车站应组织力量进行初期扑救和伤员救护,并将重伤员及时送往医院。

2)列车在隧道内发生火灾

(1)列车能够继续运行。司机有两种选择,即继续运行至前方站或停车于区间隧道内。从救援难度、乘客撤离、通风照明条件等方面综合分析,比较列车继续运行时间与救援人员到达列车停留位置时间的长短,列车应尽可能运行至前方站,在车站组织乘客撤离和进行灭火救援。此时,司机迅速将火灾情况向控制中心、邻站报告,并通过广播要求乘客保持镇静。

(2)列车不能继续运行。司机应立即通过广播要求乘客保持镇静,告示乘客撤离方向与方法,乘客撤离方向主要决定于列车着火位置与列车停车位置。此外,司机应迅速将火灾情况、乘客撤离方向报告给控制中心。原则上通风排烟方向应与大多数乘客撤离方向相反。在组织乘客撤离时,应切断牵引电流,打开隧道内照明灯;行车调度员应封锁火灾发生区间,停运有关车站。同时,邻近车站应派救援人员赶往火灾现场,协助乘客撤离和进行扑救,及时对伤员进行救护,并将重伤员送往医院。

二、其他人为灾害及其预防

1. 爆炸

对爆炸事件的预防重点是炸药爆炸。其关键是加强危险源的日常管理与控制。对爆炸事件应编制应急救援预案,在爆炸发生后迅速控制其发展,最大限度地缩小爆炸事件造成的损失。对炸药爆炸现场,应着重勘察爆炸点、抛出物、残留物、破坏与伤亡情况,寻找并收集爆炸物种类与数量、引爆方式、破坏程度的痕迹物证,判明爆炸事件的性质。

2. 投毒

在一定条件下,较小剂量即可引起机体急性或慢性病理变化甚至危及生命的化学物质称为毒物。对投毒事件的预防,应建立预警机制和编制应急预案,应急预案内容重点是化学中毒事件的报警、中毒伤员急救、排除可疑危险源、布控嫌疑分子和现场组织指挥等的程序和措施。当投毒事件发生后,控制现场局面、紧急疏散、稳定情绪、搜寻和排除可疑危险源最为关键。除了书面的应急预案,在技术和物资上也应有相应的准备,如配备防护服、防毒面具等防化设备。在日常工作中,城市轨道交通运营企业应组织相关的演习,并对储备物质妥善管理。

知识链接

《城市轨道交通运营管理办法》

(建设部令第140号)

第四章 应急管理

第二十四条 城市人民政府城市轨道交通主管部门应当会同有关部门制订处理突发事件的应急预案;城市轨道交通运营单位应当根据实际运营情况制订地震、火灾、浸水、停电、反恐、防爆等分专题的应急预案,建立应急救援组织,配备救援器材设备,并定期组织演练。

当发生地震、火灾或者其他突发事件时,城市轨道交通运营单位和工作人员应当立即报警和疏散人员,并采取相应的紧急救援措施。

第二十五条 城市轨道交通车辆地面行驶中遇到沙尘、冰雹、雨、雪、雾、结冰等影响运营安全的气象条件时,城市轨道交通运营单位应当启动应急预案,并按照操作规程进行安全处置。

第二十六条 遇有城市轨道交通客流量激增危及安全运营的紧急情况,城市轨道交通运营单位应当采取限制客流量的临时措施,确保运营安全。

第二十七条 遇有自然灾害、恶劣气象条件或者发生突发事件等严重影响城市轨道交通安全的情形,并且无法采取措施保证安全运营时,运营单位可以停止线路运营或者部分路段运营,但是应当提前向社会公告,并报告城市人民政府城市轨道交通主管部门。

第二十八条 城市轨道交通运营中发生安全事故,城市人民政府城市轨道交通主管部门、城市轨道交通运营单位应当依据应急预案进行处置。

第二十九条 城市轨道交通运营中发生人员伤亡事故,应当按照先抢救受伤者,及时排除故障,恢复正常运行,后处理事故的原则处理,并按照国家有关规定及时向有关部门报告;

城市人民政府城市轨道交通主管部门、城市轨道交通运营单位应当配合公安部门及时对现场进行勘察、检验,依法进行现场处理。

第三十条 城市轨道交通运营过程中发生乘客伤亡的,城市轨道交通运营单位应当依法承担相应的损害赔偿责任;能够证明伤亡人员故意或者自身健康原因造成的除外。

复习思考题

一、选择题

1. 由于人们受到主客观条件(科学知识和技术力量或者由于认识)的局限,突然发生的违背人们意愿的事件称为(　　)。

A. 隐患　　B. 危险　　C. 事故　　D. 风险

2. (　　)是因故障或工作人员操作不当而造成人员伤亡、设备损坏,影响可靠性或危及运营安全的事件。

A. 故障　　B. 事故　　C. 突发事件　　D. 险性事件

二、填空题

1. ＿＿＿＿＿＿是我国城市轨道交通系统运营的安全管理方针。

2. 影响城市轨道交通运营安全和可靠性的主要因素包括技术设备、网络的运输能力、运营组织方案和＿＿＿＿＿＿。

三、简答题

1. 简述城市轨道交通系统安全工作的地位和作用。

2. 如何提高城市轨道交通运营安全和可靠性?

模块10 城市轨道交通成本效益分析

教学目标

1. 掌握城市轨道交通运营指标体系的基本内容；
2. 掌握城市轨道交通运营成本的基本构成；
3. 了解城市轨道交通运营支出的基本构成；
4. 了解不同的地铁票价定价思路；
5. 了解提升城市轨道交通经济效益的途径。

建议学时

6 学时。

城市轨道交通在减轻地面交通压力、疏散城市中心人口、改善城市环境等方面起着显著的积极作用，但同时存在初始投资规模大、经营成本高、投资回收期长等问题。经济效益差是城市轨道交通自身的特点。我国城市轨道交通也不可避免，当前运营的地铁已反映出这样的问题。目前在建的大部分项目较多依靠银行借贷资金，在这种投资模式下，项目的经济效益差是必然的，靠项目自身收益很难承担融资、还贷责任，因此城市轨道交通所在城市人民政府必须给予补贴并承担还贷责任。

单元 10.1 城市轨道交通运营指标体系

城市轨道交通系统运营工作的数量和质量要用运营指标来评价，这些指标在一定程度上反映了客运任务的完成情况以及工作质量、效率和效益。城市轨道交通系统运营指标体系大体上可以分为数量指标、质量指标、安全指标、列车正点指标、方便性指标、舒适性指标以及经济指标等。其中，数量指标标志着工作的数量，它主要包括客运量、平均乘距、客运周转量、客运密度、运营里程、断面客流量等；质量指标标志着客运工作和车辆运用的质量，它主要包括速度指标、客车运用指标。

一、数量指标

1. 客运量 Q(人·次)

客运量 Q 指在一定时期(日、旬、月、年)内运送的全部乘客人数。

2. 平均乘距 $S_{均}$(km/人)

平均乘距 $S_{均}$ 指每位乘客平均乘车距离。

3. 客运周转量 $Q_{周}$(人·km)

客运周转量 $Q_{周}$ 指在一定时期(日、旬、月、年)内完成的乘客人公里数。其计算公式如下:

$$Q_{周} = QS_{均} \tag{10-1}$$

式中:$Q_{周}$——客运周转量,人·km;

Q——客运量,人·次;

$S_{均}$——平均乘距,km/人。

4. 客运密度 σ(人·km/km)

客运密度 σ 指在一定时期内平均每公里运营线路所承担的客运周转量。其计算公式如下:

$$\sigma = \frac{Q_{周}}{S_{总}} \tag{10-2}$$

式中:σ——客运密度,人·km/km;

$Q_{周}$——客运周转量,人·km;

$S_{总}$——运营线路总长,km。

5. 运营里程 $S_{运}$(km)

运营里程 $S_{运}$ 指为运送乘客在运营线路上车辆行驶的里程,其中包含列车运行图确定的车辆空驶里程和由于某种原因产生的车辆空驶里程。其计算公式如下:

$$S_{运} = L_{旅}mS_{列运} \tag{10-3}$$

式中:$S_{运}$——运营里程,km;

$L_{旅}$——旅客列车数,列;

m——列车编组辆数,辆;

$S_{列运}$——列车运行距离,km。

6. 断面客流量(人)

断面客流量指单位时间沿同一方向通过运营线路某一断面的乘客数。常用的有高峰小时最大断面客流量和全日分时最大断面客流量。

二、质量指标

1. 速度指标

1)技术速度 $v_{技}$(km/h)

技术速度 $v_{技}$ 指不包含停站时间在内的列车在站间平均运行的速度。其计算公式如下:

$$v_{技} = \frac{\sum nL}{\sum nt - \sum nt_{停站}} \tag{10-4}$$

式中：$v_{技}$——技术速度，km/h；

nL——列车公里，km；

$\sum nt$——列车旅行总时间，h；

$\sum nt_{停站}$——列车在中间站停站时间之和，h。

2）旅行速度 $v_{旅}$（km/h）

旅行速度 $v_{旅}$ 指列车从始发站发出到抵达折返站时的平均运行速度。

2. 客车运用指标

1）列车周转时间 $\theta_{列}$（min）

列车周转时间 $\theta_{列}$ 指列车在运营线路上往返一次所消耗的全部时间。其中，列车周转时间 $\theta_{列}$ 包含列车在区间运行时间、列车在中间站停留时间以及列车在折返站作业停留时间。其计算公式如下：

$$\theta_{列} = \sum t_{运} + \sum t_{站} + \sum t_{折停} \tag{10-5}$$

式中：$\theta_{列}$——列车周转时间，min；

$\sum t_{运}$——列车在运营线路上往返一次各区间运行时间之和，min；

$\sum t_{站}$——列车在运营线路上往返一次各中间站停站时间之和，min；

$\sum t_{折停}$——列车在折返站停留时间之和，min。

2）运用车辆数 N（辆、组）

运用车辆数 N 指为完成日常运输任务所必须配备的技术状态良好的可用车辆数量。其计算公式如下：

$$N = n_{高峰}\theta_{列}\frac{m}{60}（辆） \tag{10-6}$$

式中：$n_{高峰}$——高峰小时开行的列车对数，对；

m——平均每列车编组辆数，辆。

也可写成

$$N = n_{高峰}\theta_{列}\frac{L}{60}（组） \tag{10-7}$$

式中：L——每列车内动车组组数，组。

3）开行旅客列车数（列）

各种编组的列车在运营线路上行驶一个单程，不论是全程运行还是小交路折返，均按一列计算。列车分别按全日、上行和下行开行列数计算。折返列车数按各折返站分别计算。

4）车辆平均日车公里 $S_{日}$

车辆平均日车公里 $S_{日}$ 指某一辆运营车在一日内平均走行的公里数。其计算公式如下：

$$S_{日} = \frac{\sum NS_{日}}{N} \tag{10-8}$$

式中：$S_{日}$——车辆平均日车公里，km；

$\sum NS_{日}$——日车辆公里总数，km；

N——运营车辆数（辆）。

三、安全指标

1. 行车事故数(次)

列车在运营线路行驶过程中,由于有关人员工作差错、机械设备故障、外部因素影响等而造成人员伤亡、设备损坏或影响列车运行的,均属于行车事故。行车事故包括一方责任、双方责任和无责任事故。

2. 乘客伤亡事故件数(件)**和乘客伤亡人数**(人)

乘客伤亡事故件数(件)和乘客伤亡人数(人),指在一定时期内由于本单位责任事故造成乘客死亡和受伤的事故件数和人数。

3. 乘客伤亡事故发生率(%)

乘客伤亡事故发生率,指在一定时期内,每完成1亿人公里旅客周转量所发生的乘客伤亡事故件数。

四、列车正点指标

1. 列车始发正点率(%)

列车始发正点率指在一定时期内,正点发出的列车次数占发出列车总次数的百分比。

列车始发正点率是反映系统工作和服务水平的一个综合性指标。保证列车始发正点,是保证按运行图行车的关键,因此始发正点率越大越好。

2. 列车运行正点率(%)

列车运行正点率,指在一定时期内,正点到站的列车次数占到站列车总次数的百分比。

五、方便性指标

1. 列车开行间隔时间(min)

列车开行间隔时间是指运营线路上前后运行两列车的时间间隔。列车开行间隔时间越短,乘客在站滞留时间则越短,乘客越方便。

2. 乘客出行总时间(min)

乘客出行总时间是指乘客从始发地到达目的地所花费的总时间。它是乘客选择某种交通工具时考虑的一个重要因素。

六、舒适性指标

舒适性指标是指乘客在出行过程中,从精神到物质条件上享受心理和生理愉悦与舒适的程度,可通过以下指标衡量。

1. 站车文明服务乘客满意率(%)

站车文明服务乘客满意率是指感到满意的乘客人数占抽样调查乘客总人数的百分比。

2. 车辆人均占有面积(m^2/人)

车辆人均占有面积是指按标准座席乘客在列车上人均占有的基本面积。

3. 乘坐舒适度

乘坐舒适度是指乘客在乘坐列车过程中的舒适程度。为此,设计时必须考虑最小曲线半径、横向加速度临界值、外轨超高时间变化率、车体振动加速度和横向加速度、噪声频率等,这些参数都应按乘坐舒适度平均试验或国外经验值确定。

4. 站车环境舒适度

站车环境舒适度是考虑舒适度时不可忽视的一个重要方面。提高出行质量,就必须有良好适宜的环境,即环境参数必须符合国家标准。

七、经济指标

1. 客运收入(元)

客运收入指运送乘客的全部收入金额。

2. 运营成本(元)

运营成本指城市轨道交通运营企业在日常运营生产过程中实际发生的与运营生产直接有关的所有费用支出。

单元10.2 城市轨道交通运营成本分析

一、城市轨道交通运营成本

城市轨道交通运营成本,即生产成本,它是运输总成本的一部分。

运输总成本是指城市轨道交通运营企业为提供某种运输劳务所耗费的成本总额。

运输总成本由运营成本(生产成本)、管理费用、资金费用3部分构成,如图10-1所示。

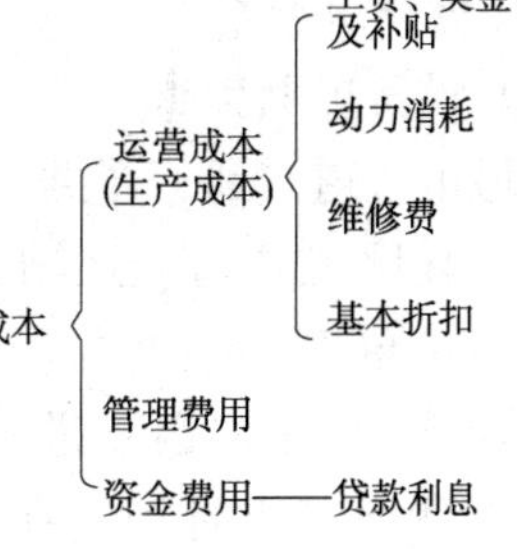

图10-1 运输总成本构成

城市轨道交通运营成本主要包括以下内容:

(1)企业直接从事运营生产活动人员的工资、奖金、津贴及补贴。

(2)按规定提取的职工福利费。

(3)生产经营过程中运用运输设备所消耗的材料、燃料、电力费用和其他费用。

(4)生产经营过程中运输设备养护维修所耗费的材料、配件、燃料、电力、工具备品费用及其他费用。

(5)运输生产用固定资产折旧费。

(6)为了恢复和提高固定资产原有性能和生产能力,对固定资产进行周期性大修理的费用。

(7)合理化建议及技术改进奖奖金。

(8)运输生产经营过程中发生的季节性停工损失、修理期间的停工损失、事故净损失。

(9)按照国家有关规定可以在成本中列支的其他费用,如生产部门的办公差旅费、劳动保护等支出。

运营成本计算公式如下:

$$C_{运} = C_{总} - C_{折} - C_{资} = C_{工资} + C_{动力} + C_{维} + C_{管} \tag{10-9}$$

式中:$C_{运}$——运营成本,元;

$C_{总}$——运输总成本,元;

$C_{折}$——基本折旧,元;

$C_{资}$——资金费用(贷款利息),元;

$C_{工资}$——运营人员工资,包括车站运营与服务人员以及列车乘务人员的工资,元;

$C_{动力}$——动车组动力消耗,元;

$C_{维}$——维修费指车辆、动车组、线路、通信信号设备、电气化设备、房屋建筑等的维修费,主要包括材料费和维修人员工资,元;

$C_{管}$——管理费用,主要包括管理费及营业外支出等,元。

二、城市轨道交通运营支出

城市轨道交通从保证运营角度的出发,主要可分为3部分支出,即基本运营支出、设备更新支出和车辆购置支出。

1. 基本运营支出

城市轨道交通的基本运营支出(不含财务费用和折旧)包括人工费、电费、维修费、营运费及管理费。其中,电费和人工费所占比例较大(占运营成本的一半以上)。目前,我国城市轨道交通的运营成本普遍偏高(一条线路年运营成本为2亿~3亿元),但上海和广州地区的轨道交通已经通过经营包干的模式将运营成本控制在一定的范围之内(一条线路年运营成本不超过2亿元)。

2. 设备更新支出

城市轨道交通运营到一定时期,有部分设备需要重新投入资金进行更新。

一般城市轨道交通项目隧道部分和高架轨道的桥梁部分可沿用50年以上,这两部分设备的更新在短期内不需要新增投入,但轨道、机电设备、车体、车站以及信号、通信设备应在15年内逐步进行更新。预计在合理控制下,国内一条线路平均每年用于设备更新的费用支出可控制在5000万元以内(主要参考国外比例以及目前上海、北京地区的经验数据)。

3. 车辆购置支出

随着城市轨道交通乘客数量的增加,运营者需要对车辆编组及行车组织进行调整,以满足运量的需求。因此,城市轨道交通项目除了在项目建设过程中购入一定数量的车辆外,在运营中还需要根据客流的增长来安排资金或添置车辆。

三、城市轨道交通运营成本分析

所谓成本分析，是指收集与报表使用人进行经济决策有关的各项财务成本资料，并且对成本资料有重点、有针对性地加以分析与解释，从而对企业过去的财务状况、预算执行情况、成本对效益的影响程度和企业未来的发展前景进行评价的一种方法。通过报表分析和文字说明能及时地掌握成本总预算执行进度，了解各部门各项目预算执行情况，及时地掌握某项目超支原因和节约理由，并有针对性地采取措施，达到控制成本、提高效益的目的。

在运输总成本中，运营成本占一定比例，在基本折旧率和利率一定的条件下，基本折旧费和资金费用总额基本固定，因此需要进行运营成本分析。

为了便于分析，将运营成本分为变动成本和固定成本两部分，如图10-2所示。

运营成本
- 变动成本
  - 工资
  - 动力消耗
  - 动力组维修费
- 固定成本
  - 固定设备维修费
  - 管理费用

图10-2 运营成本组成

1. 变动成本

变动成本指运营成本中直接随运量变化而变化的费用支出。变动成本包括车辆的运营和维修费用。它与列车运行距离有关，几乎与运量成比例变化。

2. 固定成本

固定成本指运营成本中短期内不随运量变化而相对固定的费用支出。它包括固定设备的维修费用和管理费。它与运量部分有关，但不随运量线性变化，在一定条件下可视为固定。

案例分析

运营成本分析

某运营公司1—4月财务部门按月编制运营成本分析表。首先，将成本当月明细项目逐项与上一年同期实际以及本年同期预算进行比较；其次，将本年累计成本与上一年同期实际、本年同期预算比较；最后，将本年实际发生与未发生预算合计同全年预算进行比较。月度运营成本分析见表10-1～表10-3。

月度运营成本分析表(单位:万元) 表10-1

项　目	本　月　份							
	实际数	预算数	差额	比例(%)	实际数	上年同期	差额	比例(%)
人工费	43.7	45	-1.3	97	43.7	43.4	0.3	100.7
养护费	11	13	-2	84.6	11	11.2	-0.2	98.2
电费	8	7	1	114	8	8.5	-0.5	94.1
……	…	…	…	…	…	…	…	…
合计	100	105	-5	95.2	100	107	-7	93.5

月度运营成本分析表(单位:万元)　　表10-2

项　目	本　月　份							
	累计数	预算数	差额	比例(%)	累计数	上年同期	差额	比例(%)
人工费	180	185	-5	97.3	180	183	-3	98.4
养护费	45	52	-7	86.5	45	49	-4	91.8
电费	31.6	30	1.6	105	31.6	35	-3.4	90.3
……	…	…	…	…	…	…	…	…
合计	396	401	-5	98.8	396	407	-11	97.3

月度运营成本分析表(单位:万元)　　表10-3

项目	实　际				预　算				实际预算合计	年预算合计	差额	比例(%)
	1月	2月	3月	4月	5月	…	11月	12月				
人工费	43.7	—	—	—	—	…	—	45	540	545	-5	99
养护费	11	—	—	—	—	…	—	12	145	150	-5	96.7
电费	8	—	—	—	—	…	—	8	108	102	6	106
……	—	—	—	—	—	…	—	—	—	—	—	—
合计	100	—	—	—	—	…	—	106	1108	1220	-12	90.8

对表10-1～表10-3进行分析得出如下结论:

(1)人工费约占总成本的44%,养护费约占总成本的11%,电费约占总成本的8%,其他费用约占总成本的37%。

(2)人工费本月和累计分别占同期预算的97%和97.3%,是上年同期的100.7%和98.4%,实际预算合计占全年预算的99%;可以看出,该项费用是按预期进度支付,并比预算和上年同期略有节约。养护费本月和累计分别占同期预算的84.6%和86.5%,是上年同期的98.2%和91.8%,实际预算合计占全年预算的96.7%。可以看出,该项费用是按预期进度支付,并比预算和上年同期有所节约。电费本月和累计分别超出同期预算的14%和5%,但比上年又有所降低,分别是上年同期的94.1%和90.3%,实际预算合计也超全年预算6%;可以看出,该项费用基本按预期进度支付,超出预算,但比上年同期略有节约。

单元10.3　城市轨道交通票价制定

城市轨道交通的票价是城市轨道交通运营企业产品(运输人·km)的销售价格,它的高低直接影响着企业的生存和发展。城市轨道交通票价是运输服务价值的货币表现,价格的理论数值是客观存在的,是有规律可循的,但其价格的高低受服务市场因素的影响,因此制定票价是一个较为复杂的技术过程。另外,从不同的角度出发,可以归纳出不同的定价方法,要使之趋于一致,得到各方面认同,还需审时度势,左右权衡。

一、以成本为基础的定价方法

以成本为基础的定价方法适用范围较广,应用时间较长,被大多数行业、企业采用。它的核心是票价必须以成本为基础,在此基础上再加上平均利润。其基本计算公式如下:

$$I_{运} = \frac{C_{运}}{QS_{均}} \cdot (1 + i_{赢} + i_{税}) \tag{10-10}$$

式中:$I_{运}$——单位人·公里价格,元;

$C_{运}$——企业经营成本,元;

Q——总运量,人·次;

$S_{均}$——平均运距,km;

$i_{赢}$——社会平均赢利率;

$i_{税}$——应缴税费的综合税费率。

由式(10-10)可以看出,成本是运价的基础。在分析运营成本时,应考虑变动成本与固定成本的比例、成本与运量的关系、近期成本与远期成本的关系等,应从实际发生成本中剔除不合理因素和偶然性因素。

这种方法基本上从企业市场赢利的角度出发,适用于产销平衡、计划性较强的情况,但对市场因素考虑不足,特别是供求关系趋于紧张、竞争激烈的情况下,这种方法存在一定的缺陷。

二、以市场供需为基础的定价方法

以市场供需为基础的定价方法基本不考虑运输成本的高低,主要着眼于市场取向,主张以大多数乘客在日常生活和接受城市轨道交通服务时认可或可承受的运输价格为主,强调车票的价格应在买卖双方交易过程中按市场原则自然形成。在定价过程中,主要考虑运输服务市场的供求数量关系及周边的各种比价关系。完全竞争市场模型如图10-3所示。

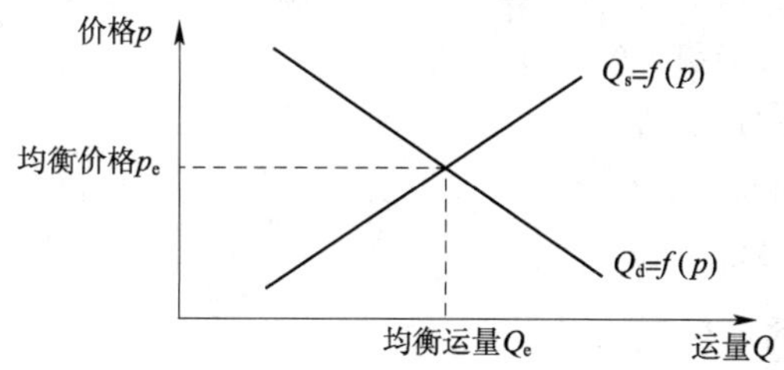

图10-3 完全竞争市场模型

在图10-3中,$Q_d = f(p)$为需求方程,表示需求随价格下降而增加;$Q_s = f(p)$为供给方程,表示供给随价格增加而增加。

在某区域内供需方程可表达为一次形式,即

$$\begin{cases} Q_d = a_0 - a_1 p \\ Q_s = b_0 - b_1 p \end{cases} \tag{10-11}$$

解以上方程组可得到均衡价格和均衡运量：

$$P_e = \frac{a_0 + b_0}{a_1 + b_1} \tag{10-12}$$

$$Q_e = \frac{a_0 b_1 - a_1 b_0}{a_1 + b_1} \tag{10-13}$$

【案例 10-1】北京地铁 1995 年票价为 0.50 元，运量为 5.5 亿人次；1996 年、1997 年票价为 2 元，运量为 4.4 亿人次(未考虑月票影响)，需求函数可近似表达为 $Q = 0.73p + 6$。

1996 年、1997 年政府平均补贴企业 4.4 亿元，企业运输实际单位收入每乘客 3 元，供给函数可表达为 $Q_s = 1.46p$；解方程组后均衡运量为 4 亿人次，均衡价格约 2.6 元。

三、基于社会综合效益的定价方法

从理论上讲，基于社会综合效益的定价应是站在全社会的高度，综合平衡各行各业的投入产出，最后谋求总体的综合效益指标。其中，不但有经济总产值，而且有社会协调健康发展、公共福利等社会效益。要达到这样的目标，政府通过财政职能配置一定社会资源，投向直接服务于市民生活的公共交通行业，用于改善市民的出行条件。地铁的服务价格是在政府调控下的折扣价格，其调控的出发点不是某些个人、企业或团体，而是立足于整个社会，追求全社会范围内最优的资源配置、最高的经济效益、公平的社会分配和良好的社会福利。其调控的程度既要取决于政府财力，也要权衡企业与乘客双方利益，做出这种判断，既有经济学的成分，又有相对伦理学的成分。在西方经济学理论中已有现成抽象的数学模型，如边际定价法、高峰定价法等，但其中真正能直接套用指导定价的很难找到，即便找到了，其中的宏观数据和有倾向性的系数也难以轻易确定。具体可用以下思路来趋近上述目标。

1. 票价应适应乘客合理消费结构和消费水平

票价应适应乘客合理消费结构和消费水平可用方程式形式表示为

$$B_{均}\beta = S_{均}C_{运价} \tag{10-14}$$

式中：$B_{均}$——地铁乘客群人均收入，元；

β——出行支出百分比，%；

$S_{均}$——平均运距，km；

$C_{运价}$——运价率，元/km。

2. 政府财政有足够的承受能力

政府财政有足够的承受能力可用方程式形式表示为

$$B_{政}\beta_{地} + QS_{均}C_{运价} = C_{运} + P_{企} \tag{10-15}$$

式中：$B_{政}$——政府财政收入，元；

$\beta_{地}$——用于地铁的百分比，%；

Q——地铁总运量，人·次；

$S_{均}$——平均运距，km；

$C_{运价}$——运价率，元/km；

$C_{运}$——运输成本,元;

$P_{企}$——企业利润,元。

3. 地铁系统的运输能力得以充分发挥

地铁系统的运输能力得以充分发挥可用方程式形式表示为

$$E = Qa \tag{10-16}$$

式中:E——地铁运输能力,人·次;

Q——地铁实际运量,人·次;

a——合理安全系数。

单元10.4 城市轨道交通经济效益的提升

城市轨道交通运营企业是否具有较强的盈利能力、良好的经济效益,除对运营企业自身的生存至关重要外,还对城市轨道交通可持续发展具有重大影响。提高城市轨道交通运营企业经济效益,需要"开源节流",开源是增加收入与利润来源,节流是控制与降低成本。

鉴于城市轨道交通运营企业成本很高,仅靠车费收入难以盈利,这就需要在政策方面以市场化的方式给予必要的、合理的扶持,使其获得一定的经济效益。

一、降低成本

1. 提高劳动生产率

提高劳动生产率的方法如下:

(1)员工人数不变,提高客运周转量(运营收入)。

(2)客运周转量(运营收入)维持一定水平,裁减冗员。

(3)既提高客运周转量(运营收入),又裁减冗员。

人员费用约占运营成本的35% ~40%,因而裁减冗员对降低运营成本总是有利的。实际工作中可考虑采取的减员措施主要包括:

①采用自动化设备。采用AFC系统、ATC系统后,可相应减少车站售检票人员和车站行车作业人员。

②岗位重新设计。对传统的岗位设置进行详尽的分析,重新设计工作岗位,或者将部分工作岗位科学合并,以减少作业人员配备。

③优化劳动组织。对乘务员等轮乘制员工的作息时间安全,超劳固然不行,但达不到周工作小时势必会增加人员配备。因此,有必要优化乘务员劳动组织,提高劳动生产率。

④精简管理部门。在组织结构设计方面,部门设置、管理跨度都应遵循减少管理层次的原则。从管理人员配备角度出发,公司管理部门的人员不宜超过员工总数的15%。

⑤引进市场机制。将某些业务(如车站与车辆的清洁、车辆的架修与大修等)通过招标方式委托第三方做,这也是可以考虑采取的措施。

2. 提高设备利用率

城市轨道交通是资金密集型行业,设备的购置价格以及维持费用均较昂贵,如果能够提高设备利用率,可以有效地降低成本。其中,提高车辆(列车)满载率尤其重要。在客流分布一定的情况下,采用合理的列车编组与列车交路方案,能够减少车辆使用,从而降低车辆折旧、牵引供电、车辆维修等方面的成本支出。在投入使用列车辆数不变的情况下,加大营销力度,争取更多客流,能提高车辆满载率,从而降低每车公里或每客位公里的成本。

此外,合理配置车站自动售检票设备数量,共享控制中心、车辆基地、主变电站等资源,采用均衡修、部件修等车辆维修模式,对节省购建投资、降低运输成本都具有重要意义。

3. 降低用电等的消耗

制定消耗定额,降低用电、材料等消耗,降低运营成本,提高经济效益。列车牵引、环控、照明等用电费用在运营成本中仅次于员工薪酬费用。

影响列车牵引用电消耗的因素主要有列车编组辆数、列车满载率、列车加速起动、进出站坡度等,涉及运营组织、设备选型和线路设计等方面。

影响环控用电消耗的因素主要有夏季最热月平均温度、全年平均温度、高峰小时列车对数与编组辆数乘积、是否安装站台安全门等。从节省车站环控用电消耗的角度考虑,安装站台安全门值得推荐。

4. 降低工程造价

1)合理确定技术标准

一般而言,技术标准高、运送能力大,工程造价也相应较高,但如果没有足够的客流,难免出现入不敷出的局面。因此,控制成本问题在线路的规划设计阶段就应给予充分的考虑。对于人口规模及客流水平不同的城市,在规划建设城市轨道交通线路时,应从经济实用的角度出发,研究选择最适合自身的城市轨道交通类型及技术标准,没有必要一味地选择技术标准最高、运送能力最大的城市轨道交通类型。

2)提高设备国产化率

城市轨道交通车辆、机电设备投资在工程造价中约占50%。如果进口国外车辆和机电设备,不但购置价格很高,并且将来的零配件采购价格也受制于国外供货商,使得运营期的折旧成本、运营成本上升。为降低工程造价,加快城市轨道交通发展步伐,提高车辆、机电设备的国产化率势在必行。

二、增加收入

1. 车费收入

车费收入是城市轨道交通运营企业的主营收入。车费收入与票价和客运量水平有关。

1)票价

在与收入水平、物价指数挂钩的基础上,适当提高票价,通常能达到增加车费收入的目的。但采用差别定价策略,在客流低谷时段适当降低票价,同样能增加车费收入。

2)客运量

客运量对增加车费收入的意义是显而易见的,尤其是在运能富余的情况下,增加客运量是投入小、产出大的提高经济效益的措施。

2. 非车费收入

1)经常性收入

经常性收入包括车费收入、车站内商务及其他业务收入、物业出租及管理收入3部分。车费收入是主业收入,后两项收入是副业收入。其中,车站内商务及其他业务收入主要指广告、商店租赁、电信服务、对外顾问服务等方面的收入。

数据表明,在经常性收入中,主业收入占主导地位,但副业收入的比例有上升的趋势。另外,主、副业收入均在稳步增长,这种局面实质上是主、副业相互促进的结果。城市轨道交通客流的增长使车站广告位、小商店铺位的商业价值提升,而车站内各类服务所提供的方便又吸引了更多的客流。

2)非经常性收入

非经常性收入主要是物业开发利润,城市轨道交通运营企业取得上盖物业开发权,物业发展商承担建造住宅、商场、写字楼、停车场和酒店的费用和风险,而城市轨道交通运营企业可从物业开发中获取利润。

三、政策扶持

城市轨道交通运营的亏损分为非经营性亏损和经营性亏损两种情形。政策扶持的目标针对的是非经营性亏损,使运营企业能收支平衡、略有利润。

从成本承担的角度来看,城市轨道交通的投资、运营模式有以下两种:

(1)承担运输成本模式。该投资、运营模式的特点是承担全部成本,城市轨道交通的投资、运营合一,城市轨道交通运营企业承担工程投资、贷款利息和运营费用。对经营亏损,政府给予财政补贴或给予某些特许经营权,使其能收支平衡。

(2)承担运营成本模式。该投资、运营模式的特点是承担部分成本,城市轨道交通的投资、运营分开,城市轨道交通运营企业只对运营费用及追加投资、大修费用等自负盈亏,不承担折旧费用和贷款利息。在城市轨道交通发展和运营初期,政府通常给予一定的财政补贴。

因此,政府的财政扶持主要体现为财政补贴和给予特许经营权两方面。

1. 财政补贴

财政补贴是国内外采用较多的政策扶持方式。财政补贴的具体措施包括亏损全额补贴、税收优惠或减免、少提或不提折旧、贷款利息减免、贴息贷款和各种经营补贴等。

2. 特许经营权

政府给予某些特许经营权,城市轨道交通运营企业借此获得利润,并补偿主业经营的亏损。中国香港地铁通过政府给予的上盖物业开发权,可从物业发展商处得到50%的利润,为地铁盈利和线网建设打下了基础。

案例分析

印度某地铁运营公司破产

一、事件概况

印度某市一条名为快速的地铁线路是印度第一个完全由私人建造的快速铁路系统,也是该市一个重要的公共设施,每天运送近6万名乘客,被誉为该市“每日通勤生命线”。然而该地铁线路即将停运。其原因是该线路的运营公司目前因财务问题正面临破产程序,地铁运营面临关闭的风险。

二、事件分析

城市轨道交通运营企业是否具有较强的盈利能力和良好的经济效益,除对运营企业自身的生存至关重要外,还对轨道交通可持续发展具有重大影响。提高运营企业经济效益,需要“开源节流”。

鉴于城市轨道交通运营成本很高,仅靠车费收入难以盈利,这就需要在政策方面以市场化的方式给予必要的、合理的扶持,使城市轨道交通运营企业获得一定的经济效益。

复习思考题

一、填空题

1. 城市轨道交通系统运营指标体系大体上可以分为数量指标和__________。

2. 列车正点指标包括列车始发正点率和__________。

3. 城市轨道交通的票价制定方法包括以成本为基础的定价方法、__________、__________。

4. __________的定价方法使用范围较广、应用时间较长,被大多数企业采用。

二、判断题

1. 提高城市轨道交通运营企业的经济效益,主要依靠控制与降低成本。 ( )

2. 旅行速度是指不包含停站时间在内的列车在站间平均运行的速度。 ( )

三、简答题

1. 简述城市轨道交通评价指标体系的基本内容。

2. 简述提升城市轨道交通经济效益的途径与具体手段。

城市轨道交通市场营销

模块 11

教学目标

1. 掌握城市轨道交通市场营销的定义；
2. 能够陈述城市轨道交通市场营销的目标；
3. 能够陈述城市客运市场细分的含义及意义；
4. 能够列举出至少一种营销策略与客户服务的内容。

建议学时

4 学时。

单元 11.1 概述

一、城市轨道交通市场营销的含义

城市轨道交通市场营销是指经由交易过程来满足人们对客运服务的需要和欲望的一切活动。图 11-1 为静态城市轨道交通市场营销示意图；图 11-2 为动态城市轨道交通市场营销示意图。其中，乘客的需求可以概括为“安全、快速、舒适、经济”地到达目的地。乘客的需求示意图如图 11-3 所示。

城市轨道交通运营企业的产品是服务产品，从营销的角度来定义，其概念是多层次的。具体如下：

（1）核心产品——乘客位移。乘客乘坐城市轨道交通是为了到达目的地，这是城市轨道交通的实际效用和益处。

（2）附加产品——要满足乘客期望的更多需求，包括乘行前、乘行中和乘行后的服务。例如，在进入城市轨道交通站点前，站外导向标志的引导、行车时间、购票便捷程度、出站指南、地面换乘等方面的延伸服务。此外,城市轨道交通沿线应尽可能提供就业、教育、运动、休闲、娱乐、保健、购物、餐饮、观赏等各类社会资源,提供一种新型生活方式。

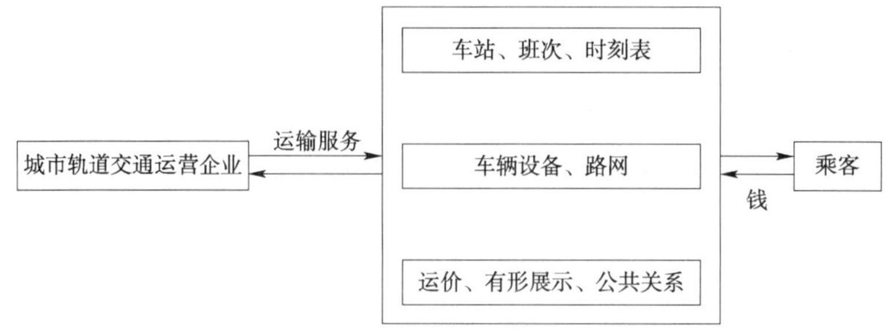

图 11-1　静态城市轨道交通市场营销示意图

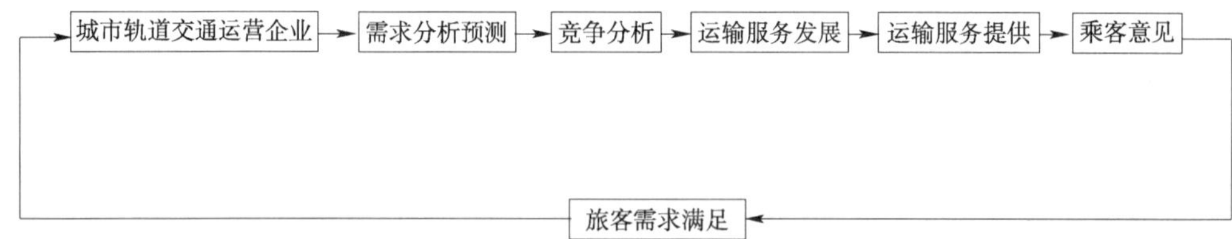

图 11-2　动态城市轨道交通市场营销示意图

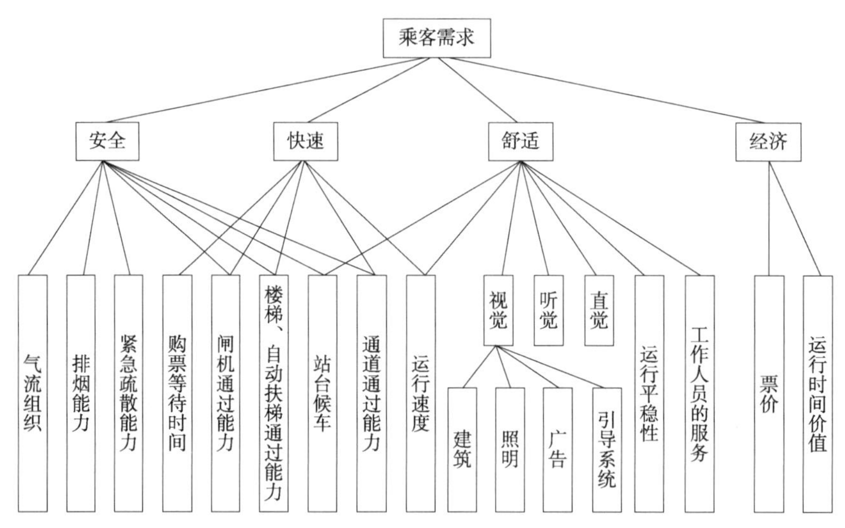

图 11-3　乘客的需求示意图

城市轨道交通市场营销应围绕核心产品和附加产品这两个方面展开营销策略,以期带给城市轨道交通运营企业良好的社会效益和经济效益。

城市轨道交通市场营销管理应细分各个客运市场,在目标市场内,创造、建立和维持城市轨道交通运营企业与被服务乘客间的互利方案;根据目标市场的需要及乘客欲望、知觉与偏好的分析,来设计运输服务产品,以期能提供有效的服务设计、定价、沟通的程序,不断地满足乘客的各种延伸需求,提升城市轨道交通运营企业的服务水平。

二、城市轨道交通市场营销的目标

城市轨道交通运营企业实行各种营销计划和活动,其最终目标可简单归纳为下列3点。

1. 吸引更多的乘客

客流量越大,城市轨道交通运营企业越能充分发挥其服务资源,主要体现为两个方面:一方面实现了城市轨道交通运营企业服务大众的目的,另一方面改善了城市轨道交通运营企业的财务状况。中国香港地铁被誉为世界上最卓越的铁路系统,其经营理念中很重要的一条就是“争取乘客”。中国香港地铁在乘客服务方面从不满足于现状,积极地寻求改善途径,从而始终保持强劲的竞争能力,企业年均获利达数十亿港元,是目前世界上盈利最多的铁路运营企业。

2. 使消费者达到更大的满足

城市轨道交通市场营销的任务就是随着旅客的需求、欲望的改变,随时调整企业的服务组合,以满足旅客的需求。以中国香港地铁为例,在地铁中,处处可见同站台换乘、无缝交通枢纽及独特的全天候、人性化行人连廊,使中国香港地铁历年来都被评为公众最满意的交通工具,真正成为广大市民生活的重要组成部分。

3. 提高人们的生活质量

城市轨道交通是大众性运输方式,与人民的生活密切相关。所以,城市轨道交通运营企业如果能有效地提供符合人们需要的运输服务且广为旅客所接受,就能直接提高人们的生活质量。中国香港地铁在客运强度、安全、可靠、效率和效益等方面均保持世界领先地位,真正做到了给予香港市民“多点时间、多点生活”的体验,并不断完善规划和设计,使城市轨道交通车站社区成为备受市民欢迎的优良的便捷社区,成为全港43%以上就业人口的安乐社区。

单元11.2 城市客运市场细分

一、市场细分的含义

城市轨道交通运营企业因其受资源(人力、物力、财力)的限制及乘客的不同需求偏好,所以无法为其营运地区的所有市民提供服务。城市轨道交通运营企业若想提高其设备与资源的营运效益,最大限度地满足乘客的需要,则必须将市场加以细分,并对各细分市场的乘客特性加以分析,然后根据城市轨道交通的特点,选择最能有效提供服务的细分市场,作为企业的目标市场;同时,更进一步根据目标市场的需求特征,发展或调整所提供的服务,从而使乘客的需求能获得最大的满足。

1. 市场细分的含义及细分变数

所谓市场细分,是指将整个市场按某种特征分成不同的乘客群体,使之成为特定营销组合所针对的目标市场。

将一个市场加以细分,首先要找出一系列有关影响乘客需求的因素,通常称为细分变数。

2. 市场细分变数及其举例

一般市场的细分变数及主要细分举例,见表 11-1。

一般市场的细分变数及主要细分举例　　表 11-1

细分变数		主要细分举例
地理变数	区域	市区、郊区
	服务地区大小	—
	密度	每平方公里人口数
	气候	干燥区、多雨区、多雪区等
	旅行长度	市区内、市区—郊区
人口变数	年龄	6 岁以下,6 ~ 11 岁、12 ~ 19 岁、20 ~ 34 岁、35 ~ 49 岁、50 ~ 64 岁,65 岁以上
	性别	男、女
	家庭人数	1 ~ 2 人、3 ~ 4 人、5 人以上
	家庭生命周期	年轻单身、年轻已婚无小孩、其他
	月收入	500 元以下、500 ~ 1000 元、1000 ~ 2000 元、2000 ~ 3000 元、3000 ~ 5000 元、7000 元以上
	职业	经理人、高级职员、公务员、专业技术人员、一般职员、工人、农民、军人、学生、待业
	教育	小学以下或小学、中学、大学
	社会阶层	下、中、上
	私人拥有运输工具	自行车、助动车、摩托车、小汽车
心理变数	生活方式	奢侈型、朴素型
	个性	合群型、孤僻型、霸道型、野心型
行为变数	追求利益	经济、方便、快速、舒适
	使用状况	未使用者、过去使用者、潜在使用者、经常使用者

二、乘客行为模式

为能有效地选取细分市场的变数,我们必须研究城市内乘客行为模式。根据消费者行为模式,可将城市内运输市场乘客的行为模式进行归纳,如图 11-4 所示。

1. 问题产生

当乘客因有关社会经济活动或个人社会、经济、心理因素而产生出行问题时,乘客会采取某些行动(如开车去赴宴)或接受某些服务(如出租车或城市轨道交通)来解决其问题。

2. 旅行需求的认知

当乘客认识到有出行问题产生并经由大脑转化成对旅行需求的认知。

3. 评估运输工具

当产生旅行需求认知后,乘客便会将身边可用的运输工具依据以往的经验、个人对各种运输工具的态度和能力、使用目的及当时的状态(如天气状况、时间充裕程度、何种较方便等)加以评估。

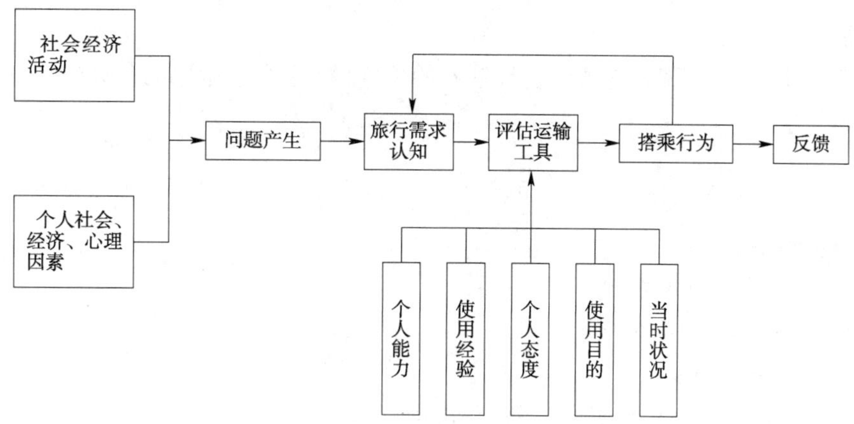

图 11-4 城市内运输市场乘客的行为模式

4. 搭乘行为

乘客将选择可接受替代方案中成本最小或效用最大的运输方式来使用。

5. 反馈

事后乘客再决定此行为是否能有效地解决自己的问题。若问题能够有效解决,乘客就会继续选择这种运输方式;反之,乘客就会考虑其他运输方式。

单元 11.3 营销策略与客户服务

一、乘客对城市轨道交通服务质量的要求

乘客对城市轨道交通服务质量的要求如下:

(1)可及性。可及性指获得城市轨道交通运输的难易程度。它主要依靠站牌设置及城市轨道交通班次提供的多少而定。

(2)速度(旅行时间)。速度(旅行时间)包括列车运行速度、步行时间、各种等候时间。

(3)舒适性。舒适性通常包括座椅、空气、噪声、车厢整洁、服务态度、行驶平稳度等。

(4)方便性。方便性包括携物上车、不良天气转车、停站次数、可在车上兼做其他事等。

(5)准时性。准时性指列车出发及到达的时间是否准时。

(6)安全性。安全性指行车安全及站车次序。

(7)使用者成本。使用者成本包括票价及乘客的旅行时间成本等因素。

二、产品策略与客户服务

城市轨道交通服务产品是指用以满足位移需要的全部服务,即乘客"到站、询问、购票、

检票、候车、上车旅行、检票、离站或换乘”全过程所得到的服务。以下是乘客的位移需求及其对设施、服务等方面的要求。

1. 到站

乘客换乘地铁,首先需要弄清附近地铁站的位置,然后通过出入口进入车站。

1)乘客需求

(1)车站位置合理。

(2)到地铁站的距离短。

(3)方便到达地铁站。

(4)地铁站出入口容易找到。

(5)地铁的乘客导向系统指示明确。

2)乘客对设施的要求

(1)出入口应以最大限度地吸引客流为准则。

(2)出入口与公交车站换乘方便。

(3)地铁的导向标志醒目,指示牌设置合理。

2. 询问

搭乘地铁的乘客可分为一般购票乘客、特殊乘客(如老人、学生等)及残障人士。其中,一般购票乘客可分为熟悉城市轨道交通系统的乘客(如购 IC 卡的本地乘客)和不熟悉城市轨道交通系统的乘客(如购单程票的外地乘客、旅客、搭乘地铁次数不多的本地乘客)。一般需询问的多为不熟悉城市轨道交通系统的乘客。

1)乘客需求

(1)乘客希望很便捷地找到询问处、询问交流界面简单。

(2)询问处位置合理,乘客容易发现。

(3)引导指示明确,标志醒目。

(4)规模结合乘客特点。

(5)询问人流不会干扰其他人流。

2)乘客对设施及服务要求

(1)询问处设置服务窗口的多少、等候面积及形式需根据不同车站的乘客特点而设计,设计前需分析车站的乘客组合。

(2)服务人员应服饰整洁、热情周到、礼貌待客、服务规范。

3. 购票

进入车站付费区的乘客均需持有城市轨道交通车票。持单程票的乘客,每次进入均需购票;持储值卡的乘客,当票值用完后需重新购买。

1)乘客需求

(1)购票的乘客希望找零方便,购票容易,不需要等候过长时间。

(2)非付费区设有售票机、票务室。

(3)位置合理,在进站的流线上。

(4)引导指示明确,标志醒目。

(5)最好设有零钞兑换机。

(6)售票机、票务室数量合理,购票等候时间不长。

2)乘客对设施的要求

售票机、票务室设置的数量和所需的空间需根据不同车站的乘客组成特点及乘客舒适的购票时限而设计,设计前需分析乘客组成特点。

4. 检票

乘客购票后,将所持车票送入闸机检票口,经检票无误后,闸机开放,让乘客通过闸机进入付费区。

1)乘客需求

(1)方便找到闸机。

(2)乘客能快速通过。

2)乘客对设施的要求

(1)位置醒目,指示明确。

(2)闸机的通过能力与客流量相匹配。

(3)设施的设置。闸机的数目、进出的配置须根据不同车站的乘客组成特点而设计。

5. 候车

乘客通过闸机后,进入付费区,到站台等候列车到达。

1)乘客需求

(1)方便到达站台,舒适候车。

(2)清楚明了现在所处的位置、所需到达的目的地及需搭乘的列车。

2)乘客对设施的要求

(1)站台空间宽阔,压抑感少。

(2)灯光照明配置合理。

(3)站台安全门透明,框架轻巧,观感好。

(4)减少噪声干扰。

(5)广告位置合理,不干扰导向系统。

(6)引导指示系统醒目,清楚。

(7)空调气流组织舒适。

6. 列车旅行

1)乘客需求

(1)方便上车。

(2)列车运行平稳。

(3)车内整洁舒适。

(4)了解列车停站的名称。

2)乘客对车辆的要求

(1)车辆外部运行方向标示明显。

(2)车辆内要有路线图展示,并标示站名。

(3)车辆内要有与该线路相交叉的城市轨道交通网络图及相交路线的运行时刻表。

(4)车辆上的管制标语(如“禁止吸烟”等)也应该清楚标志。

(5)车辆符合运行标准,车内灯光配置合理,座位舒适。

(6)列车广播信息及时、准确。

7. 检票

乘客乘坐地铁到站后,下车持票到闸机检票出闸。

乘客需求及设备设置要求与上车一致。

8. 补票

乘客到站检票,如出现丢失车票、车票损坏或补车资等情况,需到票务室办理补票。

1)乘客需求

容易找到、手续简单、等候时间短。

2)乘客对设施的要求

(1)在付费区内设置。

(2)引导指示明确,容易找到。

(3)数量、规模根据补票乘客的特点设置。

(4)一般下车乘客中需补票的乘客所占的比例相对较少,补票业务可由票务室兼顾,所以票务室一般设于非付费区与付费区之间。

9. 离站

乘客检票出站后,通过出入口到达室外。

1)乘客需求

(1)方便出入。

(2)方便到达目的地。

2)乘客对设施的要求

(1)车站在不同街区有出入口,出入口兼作过街隧道或天桥。

(2)出入口靠近公交车站。

(3)出入口设在人流主要活动区。

10. 换乘

换乘的乘客从一个车站到另一个车站,可通过通道或楼梯、扶梯到达,也可通过站厅换乘。

1)乘客需求

(1)换乘距离短、快捷。

(2)换乘方向明确。

(3)通道照明适度、环境舒适。

(4)地下通道通风组织良好。

2)乘客对设施的要求

(1)换乘通道短、直接。

(2)导向标志清晰、明了。

三、价格策略与客户服务

1. 城市轨道交通运营企业定价目标

城市轨道交通运营企业定价目标如下:

(1)以低票价吸引乘客。

(2)采用能吸引新乘客的措施。

(3)刺激乘客在非高峰期使用城市轨道交通系统。

(4)根据政府要求对某些乘客实行优惠票价。

(5)运输收入总体要能补偿运输生产费用,并能获取合理利润。

2. 价格表的种类和选择

根据国外的经验和资料,价格表的分类一般是以城市的结构和城市轨道交通线网的分布形状来确定的。具体有以下几种:

(1)与距离相关的价格表。这种价格表适用于长距离运输,对于较高频率出入系统的乘客不太方便。如果这种方式用于城市轨道交通系统,将导致城市轨道交通系统的设备和管理变得相当复杂。

(2)单一价格表。这种价格表适用于小范围的交通网络,乘客使用方便,运营企业的操作简单,但不能体现乘距与费用的关系,有一定的不合理性。

(3)区段相关的价格表。对于城市轨道交通运营企业和乘客来说,这种收费方式不算太复杂,也比较合理,特别适用于呈走廊形状的线网。但对于覆盖范围较大的交通线网,区段的划分有一定的难度,每个小区段之间关系的处理比较复杂,所需的票价级别也比较多。

(4)与时间相关的价格表。这种价格表适用范围比较广泛,可以同时用于不同性质的交通系统中,如地铁和公交等。这种方式对乘客极为方便,乘客可以随意换乘各种不同的公交系统而不必单独购票。但由于不同公交系统所提供的服务水平和运营成本各不相同,这种方式很难体现合理的服务与价格之间的关系,对于高成本的运输系统是不利的。如果将这种方式的价格表只限于城市轨道交通线网的范围以内,仍然存在运距与费用的矛盾。

(5)与区域相关的价格表。这种价格表适用于集中式的线网结构、环行区域交织在一起的线路共同使用同一价格表,并同时考虑了乘距与费用之间关系的合理性。

(6)区域、区段组合式价格表。这种价格表将区域与区段两种方式有机地组合起来,特别适用于放射形的城市轨道交通线网结构,既能适应市中心区线网密度高、不利于区段划分的情况,又能满足城市外围线网分散、无法用区域划分的情况。

(7)短距和短时价格表。这种价格表用于短距离和短时间运输,必须与基本价格表结合使用,是基本价格表的一种补充。

(8)补充价格表。这种价格表用于一些特殊情况下的运输,如开行特快列车、夜间列车等。

(9)换乘价格表。这种价格表一般与单一价格的票价方式结合使用。当乘客换乘其他线路的列车时,需支付一定的额外费用。

目前,国内一般采用区域、区段组合方式的价格表作为城市轨道交通线网的基本价格表。

3. 车票的种类

城市轨道交通运营企业应该设法从运营中尽可能多地获得收入。达到这个目的的唯一办法是使其运营更好地适应不同的乘客需求,以便吸引更多的乘客。

对于收费系统来说,车票的种类应尽可能适应不同的乘客群体,在为乘客提供优质服务的同时,尽可能提高预先支付票款的比例。

对可能使用城市轨道交通系统出行的乘客及所对应的车票种类分析如下:

(1)我国城市轨道交通票种比较单一,随着城市轨道交通线网的建设,将逐渐扩展和确定新的票种,从而不断提高地铁系统对乘客的吸引力。

(2)结合封闭式票务管理的模式,同时考虑科学技术的发展,车票的品种以磁卡票和IC卡为主。

(3)一般情况下,一部分单程票、不计程票和一些特殊用途的车票仍可采用磁卡车票;储值票一类的计程票收费可以采用IC卡收费方式。

4. 车票的发售

乘客对车票的选择不仅考虑费用,还考虑购票的过程是否方便。作为运输系统的使用者,乘客总是希望购买车票的过程非常简单,这里包含了对车票发售地点和手续方面的要求。

对于城市轨道交通运营企业来说,车票发售的方便程度不仅会影响到运输系统对客流的吸引力,而且会影响运营企业本身人员数量、设备配置及运营成本方面。

无论是乘客还是城市轨道交通运营企业,都希望在运营过程中尤其是在高峰期减少现场售票的数量,减少乘客在车站的停留时间。

一般来说,城市轨道交通系统的售票方式有以下几种:

(1)完全人工售票方式。这种方式需要在车站的售票点安排较多的人员,站内票务室的空间要求比较大,乘客在站内停留的时间较长。这种方式不适用于具有高度自动化水平的自动售检票系统。

(2)半自动售票方式。由一定的设备辅助人员的工作,人员的数量可以相对减少。由于有设备辅助,乘客在购票时等待时间相对减少。

(3)自动售票。由乘客自己操作购票设备。只需安排很少的人员辅助或管理售票设备,完全由乘客自己操作。在城市轨道交通运营初期,乘客由于熟练程度不同会产生在站停留时间较长的问题。

(4)系统外售票。这种方式可以把大量的购票乘客吸引到城市轨道交通系统外购票,售票地点可以灵活地安排到银行、邮局或商店等地方,适用于出售多次使用的车票。这种方式可以方便在城市轨道交通系统外的合适地点或时间购票,避免在车站内耗费时间,同时减少了车站人员、设备和空间的数量。

对于包含多种车票的运输系统,车票的发售不可避免地要采用多种不同的方式。但我们工作的目标应该是尽量减少必须在车站内部发售低效率的单程票的比例,提高乘客使用包含多种车票的运输系统的效率。

5. 车票流程

车票按其流动方式,可划分为一次性使用的车票和多次使用的车票。

一次性使用的车票基本上以单程票为主,乘客从车站的自动售票机中购出,进站时送入进站检票机进行第一次检票并判断该车票是否有效;出站时由出站检票机进行第二次检票并回收。

多次使用的车票有很多种,乘客可以从车站、银行、邮局或其他代售点购得。进站时车票的使用与单程票相同,出站时检票机将乘客出行的费用从车票的存储费中扣除,判断该车票是否存在多余的费用;如果是以时间控制的车票,则判明其是否超出使用期限。如果车票可以再次使用,则检票机将车票退还给乘客。

失效的多次使用车票的处理可以有两种方式:一种是退还给乘客,然后由乘客到车站票务室再次赋值;另一种是由出站检票机将车票回收,送到票务室再进行分拣和重新赋值。

检票机在回收车票时将一次性使用的车票和多次使用的车票(如果采用后一种方式)分装在两个票箱内;一次性车票直接由管理人员装回自动售票机内循环使用,多次使用的车票则由专门的列车沿线收集,送到票务中心进行分拣。

四、促销策略与客户服务

城市轨道交通运营企业除了提供必要的有关产品服务及价格策略外,更应积极配合上述活动进行促销,以提高其服务水平和实现营销目标和任务。一般促销的方式包括广告促销、人员推广、销售促进和公共关系促销等。

1. 广告促销

1)广告的目的

城市轨道交通运营企业做广告的目的有下列3个:

(1)把公众的注意力吸引到城市轨道交通系统上来。

(2)使公众知道搭乘城市轨道交通的好处及其服务品质。

(3)创造公众心目中城市轨道交通运营企业的良好形象。

吸引公众的注意力,可以靠一些主要的媒体来宣传;同时,车站及车辆的造型、颜色、公司的标志都是吸引乘客注意力不可忽视之处。

在宣传城市轨道交通系统优点时,应针对乘客心理特点,做到有的放矢。城市轨道交通具有如下优点:

(1)省钱。搭乘城市轨道交通比驾驶小轿车上下班可以节省费用。

(2)省时。城市轨道交通具有速度快、不堵塞的特点,可节省旅行时间。

(3)舒适与方便。在车上能阅读报刊、听音乐等。

(4)较高的安全性和可靠性。与其他运输方式的事故率及准点率相比,城市轨道交通系统具有较高的安全性和可靠性。

(5)激发公众的公德心。城市轨道交通系统具有节省能源、减少空气污染等优点,搭乘城市轨道交通有助于实现社会可持续发展目标。

2)广告决策

提出广告计划时,决策者通常应考虑以下几点:

(1)预算。预算指广告费的预定支出。

拟订广告预算方法有量力支出法、销售百分比法和成本法。其中,量力支出法是以城市轨道交通运营企业能力所及来拟定预算;销售百分比法是以城市轨道交通运营企业销售额(或毛利)订出一百分比作为广告预算,如以毛利的15%为广告预算;成本法是以广告目标列出其任务,再估算计划完成任务的成本。

(2)信息。信息指广告所要表达的消息,让受众了解。

(3)媒体。一般常用媒体有报纸、电视、收音机、网络等。通常由眼睛能看到的媒体,较能达到塑造形象的目的;而只有声音的媒体只能让大家知道有此系统而已。

(4)运作。整个广告在时间上应如何与各项媒体配合,以充分发挥其效果。

(5)衡量。用适当的方法评估广告所达成的效果。

3)降低广告费的方法

(1)与其他组织分摊,如在运动会比赛上做广告。

(2)附带在其他产品上,如在啤酒罐上、城市地图或香烟盒上做广告。

(3)在学校或其他组织的定期刊物上刊登广告。

2. 人员推广

人员推广是指城市轨道交通运营企业派营销专员针对某组织、特殊团体或特殊活动的需要,以自行介绍、游说、优待等方式争取服务机会的活动。

3. 销售促进

销售促进是指除了服务本身以外,增加对顾客表示友善或其他附带的服务,以促进建立企业的良好形象并使旅客接受城市轨道交通的服务。例如,车上提供茶水、报刊或赠送纪念品等。

4. 公共关系促销

公共关系工作的对象可分为一般大众、新闻界及政府机关3个方面。进行公共关系工作最基本的方法是提供优质的服务。

1)对一般大众

保持车辆内外的整洁,良好的车站出入口、车站等,提供给乘客非常整洁、宽敞、舒适的环境,服务人员要保持良好的服务态度,电话问询系统的设施和人员充足,以免乘客在需要问询时遭到拒绝。设置一个接受投诉的部门,并及时处理、答复所有投诉,当服务发生故障时,应立即通知大众并解释原因。另外,城市轨道交通运营企业必须积极参与公益活动,如慈善事业、提供免费公益车厢广告等;政府改进运输的计划或研究;参与社会特殊活动,如运动会、商展、文明共建等。

2)对新闻界

(1)城市轨道交通运营企业高层主管人员与新闻界建立良好的关系,向新闻界提供准确的运营信息。

(2)重要的新闻要公布时,应举办记者招待会,有关事项先行通知新闻界。

(3)出现对企业不利的情况,不要偏袒过失,尽可能将误会解释清楚或更正错误。

3)对政府机关

(1)准备一份最新的信息表,列出与企业有密切关系的主要相关信息,将相关服务回赠给政府有关部门，提供企业的例行报告，报政府主管部门。

(2)关注对政府有参考意义的信息，了解政府对城市轨道交通运营企业的有关限制，与政府有关部门加强沟通。

复习思考题

一、填空题

1. 车票按其流动方式可以分为__________和__________。

2. 城市轨道交通市场营销是指经由交易过程来满足人们对__________的一切活动。

3. 城市轨道交通企业的促销方式包括广告促销、__________、__________和公共关系促销等。

二、简答题

1. 简述城市轨道交通市场营销的目标。

2. 简述乘客对城市轨道交通服务质量的要求。

3. 简称城市轨道交通运营企业的定价目标。

附录1 本教材课程教学参考标准

课程名称：城市轨道交通运营管理
适用专业：城市轨道交通运营管理

一、前言

（一）课程定位

"城市轨道交通运营管理"属轨道交通运营管理专业的专业必修课程，也是该专业的主要专业基础课程之一。其先修课程为"城市轨道交通概论"，课程系统地讲授了城市轨道交通运营管理概述、客流分析与预测、行车组织、客运组织、票务管理等理论知识和基本技能，既为后续"城市轨道交通客运管理""城市轨道交通行车组织""城市轨道交通运营安全"等专业核心课程的学习奠定基础，也为学生毕业后从事轨道交通企业生产或技术管理工作创造条件。

（二）课程目标

通过本课程的学习，学生了解城市轨道交通运营管理具体内容，对城市轨道交通行业有较全面的认知，掌握客流预测与分析方法、行车组织管理、车站客运作业组织、票务管理、车辆运用与调车组织作业、安全管理等基本知识，获得自动售检票操作、行车管理、票务事务处理、车站客运作业等基本技能。

（三）课程设计

1. 设计思路

根据城市轨道交通对技术技能人才的要求，课程应突出职业素质，夯实专业基础，增强专业教学的理论性、适用性、实践性，构建应用性和实践性为基本特点的课程教学体系。在教学组织上，根据"城市轨道交通运营管理"课程理论性与实务性相结合的特点，坚持"实际、实用、实践"原则，合理组织教学全过程，根据教学内容特点，将理论教学与实践教学有机结合。课程内容全面反映铁路新技术发展的实际，理论教学和实践教学穿插进行。

2. 课程的重点、难点及解决办法

课程重点：城市轨道交通客流预测与分析方法；城市轨道交通运输计划编制；车站客运

作业组织具体内容;城市轨道交通票务系统业务管理内容、票务异常情况处理方法;车辆运用与调车作业组织原则和适用条件。

课程难点:借助自动售检票系统来判断各种票务异常情况并进行异常情况处理;借助实训设施完成行车组织、调度组织的实施,判断车辆通行和信号指示之间的逻辑关系。

解决办法:采用先进的教学手段以直观体现这些重要的过程和联系。教师应了解核心问题的本质性,着力解决课程理论与现场实际的关联性,在教学中搜集大量图片和制作视频资料、电子课件等,以提高教学场景的直观性、动态性,便于学生理解掌握、融会贯通。

二、课程内容和要求

教学时间安排: 64 学时

学习目标:

1. 了解城市轨道交通运营管理模式和企业管理的组织架构;掌握城市轨道交通运营管理内容。
2. 了解城市轨道交通客流预测和调查方法。
3. 掌握断面客流量计算方法和城市轨道交通行车计划编制方法。
4. 熟悉自动售检票系统操作,具备票务异常情况、差错违章等情况处理能力。
5. 熟悉车场作业和调车作业内容。

学习项目	知识要求	技能要求	参考学时
(一)城市轨道交通运营管理概述	了解城市轨道交通系统的运营特性;熟悉城市轨道交通系统运营管理模式;掌握城市轨道交通企业组织结构;了解城市轨道交通企业管理目标及主要内容;了解城市轨道交通网络化运营的现状和存在问题	不同运营管理模式比较分析及适用性分析;正确绘制国内城市轨道交通运营企业组织架构图	4
(二)城市轨道交通客流预测调查与分析	掌握客流的基本概念及不同客流的概念;了解影响客流的基本因素;熟悉客流调查的基本内容;掌握客流预测的基本方法;能够分析客流在时间与空间分布上的特征	断面客流量计算;客流预测方法掌握;编制专项客流调查问卷	8
(三)城市轨道交通行车组织管理	掌握城市轨道交通系统客流计划、全日行车计划的基本内容;掌握列车开行方案的基本内容;掌握城市轨道交通系统车辆配备、运用与检修计划的基本内容;掌握行车闭塞法;熟悉行车指挥方式;掌握正常情况下行车组织	OD表数据分析;断面客流分布图;全日行车计划编制步骤;行车闭塞法原理掌握	10

续上表

学习项目	知识要求	技能要求	参考学时
(四)城市轨道车站设备与作业	掌握城市轨道交通车站的概念及分类;熟悉城市轨道交通车站客运设备的使用;学会客运作业的流程及要求;了解客运服务的有关内容;了解车站行车作业的基本要求的制度;了解车站接发列车作业与列车折返作业	站台作业流程及作业内容分解;妥善处置站台服务作业和乘客投诉处理	6
(五)城市轨道交通票务管理	掌握城市轨道交通票务系统的基本构成与作用;能够正确使用和管理车票和现金;能够正确处理票务问题;能够安全使用票务设备;掌握票务岗位的岗位职责	熟练操作自动售检票系统;票务业务管理;各种票务异常情况处理	6
(六)车辆运用与调车作业组织	了解车辆段与综合基地;掌握编制车场行车作业计划及车场接发车作业;掌握编制调车作业计划及调车作业	车场行车作业计划编制流程;调车作业计划制定及调车作业方法	6
(七)城市轨道交通运营设备维修管理	了解维修的基础理论;了解城市轨道交通固定设备的维修方式	掌握固定设备和车辆设备的维修作业流程	4
(八)城市轨道交通土建设施维护管理	了解城市轨道交通线路养护的基本原理与内容;了解城市轨道交通隧道主要病害类型及其治理措施	掌握城市轨道交通线路、隧道、桥梁检测与维护技术	4
(九)城市轨道交通运营安全管理	了解安全观念的发展历程;掌握安全、事故、危险、隐患的概念;了解城市轨道交通安全生产方针;城市轨道交通运营安全与可靠性分析	结合理论,完成运营安全事件成因分析及措施改进	6
(十)城市轨道交通成本效益分析	掌握运营指标体系的基本内容;掌握运营成本的基本构成;了解运营支出的基本构成;了解不同的地铁票价定价思路;了解提升城市轨道交通经济效益的途径	运营指标、成本分析	6
(十一)城市轨道交通市场营销	掌握城市轨道交通市场营销的定义;能够陈述城市轨道交通市场营销的目标;能够陈述城市客运市场细分的含义及意义	制定客户服务营销策略	4
总计			64

续上表

学习组织形式与方法： 教学模式：教学做一体。 实施地点：多媒体教室及学校室外实训场。 教学手段：多媒体教学、实物教学。 教学方法：小组合作、教师引导与学生自主研讨相结合。
学业评价： 评价原则：以过程性评价为主。 过程评价（平时成绩）分为优秀（85分以上）、良好（75～84）、及格（60～74）、不及格（59分以下）4个等级打分，占终结评价的60%。 期末书面闭卷考试占终结评价的40%。在试卷中对能力层次要求控制的分数比例原则是：识记20%，领会20%，简单应用35%，综合应用25%。试卷中各能力层次易、中、难的比例大致控制在15∶70∶15的幅度内

三、教学条件

（一）教师团队及职业背景

教师团队由校内具备现场实践经验的双师型教师和现场聘请的兼职教师组成。

（二）教学设施

为了加深对课堂教学内容的理解，除常规教学设备条件外，可以在图书馆、电子阅览室查阅相关资料，并且安排现场认识实习、实训基地教学等实践内容。

四、实施建议

（一）教材选取

《城市轨道交通运营管理（第2版）》，人民交通出版社出版股份有限公司，耿幸福、崔联云主编，ISBN 978-7-114-18033-0。

（二）教学建议

1. 把握行业的最新发展，在教学中体现行业的最新成果

在“城市轨道交通运营管理”的教学中，要求教师注意把轨道交通行业的新动态、新理论、新规范，注意轨道交通行车组织、票务管理等领域的新发展、新成果，鼓励教师参加各种专业会议，收集城市轨道交通运营管理发展的前沿资料，增加教师的学识，加强信息交流和沟通，开阔学生的视野，提高学生的学习兴趣。

2. 教师深入现场，熟悉生产实际

城市轨道交通运营管理专业是一门实践性很强的专业，它要求专业教师必须熟悉城市轨道交通站场和车站现场，教学才能讲解生动，丰富讲授内容，做到理论联系实际。因此，课程组教师无论是带领学生现场参观、实习，还是进行科研调研，都要十分注意观察学习，向现场师傅请教；深入现场搜集有用的材料、图片，编入电子课件，以取得很好的直观教学效果。

（三）课程资源的开发与利用

逐步开发建设课程教学辅助资源，不断完善教学录像、电子课件、网页课件、案例库、习题集、教学标准等信息化资源。

（四）其他说明

本课程计划安排64学时，教师可以根据学生自身基础及学习能力做适当调整，可不断更新课程资源，课程内容应密切结合现场实际及时更新。

附录2 本教材配套资源清单

二维码编号	模块-单元	资 源 名 称	资 源 类 别
二维码1	模块2-单元2.1	客流表计算断面客流	微课
二维码2	模块2-单元2.1	全日分时最大断面客流量	二维动画
二维码3	模块3-单元3.3	列车折返方式	二维动画
二维码4	模块3-单元3.3	列车交路	二维动画
二维码5	模块3-单元3.4	车辆编组与配置	二维动画
二维码6	模块3-单元3.5	闭塞的概念	二维动画
二维码7	模块3-单元3.5	ATP系统的构成	二维动画
二维码8	模块3-单元3.5	ATO系统作用和构成	二维动画
二维码9	模块4	站厅层平面布置	二维动画
二维码10	模块4-单元4.1	屏蔽门	视频
二维码11	模块4-单元4.1	车站车控室自动扶梯控制设备开启与停止的操作	视频
二维码12	模块4-单元4.2	服务用语要求	二维动画
二维码13	模块6-单元6.1	车辆段	三维动画
二维码14	模块6-单元6.2	检修线、临修线	视频

参 考 文 献

[1] 毛保华.城市轨道交通系统运营管理[M].北京:人民交通出版社,2006.

[2] 张国宝.城市轨道交通运营组织[M].上海:上海科学技术出版社,2012.

[3] 何静.城市轨道交通运营管理[M].北京:中国铁道出版社,2017.

[4] 马驷,饶咏.城市轨道交通运营管理[M].北京:科学出版社,2019.

[5] 邵伟中,宋博,刘纯洁.城市轨道交通土建设施运行与维修[M].2 版.北京:中国建筑工业出版社,2019.